Leichsenring · Führungsinformationssysteme in Banken

Nr. 732

OIKOS · Studien zur Ökonomie · Band 25
Herausgegeben von Dr. Stephan M. Hess

Hansjörg Leichsenring

Führungsinformationssysteme in Banken

Notwendigkeit, Konzeption
und strategische Bedeutung

GABLER

CIP-Titelaufnahme der Deutschen Bibliothek

Leichsenring, Hansjörg:
Führungsinformationssysteme in Banken: Notwendigkeit,
Konzeption und strategische Bedeutung/Hansjörg
Leichsenring. – Wiesbaden: Gabler, 1990
 (Oikos; Bd. 25)
 ISBN 3-409-14785-3
NE: GT

Der Gabler Verlag ist ein Unternehmen der Verlagsgruppe Bertelsmann International.

© Betriebswirtschaftlicher Verlag Dr. Th. Gabler GmbH, Wiesbaden 1990
Lektorat: Karlheinz Müssig

Das Werk einschließlich aller seiner Teile ist urheberrechtlich geschützt. Jede Verwertung außerhalb der engen Grenzen des Urheberrechtsgesetzes ist ohne Zustimmung des Verlags unzulässig und strafbar. Das gilt insbesondere für Vervielfältigungen, Übersetzungen, Mikroverfilmungen und die Einspeicherung und Verarbeitung in elektronischen Systemen.

Satz: Satzstudio RESchulz, Dreieich-Buchschlag
Druck und Bindung: difo-druck, Bamberg
Printed in Germany
ISBN 3-409-14785-3

Meinen lieben Eltern

There are always trends and tides that make new fortunes for the informated few...

(Aus einem Werbeprospekt für Informationsdienste)

Vorwort

Die Frage, welche Informationen das Management einer Bank zur Erfüllung seiner Aufgaben benötigt, ist heute aktueller denn je. Ein Hauptproblem liegt dabei für viele Bankmanager nicht darin, daß sie über zuwenig Informationen verfügen, vielmehr fehlt ihnen der Zugang zu den „richtigen" Informationen. Im Zeichen des globalen Wandels der Finanzmärkte, wachsender Risiken bei vielen Bankgeschäften und neuer Konkurrenten auf dem Gebiet der Finanzdienstleistungen liegt eine entscheidende Aufgabe der Führung einer Bank darin, sich in angemessener Zeit den Informationsstand zu verschaffen, der sie dazu befähigt, nicht nur Probleme richtig zu entscheiden, sondern vor allem über die richtigen Probleme zu entscheiden.

Die vorliegende Arbeit will einen Beitrag leisten, die Informationsvielfalt im Bankbetrieb handhabbarer zu gestalten, indem eine Konzeption bankbetrieblicher Führungsinformationssysteme entwickelt und diskutiert wird, die geeignet erscheint, ihrer besonderen Bedeutung für eine zukunftsgerichtete Bankführung gerecht zu werden.

An dieser Stelle möchte ich denjenigen danken, ohne deren Unterstützung die Arbeit nicht in der vorliegenden Form hätte realisiert werden können.

Mein bester Dank gilt dabei Herrn Professor Dr. Leo Schuster, der mir innerhalb des Instituts für Bankwirtschaft die Möglichkeit gab, an den unterschiedlichsten Projekten mitzuarbeiten, dabei praktische und wissenschaftliche Erfahrungen sammeln zu können und der mich in vielfältiger Art und Weise ermuntert hat, die vorliegende Schrift zu verfassen. Durch seine positive menschliche Haltung ist er für mich stets mehr als nur ein akademischer Lehrer und Vorgesetzter gewesen.

Herrn Professor Dr. Hans Siegwart danke ich für die bereitwillige Übernahme des Korreferates und seine freundliche Förderung meiner Arbeit. Die unter seiner Leitung durchgeführten Seminare waren stets eine sprudelnde Quelle für neue produktive Gedanken.

Meinen Kollegen am Institut für Bankwirtschaft der Hochschule St. Gallen danke ich für die vielen gemeinsam verbrachten Stunden, in denen ein gegenseitig befruchtender Gedankenaustausch weit über fachliche Themen hinaus zustande kam.

Danken möchte ich auch denen, deren Freundschaft mir Selbstvertrauen und Kraft gab, um über schwierige und unproduktive Phasen hinwegzukommen.

Mein besonderer Dank aber gilt meinen Eltern, die mich in herzlicher Liebe und Zuneigung beim Finden des richtigen Lebensweges unterstützt haben. Ihnen sei diese Schrift in ebenso herzlicher Liebe gewidmet.

Hansjörg Leichsenring

Vorwort

Seit Franz Kafkas Roman „Das Schloß", spätestens aber seit Parkinson wissen wir, daß Bürokratien eigenständige Informations- und Desinformationssysteme entwickeln. Die Flut der Titel und Positionsbezeichnungen, wie sie in der Donau-Monarchie fast zur Persiflage perfekt betrieben wurde, war nicht feiner abgestimmt als die Titel-Hierarchie in vielen (meist amerikanischen) Großkonzernen heute, wo sie Organisationsformen und Führungsstrukturen reflektieren sollen. Matrix-Organisationen, „top-down" und „bottom-up" – Informationsflüsse, eigene Abteilungen für hausinterne Information und Kommunikation sowie große Entwicklungsstäbe für Management-Informations-Systeme zeigen, wie sehr gößere Unternehmen die Notwendigkeit verspüren, Führungsinformationssysteme durch eigene Abteilungen und Informationskanäle etablieren zu müssen.

Bedenkt man, daß das Bankgeschäft im wesentlichen ein Geschäft mit Informationen ist, und zwar mit Informationen über Geld und dessen Märkte, dann wird klar, daß der Bedarf an Führungsinformationen besonders groß ist. Dennoch hinkt der Informationsstand im Bereich der „weichen" Informationen (qualitative Informationen) dem der „harten" Informationen (quantitative Informationen) nach. Hier geht es darum, dem alten Modell nachzueifern, wo die Bankangestellten noch in einem Zimmer zusammensaßen und jedes Gespräch allen zugänglich war. Der Versuch, dieses alte Vorbild in die Praxis des Unternehmens „Großbank" zu übertragen, ist letzten Endes die Aufgabe, Führungsinformationssysteme zu schaffen.

Wie wichtig die Schaffung solcher Systeme ist, zeigt die Notwendigkeit, aktuellen Zugang zu allen Ebenen an Informationen zu haben, um die mit den Finanzinstrumenten einhergehenden Risiken unternehmerisch bewältigen und die sich ergebenden Chancen nutzen zu können. Leichsenring geht die Probleme analytisch an und zeigt, wie sich in der Praxis Modelle für Führungsinformationssysteme darstellen und umsetzen lassen.

New York, im April 1990 Stephan Hess

Inhaltsübersicht

Einleitung, Zielsetzung und Aufbau der Arbeit
I. Banken im Zeitalter der Informatization
II. Zielsetzung und Vorgehensweise

Teil Eins: Grundlagen von Führung und Information in Banken
I. Banken als Gegenstand der Untersuchung
II. Elemente der bankbetrieblichen Führung
III. Zusammenhang zwischen Führung und Information

Teil Zwei: Bedeutung des Faktors Information für die Banken
I. Informationsrelevante Eigenheiten der Bankleistung
II. Strukturwandel an den Finanzmärkten
III. Informationsmanagement als neue Herausforderung

Teil Drei: Entwicklung einer Konzeption bankbetrieblicher Führungsinformationssysteme
I. Grundkonzeption bankbetrieblicher Führungsinformationssysteme
II. Formale Konzeption bankbetrieblicher Führungsinformationssysteme
III. Inhaltliche Konzeption bankbetrieblicher Führungsinformationssysteme
IV. Bausteine bankbetrieblicher Führungsinformationssysteme
V. Hinweise zur Realisierung bankbetrieblicher Führungsinformationssysteme

Teil Vier: Strategische Relevanz bankbetrieblicher Führungsinformationssysteme
I. Führungsinformationssysteme aus Sicht der bankbetrieblichen Praxis
II. Aufgaben und Ziele der strategischen Führung in Banken
III. Wettbewerbsvorteile durch Einsatz bankbetrieblicher Führungsinformationssysteme

Zusammenfassung und Schlußbetrachtung

Literaturverzeichnis

Inhaltsverzeichnis

Einleitung, Zielsetzung und Aufbau der Arbeit
I. Banken im Zeitalter der Informatization 2
II. Zielsetzung und Vorgehensweise 5

Teil Eins: Grundlagen von Führung und Information in Banken
Vorbemerkungen zum ersten Teil 11
I. Banken als Gegenstand der Untersuchung 11
   A. Forschungsobjekt „Bank" 11
   B. Systemansatz als integrativer Ansatz zur Unternehmensführung im Bankbetrieb 12
II. Elemente der bankbetrieblichen Führung 14
   A. Begriff der Führung 14
   B. Ebenen der bankbetrieblichen Führung 15
   C. Aufgaben der bankbetrieblichen Führung 17
   D. Funktionen der bankbetrieblichen Führung 20
   E. Institutionen der bankbetrieblichen Führung 22
   F. Inhalte der bankbetrieblichen Führung 25
     1. Geschäftspolitisches Zielsystem 26
       a. Rentabilitätsziel 28
       b. Liquiditätsziel 29
       c. Das Sicherheitsziel 31
       d. Weitere bankpolitische Ziele 32
     2. Strategische Geschäftsfeldkonzeption 33
       a. Grundlagen der Konzeption strategischer Geschäftsfelder 33
       b. Möglichkeiten der Bildung strategischer Geschäftsfelder in Banken 34
     3. Geschäftspolitische Entscheidungen 37
III. Zusammenhang zwischen Führung und Information 39
   A. Aspekte der bankbetrieblichen Information und Kommunikation . 39
     1. Information, betriebliche Information, Bericht und Führungsinformation 39
     2. Kommunikation und betriebliche Kommunikation 42
   B. Führung und Komplexität 44
   C. Führung als informationsverarbeitender Prozeß 45
   D. Grundprobleme der Information und Kommunikation in Banken . 49
     1. Quantitätsproblem 49
     2. Zeitproblem 51
     3. Qualitätsproblem 52
     4. Kommunikationsproblem 54
Zusammenfassung des ersten Teils 55

Teil Zwei: Bedeutung des Faktors Information für die Banken
Vorbemerkungen zum zweiten Teil 60
I. Informationsrelevante Eigenheiten der Bankleistung 61
   A. Bankleistung und Information 61
   B. Stofflichkeit und Unstofflichkeit der Bankleistung 63
   C. Abstrakte Natur der Bankleistung 68
   D. Verflochtenheit der Bankleistung 70
   E. Dualismus der Bankleistung 72
   F. Heterogenität der Bankleistung 74
II. Strukturwandel an den Finanzmärkten und sein Einfluß auf die bankbetriebliche Informationsproblematik 75
   A. Strukturwandel am Markt für Finanzdienstleistungen 75
      1. Informatization als übergeordneter Trend 77
      2. Wandel in der ökonomischen Umweltsphäre 78
      3. Wandel in der politisch-gesetzlichen Umweltsphäre 83
      4. Wandel in der technologischen Umweltsphäre 84
      5. Wandel in der sozio-kulturellen Umweltsphäre 87
   B. Auswirkungen des Wandels auf die bankbetriebliche Führung .. 88
   C. Auswirkungen des Wandels auf die bankbetriebliche Informationsproblematik 91
III. Informationsmanagement als neue Herausforderung 93
   A. Banken: „Informationsverarbeiter par excellence" 93
   B. Informationsmanagement als Herausforderung an die Banken .. 98
      1. Elemente eines bankbetrieblichen Informationsmanagements 98
      2. Management der Ressource „Information" in Banken 100
      3. Probleme des Technologieeinsatzes 104
      4. Herausforderung für das Bankmanagement 107
Zusammenfassung des zweiten Teils 109

Teil Drei: Entwicklung einer Konzeption bankbetrieblicher Führungsinformationssysteme
Vorbemerkungen zum dritten Teil 112
I. Grundkonzeption bankbetrieblicher Führungsinformationssysteme . 115
   A. Forschungsaspekte im Bereich von Führungsinformationssystemen 115
   B. Begriff des Managementinformationssystems 117
   C. Managementinformationssystem versus Entscheidungsunterstützungssystem 122
   D. Betriebliches Informationssystem und Führungsinformationssystem 126
II. Formale Konzeption bankbetrieblicher Führungsinformationssysteme 130
   A. Grundsatz der Benutzeradäquanz 130
      1. Relevanz 131
      2. Stufengerechtigkeit 133
      3. Flexibilität 137

B. Grundsatz der Kompatibilität 139
   1. Dezentrale Integration 139
   2. Anpassungsfähigkeit 140
   3. Aktualität 141
   4. Modularität 142
C. Grundsatz der konzeptionellen Vollständigkeit 143
   1. Informationsvielfalt 143
   2. Multidimensionalität 146
   3. Multifunktionalität 148
D. Grundsatz der Konsistenz 149
   1. Neutralität 149
   2. Nachprüfbarkeit 151
   3. Plausibilität 151
   4. Kontinuität 151
E. Grundsatz der Sicherheit 152
   1. Verfügbarkeit 152
   2. Zugriffsicherung 152
   3. Zuverlässigkeit 152
   4. Datensicherheit 153
F. Grundsatz der Wirtschaftlichkeit 154
III. Inhaltliche Konzeption bankbetrieblicher Führungsinformationssysteme 155
  A. Informationsbedarfsanalyse als zentraler Entwicklungsbestandteil 155
    1. Auswahl der Informationen 155
    2. Bewertung der Informationen 161
    3. Ermittlung der Kommunikationsströme 166
  B. Informationsbedürfnisse des Bankmanagements 169
  C. Konsequenzen aus dem geschäftspolitischen Zielsystem 173
    1. Spezielle aus dem Ertragsziel resultierende Anforderungen .. 174
    2. Spezielle aus dem Liquiditätsziel resultierende Anforderungen 175
    3. Spezielle aus dem Sicherheitsziel resultierende Anforderungen 176
  D. Konsequenzen aus der strategischen Geschäftsfeldkonzeption . 178
IV. Bausteine bankbetrieblicher Führungsinformationssysteme 182
  A. Grundlegendes zu den Bausteinen 182
  B. Bankrechnungswesen als zentraler Baustein 184
    1. Problematik einer exakten Quantifizierung der bankbetrieblichen Gestehungskosten 184
    2. Grundaufbau der Bankkostenrechnung 186
    3. Betriebsstatistik als wichtiges Bindeglied 188
    4. Kalkulation der bankbetrieblichen Wertleistung 190
       a. Traditionelle Teilzinsspannenverrechnungsmethoden 191
       b. Opportunitätszinskonzept als neuer Weg 193
    5. Kalkulation der bankbetrieblichen Stück- oder Betriebsleistung 198
       a. Problematik der Kalkulation der bankbetrieblichen Stück- oder Betriebsleistung 198
       b. Traditionelle Verfahren der Stückleistungskalkulation 202
       c. Moderne Verfahren der Stückleistungskalkulation 203

C. Berichtswesen als zentraler Baustein des bankbetrieblichen
   Führungsinformationssystems 205
   1. Verknüpfung durch das Planungs- und Analysesystem 205
      a. Grundsätzliches zum Planungs- und Analysesystem 205
      b. Durch das Planungs- und Analysesystem bereitgestellte Daten 207
      c. Wichtige Teilanalysen innerhalb des Planungs- und Analysesystems 209
   2. Informationsbereitstellung durch das bankbetriebliche Führungsinformationssystem 214
      a. Aussagefähigkeit eines Führungsinformationssystems ... 214
      b. Unterschiedliche Berichtstypen und Berichtsübermittlung 215
      c. Entscheidungsfunktion des Systems 223
      d. Zusammenführung der Möglichkeiten der Informationsbereitstellung 228
V. Hinweise zur Realisierung bankbetrieblicher Führungsinformationssysteme 229
   A. Erfolgsfaktoren bei der Einführung bankbetrieblicher Führungsinformationssysteme 229
      1. Notwendigkeit der Planung 229
      2. Unterstützung durch das Top Management 234
      3. Frühzeitiger Einbezug der Benutzer 237
      4. Richtige Zusammensetzung des Projektteams 238
      5. Klare Projektverantwortlichkeit und -kontrolle 240
      6. Unterteilung des Projektes in einzelne in sich geschlossene Phasen 241
      7. Situativ-kooperative Führung 242
      8. „Pflege" des Führungsinformationssystems 243
   B. Institutionelle Eingliederung bankbetrieblicher Führungsinformationssysteme 244
      1. Eingliederung in das bankbetriebliche Controlling 244
      2. Integration, Zentralisation oder Dezentralisation der Verantwortlichkeit für das Führungsinformationssystem 250
Zusammenfassung des dritten Teils 257

**Teil Vier: Strategische Relevanz bankbetrieblicher
Führungsinformationssysteme** ....
Vorbemerkungen zum vierten Teil 266
I. Führungsinformationssysteme aus Sicht der bankbetrieblichen Praxis 267
   A. Vorbemerkung zur Auswahl der Quellen 267
   B. Die Untersuchungen der Beratungsfirma KPMG 268
   C. Die Untersuchungen der Beratungsfirma Arthur Andersen 272
   D. Die Studien der Beratungsfirma Touche Ross International 276
   E. Die Prognosestudie von Priewasser 278
   F. Faktoren erfolgreicher Bankführung 280
   G. Charakteristika erfolgreicher Banken in der Schweiz 282
   H. Marktuntersuchung des IHA Instituts für Marktanalysen 283

II. Aufgaben und Ziele der strategischen Führung in Banken 284
   A. Wesen und Inhalt der strategischen Führung in Banken 284
   B. Strategische Planung als Mittelpunkt der strategischen Führung 290
III. Wettbewerbsvorteile durch Einsatz bankbetrieblicher Führungsinformationssysteme 294
   A. Erringung von Wettbewerbsvorteilen als Ziel der strategischen Führung 294
      1. Generische Grundstrategien in Banken 294
      2. Strategie der Kostenführerschaft 298
      3. Strategie der Differenzierung 299
      4. Strategie der Fokussierung 300
   B. Strategische Einsatzmöglichkeiten bankbetrieblicher Führungsinformationssysteme 301
      1. Notwendigkeit der Ertragsorientierung 305
      2. Konsequente Markt- und Kundenorientierung 309
      3. Trend zum Allfinanzkonzern 313
      4. Anpassung bestehender Organisationsstrukturen 315
      5. Asset & Liability Management 320
      6. Einbezug der Unternehmenskultur in die Führung 325
   C. Führungsinformationssysteme als strategische Erfolgsposition . 328
   D. Führungsinformationssysteme als strategische Waffe 332
Zusammenfassung des vierten Teils 338

Zusammenfassung und Schlußbemerkungen 343
   I. Zusammenfassung der Arbeit 344
   II. Schlußbemerkungen und Ausblick 349
Literaturverzeichnis 353

Abbildungsverzeichnis

1 Beschäftigungsentwicklung im Vier-Sektoren-Modell (1882 – 2000) . 3
2 Ebenen der bankbetrieblichen Führung 15
3 Aufgaben der bankbetrieblichen Führung 18
4 Funktionen der bankbetrieblichen Führung 20
5 Institutionen der bankbetrieblichen Führung 23
6 Arbeits- und Aufgabeninhalte der Führungsstufen 24
7 Inhalte der bankbetrieblichen Führung 26
8 Die bankpolitischen Geschäftsziele 28
9 Einteilungsmöglichkeiten strategischer Geschäftsfelder in Banken . 36
10 Mögliche Unterteilungsmerkmale von Geschäftsziel und Teilzielen . 38
11 Führung als Informationsverarbeitung 46
12 Vorgang der Entscheidungsfindung 48
13 Die Informationslücke im Bankbetrieb 51
14 Das Qualitätsproblem der Information 53
15 Die Elemente der bankbetrieblichen Führung im Überblick 56
16 Dualismus der Bankleistung 73
17 Auswirkung der Umweltdynamik auf die Führung 75
18 Einflußfaktoren auf die Banken 76
19 Der Anstieg der Komplexität des Bankmanagements 89
20 Auswirkungen des Wandels der Finanzmärkte auf die bankbetriebliche Informationsproblematik 92
21 Gesamthafte Informationsintensität eines Geschäftes oder einer Branche 94
22 Umweltveränderung, Komplexität und Bedeutung eines bankbetrieblichen Informationsmanagements 97
23 Elemente eines bankbetrieblichen Informationsmanagements 99
24 Die wichtigsten Anforderungen an ein zukunftsgerichtetes „Management der Informationen" in Banken 101
25 Zweiteilung des Informationsmanagements 108
26 Grundkonzeption eines bankbetrieblichen Führungsinformationssystems 128
27 Aktivitäten der einzelnen Managementstufen 134
28 Informationsdimensionen nach Managementebenen 137
29 Mögliche Informationskombinationen innerhalb eines bankbetrieblichen Führungsinformationssystems 146
30 Multidimensionalität des bankbetrieblichen Führungsinformationssystems 147
31 Manipulationsformen (M) bei der Bereitstellung von Führungsinformationen 150
32 Risiken im Bereich der Datensicherheit 153
33 Verfahren der Informationsbedarfsanalyse 156
34 Diskrepanz zwischen Informations-Angebot, -Bedarf und -Nachfrage 158
35 Informationskennziffern 163
36 Beispiel eines Beziehungsdiagramms für eine schweizerische Großbank (stark vereinfacht) 167

37	Inhaltliche Informationsbedürfnisse des Bankmanagements (I)	170
38	Inhaltliche Informationsbedürfnisse des Bankmanagements (II)	171
39	Aufspaltung des Gesamtergebnisses in aussagekräftige Teilergebnisse	179
40	Aufteilung der bankbetrieblichen Einzelleistungen	185
41	Elemente der Bankkalkulation im Überblick	187
42	Abgrenzung zwischen strategischer und operativer Planung	206
43	Informationsbezug der Planung	208
44	Der Informationsprozess zwischen Bank und Umwelt (Input-Throughput-Output)	209
45	Ambivalenz von Planung und Analyse in der Konzeption eines bankbetrieblichen Führungsinformationssystems	213
46	Funktionen und Komplexität eines Führungsinformationssystems ..	216
47	Grundannahmen betreffend die Stufen eines Führungsinformationssystems	224
48	Databank Approach	225
49	Predicative Information Systems	225
50	Decision-Making Information Systems	226
51	Decision-Taking Information System	226
52	Elemente der Informationsbereitstellung in einem Führungsinformationssystem	228
53	Ziele und Zielerreichung bei der Planung von Führungsinformationssystemen	232
54	Drei-Phasen-Modell für die Planung und Entwicklung eines Führungsinformationssystems	235
55	Die Dimensionen des Bankcontrolling	245
56	Funktionale Inhalte des Bankcontrolling	246
57	Die vier Bausteine einer controlling-adäquaten Infrastruktur in Banken	248
58	Zentrale und dezentrale Informationsrollen	253
59	Mögliche Informationsgrundsätze einer Bank	255
60	Durch das bankbetriebliche Führungsinformationssystem gelieferte Informationen	259
61	Die Konzeption des bankbetrieblichen Führungsinformationssystems im Überblick	260
62	Antworten auf die Frage „Which needs do you think your MIS serves adequately?"	269
63	Antworten auf die Frage „What have been the constraining factors in developing MIS systems to meet your requirements?"	270
64	Evolution des strategischen Managements	285
65	The Four Factor Diagram – Inhalte der strategischen Führung	287
66	Methoden und Verfahren in der strategischen Bankplanung	293
67	The Strategic Triangle	295
68	Vorgehensweise bei der strategischen Planung	296
69	Drei generische Strategien	297
70	Strategische Einsatzmöglichkeiten bankbetrieblicher Führungsinformationssysteme	302
71	Strategische Verhaltensweisen der Banken	304
72	Deckungsbeitragsorientierte Kundensegmentierung mittels eines Führungsinformationssystems	306
73	Verknüpfung von Kalkulation und Kundendaten	311

XXI

74 Elemente des Risikomanagements 324
75 Verhaltensmäßige Möglichkeiten der Kulturorientierung und Profilierung einer Bank 327
76 Strategische Bedeutung des Einsatzes von Führungsinformationssystemen 332
77 Unterstützungsmöglichkeiten bankbetrieblicher strategischer Verhaltensweisen durch Führungsinformationssysteme 340

Einleitung, Zielsetzung und Aufbau
der Arbeit

To manage a business well is to manage its future;
and to manage its future is to manage information.
Harper (Profession), S. 1.

I. Banken im Zeitalter der Informatization

Die westlichen Industrienationen befinden sich in einer Phase tiefgreifenden Umbruchs. Sie befinden sich auf dem Weg in eine postindustrielle Gesellschaft[1], die sich mehr und mehr zu einer Informationsgesellschaft entwickelt[2].

"Wissen ist Macht" schrieb Francis Bacon schon 1597. Dieses Wissen entsteht durch Ansammlung, Speicherung und Verteilung von Information. Da sich das vorhandene Wissen alle 15 Jahre verdoppelt[3], nimmt die Komplexität unserer Umwelt rasant zu.

Nicht nur, dass sich der Anteil der Erwerbstätigen im Bereich des Informationssektors immer mehr zu Lasten anderer Bereiche erhöht (Vgl. Abbildung 1), die Information selbst wird mehr und mehr zum betrieblichen Produktionsfaktor. Information und das in ihr repräsentierte Wissen ist heute eine wichtige Ressource geworden, die auf breiter Ebene in den betriebswirtschaftlichen Produktions- und damit auch in den betrieblichen Führungsprozess Eingang gefunden hat[4] und ohne deren Berücksichtigung erfolgreiche Unternehmungsführung undenkbar geworden ist[5].

---

1) Bell (Society); Dickson/Wetherbe (Information), S. 21f; Toffler (Zukunftschance)
2) Altenpohl (Informatization), Capra (Wendezeit), Gorz (Paradis), Masuda (Information), Naisbitt (Megatrends), Strassmann (Information).
3) Bader (Informationsgesellschaft), S. 489.
4) Altenpohl/Lohmar (Information), S. 121ff.
5) Ulrich (Unternehmungspolitik), S. 13ff.

Einleitung, Zielsetzung, Aufbau 3

Abbildung 1: Beschäftigungsentwicklung im Vier-Sektoren-Modell (1882-2000)

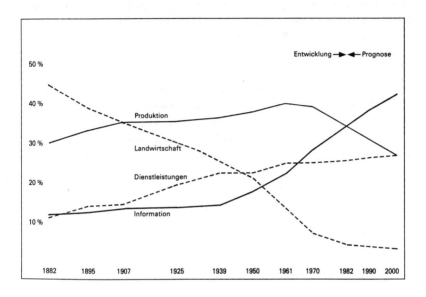

Quelle: Dostal (Informationsberufe), S. 17.

Betrachtet man die Konsequenzen der Informatization auf den wirtschaftlichen Wettbewerb, so lassen sich drei gravierende Auswirkungen feststellen[1]:

◆ Die Informatization verändert die Struktur unserer Industrien und damit die Regeln des Wettbewerbs.
◆ Die Informatization ermöglicht den Aufbau von Wettbewerbsvorteilen durch die Schaffung neuer Wege der Positionierung am Markt.
◆ Die Informatization schafft ganze neue Industriezweige, oftmals sogar aus den bestehenden Aktivitäten einer Unternehmung heraus.

1) Porter/Millar (Information), S.150.

Die Informatizationstendenzen in unseren Volkswirtschaften nehmen damit, aus dem Blickfeld der Unternehmungsführung betrachtet, einen hohen strategischen Stellenwert ein. Somit muss - ganz allgemein gesehen - die Bewältigung der zunehmenden informationsinduzierten Komplexität als wichtiges Teilziel der Unternehmungsführung akzeptiert werden[1].

"Banken sind Spiegelbilder der Entwicklungen in wirtschaftlichen, sozialen und moralischen Kategorien"[2]. Von den genannten Entwicklungen sind sie als typische Betriebe des informationsverarbeitenden Sektors ganz besonders betroffen, nicht zuletzt deswegen, weil die Daten bei ihnen dezentral anfallen und ihr Umfang beträchtlich grösser als in einem Industriebetrieb ist[3]. "Banking will be a major agent in society's transformation to an information economy"[4].

---

1) Priewasser (Megatrends), S. 11.
2) Schuster (Umwelt), S. 117.
3) Wielens (Aufgabe), S. 62.
4) Rogowski/Simonson (Prospects), S. 23.

Einleitung, Zielsetzung, Aufbau 5

II. Zielsetzung und Vorgehensweise

Die strategische Frage "In welchem Geschäft sind wir tätig?", ist für eine Bank heute anders zu beantworten, als noch vor wenigen Jahren. Sie ist nicht mehr im Kreditgeschäft oder im Wertpapiergeschäft positioniert, sie ist vielmehr im Bereich der finanziellen Information tätig. Walt Wriston, der ehemalige Chairman von Citicorp hat diesen Trend auf sehr anschauliche Weise formuliert: "Information may be more important and more fundamental to our basic business. We want to be in the information business simply because we are in the information business. Information about money has become almost as important as money itself"[1]. Mittlerweile wird diese Erkenntnis, obwohl erst wenige Jahre alt, auch in unseren Breitengraden mehr und mehr vertreten[2].

In der vorliegenden Arbeit wird untersucht,

♦ welche tatsächliche Bedeutung Führungsinformationen im Hinblick auf die bankbetriebliche Führung zukommt,
♦ wie eine geeignete Konzeption bankbetrieblicher Führungsinformationssysteme aussehen müsste und
♦ welche strategischen Konsequenzen sich aus dem Einsatz bankbetrieblicher Führungsinformationssysteme ergeben.

"The fundamental benefit of business modeling for the banker is that systems are business driven rather than technology driven.[3] Es ist damit die konzeptionelle Komponente, die über den Erfolg eines Führungsinformationssystems entscheidet. Aus diesem Grunde wird auch nicht oder nur am Rande auf den Problemkreis der technischen Umsetzung eingegangen. Zum einen würde dies den Rahmen der vorliegenden Arbeit sprengen, zum anderen wurden an der Hochschule St. Gallen bereits Arbeiten

---
1) Zitiert in: Davis (Pioneers), S. 14.
2) Richter (Grenzen), S. 12 und Terrahe (Interview), S.12.
3) Wolfarth/Chisamore (Systems), S. 54.

verfasst, die - wenngleich nicht bankenspezifisch - diese Problematik untersucht haben.[1] Zudem befinden sich am Institut für Bankwirtschaft der Hochschule St. Gallen mehrere Dissertationen im Entstehen, die u.a. diesen Aspekt speziell für den Bankenbereich bearbeiten[2].

Die Arbeit ist in vier Hauptteile gegliedert. Jedem dieser Hauptteile geht - als Vorbemerkung und Zielsetzung - eine Kurzeinführung in den jeweiligen Inhalt voraus. Am Ende der einzelnen Hauptteile finden sich zudem Zusammenfassungen der wichtigsten gewonnenen Erkenntnisse.

In **Teil Eins** werden die für das Verständnis der folgenden Ausführungen wesentlichen theoretischen, wissenschaftlichen Grundlagen, Begriffe und Zusammenhänge dargestellt.

In **Teil Zwei** wird die Notwendigkeit eines bankbetrieblichen Informationsmanagements als Rahmen für den Einsatz von Führungsinformationssystemen abgeleitet und diskutiert. Dazu wird die spezielle Informationsorientierung und -abhängigkeit des Bankbetriebes dargelegt und untersucht, inwieweit sich diese vor dem Hintergrund der fundamentalen Veränderungen im Markt für Finanzdienstleistungen entwickelt.

In **Teil Drei** wird schrittweise eine Konzeption bankbetrieblicher Führungsinformationssysteme entwickelt. Dazu werden insbesondere Anforderungen an den Aufbau und Inhalt bankbetrieblicher Führungsinformationssysteme und an ihren Einbezug in die bankbetriebliche Führung formuliert.

---

1) Siehe hierzu: Sprenger (EUS) und Schaufelbühl (Informationssysteme)
2) Themen dieser Dissertationen sind die Bereiche "End User Systeme in Banken", "Einsatz von Expertensystemen in Banken", "Einsatz von Personal Computern in Banken" sowie "Einsatz von Supercomputern in Banken". Damit werden die grundsätzlich neuen Informatikaspekte für den Bankenbereich abgedeckt, die auch für das vorliegende Thema relevant sind.

Einleitung, Zielsetzung, Aufbau 7

Der vierte Teil analysiert schliesslich die strategische Bedeutung bankbetrieblicher Führungsinformationssysteme. Ausgehend von der Sichtweise der Bankpraxis wird erläutert, welchen Beitrag Führungsinformationssysteme zur strategischen Führung einer Bank - insbesondere zur Erzielung von Wettbewerbsvorteilen - leisten können.

Der Arbeit nachgestellt sind Schlussbemerkungen, welche die wesentlichen Aussagen der Arbeit zusammenfassen und im Sinne eines Ausblickes bewerten.

Teil Eins:

Grundlagen von Führung und Information

in Banken

"Give a manager the information he needs
and his decision making will improve."

Ackoff (Misinformation), S. 33.

Vorbemerkungen zum ersten Teil

Der erste Teil soll einen Ueberblick über jene theoretischen, wissenschaftlichen Grundlagen vermitteln, die für das Verständnis der Arbeit unbedingt erforderlich scheinen. Im Mittelpunkt stehen dabei die Elemente der bankbetrieblichen Führung sowie der grundlegende Zusammenhang zwischen Führung und Information.

In einem **ersten Kapitel** wird das Forschungsobjekt Bank identifiziert und für den Kontext der vorliegenden Arbeit definiert. Es wird weiterhin ein bankpolitischer Bezugsrahmen gewählt, der für die weitere Analyse geeignet scheint.

Das **zweite Kapitel** ist dem Begriff und den Elementen der bankbetrieblichen Führung gewidmet.

Im **dritten Kapitel** wird auf den Zusammenhang zwischen Führung, Komplexität und Informationsverarbeitung eingegangen. Dazu werden die Begriffe Information und Kommunikation erläutert und auf eine einheitliche definitorische Grundlage gestellt. Es wird verdeutlicht, dass sich Führung und Informationsverarbeitung in einem engen Zusammenhang befinden. Weiterhin wird gezeigt, welche grundsätzlichen Informations- und Kommunikationsprobleme in Banken zu lösen sind.

Untersuchungsobjekt "Bank"   11

I. **Banken als Gegenstand der Untersuchung**

A. **Forschungsobjekt "Bank"**

Die Begriffe Bank, Bankbetrieb, Kreditinstitut oder Geldinstitut, welche in der Literatur meist synonym verwendet werden, bezeichnen eine Unternehmung des Dienstleistungssektors, deren wesentliche makroökonomische Aufgabe es ist, als Mittler zwischen dem realen und dem monetären Sektor einer Volkswirtschaft zu wirken.

Die Bank steht als spezielles Erfahrungsobjekt im Blickpunkt der Bankwirtschaft oder Bankbetriebslehre. Diese ist als spezielle Betriebswirtschaftslehre eine angewandte Real- oder Erfahrungswissenschaft[1]. Unter Realwissenschaft versteht man die Erkenntnisgewinnung wahrer Aussagen, die in engem Bezug zur Realität stehen und auf deren Gestaltung Einfluss nehmen[2]. Den Mittelpunkt der vorliegenden Arbeit und somit das Erkenntnisobjekt bildet der Bereich der Führungsinformationssysteme in Banken.

---

1) Büschgen (Bankbetriebslehre), S. 2.
2) Hoffmann (Organisationsforschung), S. 13.

B. Systemansatz als integrativer Ansatz zur Unternehmungsführung im Bankbetrieb

Um die Bedeutung von Information und Kommunikation in Banken erfassen und die Relevanz von Führungsinformationssystemen und deren Einordnung in eine Bank darstellen und analysieren zu können, ist es notwendig, einen Bezugsrahmen auszuwählen. Dieser dient als Standort für das weitere Vorgehen, von dem man an das Erkenntnisobjekt der vorliegenden Arbeit herantritt. Ein solcher Bezugsrahmen ist vergleichbar mit einem Koordinatensystem, das festlegt, was als relevant betrachtet wird, in welcher Art und Weise dem Erkenntnisobjekt begegnet wird usw.[1].

Ein Bezugsrahmen zur Evaluierung bankpolitischer Implikationen eines Führungsinformationssystems muss geeignet sein, Informations- und Kommunikationsprozesse im Unternehmensgeschehen zu verdeutlichen. Diesen Anforderungen vermag am ehesten der in neuerer Zeit in die Betriebswirtschaftslehre eingeführte Systemansatz zu genügen. "Dem Systemansatz liegt ganz allgemein die Auffassung zugrunde, dass sowohl natürliche, als auch von Menschen geschaffene Erscheinungen der Wirklichkeit gewisse Gemeinsamkeiten aufweisen. Sie alle lassen sich nämlich als gegliederte Ganzheiten – eben als Systeme – betrachten. In diesem Sinn stellt der Systemansatz ein Ordnungskonzept dar, das es erlaubt, inhaltlich ganz unterschiedliche Sachverhalte nach einheitlichen Gesichtspunkten zu beschreiben"[2].

Dieser Ansatz erfährt auch in der Bankbetriebslehre zunehmende Anerkennung[3]. "Der systemorientierte Bankbegriff berücksichtigt insbesondere, dass der bankbetriebliche Leistungserstellungsprozess und die Bankleistungen als dessen Ergebnis ... von Information und Kommunikation ebenso mitbestimmt werden wie

---
1) Malik (Elemente), S.34f.
2) Ulrich/Krieg (Modell), S. 11f.
3) Deppe (Lesebuch), S. 6ff.

Untersuchungsobjekt "Bank" 13

von Umweltfaktoren"[1]. Aus der Sicht der systemorientierten Managementlehre stellt die Bank ein produktives, offenes und soziales System dar[2], d.h. sie besteht aus voneinander verschiedenen Teilen, die durch vielfältige, auf Informationen beruhenden Beziehungen nach innen wie nach aussen, zu einem bestimmten Aufbau miteinander vernetzt sind.

Bezugsrahmen im engeren Sinne ist das auf dem Systemansatz basierende St. Galler Management Modell[3], welches bereits mehrfach erfolgreich auf den Bankenbereich appliziert wurde[4]. In ihm wird sowohl der unternehmerischen Information und Kommunikation als auch dem Bereich Führungsinformationssysteme ein hoher Stellenwert zugeordnet[5]. Das "System Bank" lässt sich anhand dieses Modells wie folgt kennzeichnen[6]. Es handelt sich um ein

- **offenes System**, d.h. es bestehen Austauschbeziehungen materieller, energetischer und informationeller Art mit der Umwelt;
- **produktives System**, d.h. die Bank erfüllt wirtschaftliche Funktionen in ihrer Umwelt und stellt keinen Selbstzweck dar;
- **dynamisches System**, d.h. Veränderungen der Umsysteme beeinflussen wiederum das System Bank;
- **zielgerichtetes System**, d.h. die Bank sucht, definiert und verfolgt bewusst, aktiv und willentlich bestimmte Ziele;
- **soziotechnisches System**, d.h. die Zielerreichung erfolgt unter Einsatz personeller und technischer Ressourcen.

---

1) Eilenberger (Bankbetriebslehre), S. 12f.
2) Ulrich (Unternehmung), S. 166ff.
3) Siehe hierzu: Ulrich/Krieg (Modell) und Malik (Management-Systeme).
4) Cordero-Tomanek (Geschäftspolitik); Krümmer (Management); Schoch (Unternehmungskultur); Widmer (Innovationsmanagement).
5) Ulrich (Unternehmungspolitik), S. 13ff. und S. 197ff.
6) Ulrich (Unternehmung), S. 153ff.

II. Elemente der bankbetrieblichen Führung
A. Begriff der Führung

Der Begriff der Führung[1] lässt sich aufspalten in eine soziale und eine sachbezogene Komponente. Die soziale Komponente, sie beinhaltet die zweckorientierte, soziale Beeinflussung zur Erfüllung gemeinsamer Aufgaben in einer strukturierten Arbeitssituation[2], ist für die vorliegende Arbeit von untergeordnetem Interesse. Im folgenden wird der Führungsbegriff daher in seiner sachlichen Komponente verstanden und verwendet.

Das Ziel aller sachlichen Führungsaktivitäten bildet die Sicherung der Ueberlebensfähigkeit einer Unternehmung, im vorliegenden Kontext einer Bank. Dazu muss ein Fliessgleichgewicht zwischen Bank und Umwelt geschaffen werden. Im Mittelpunkt der damit zusammenhängenden Bemühungen steht die Bewältigung der externen und internen Komplexität.

Führung beinhaltet verschiedene Elemente, die im folgenden für den Bankbetrieb aufgezeigt werden sollen.

---

1) Die Begriffe Führung und Management werden synonym verwendet.
2) Wunderer/Grunwald (Führung I), S. 62.

Bankbetriebliche Führung 15

B. Ebenen der bankbetrieblichen Führung

Es lassen sich drei Ebenen der Führung unterscheiden:

- Das normative Management;
- das strategische Management und
- das operative Management.

Diese stehen, wie Abbildung 2 verdeutlicht, in einem Ordnungsgefüge zueinander, d.h. das normative Management ist dem strategischen übergeordnet und dieses wiederum dem operativen.

Abbildung 2: Ebenen der bankbetrieblichen Führung

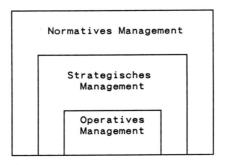

Quelle: Krümmer (Gedanken), S. 35

Das normative Management setzt sozusagen den Rahmen für die weiteren Managementebenen. In ihm werden unternehmerische Werthaltungen, Verhaltensweisen und Kulturen aufgezeigt, die für die Aktivitäten des Systems Bank verbindlich sind.

Das strategische Management beinhaltet unternehmerische Willensbekundungen in Form strategischer Entscheide. Es befasst sich mit der Zukunft der Unternehmung und der Auseinandersetzung mit den vielfältigen Beziehungen zur Umwelt.

Aufgabe des operativen Managements schliesslich ist die Optimierung der internen Abläufe innerhalb des gesteckten Rahmens[1].

---

1) Carl (Planning), S. 52 und die dort angegebene Literatur.

C. Aufgaben der bankbetrieblichen Führung

In der Terminologie des St. Galler Systemdenkens ist Aufgabe der Unternehmungsführung die Gestaltung, Lenkung und Entwicklung zweckorientierter sozialer Systeme[1]. Dieser Zusammenhang ist in Abbildung 3 veranschaulicht. Dabei bezeichnet

- **Gestaltung** jene "menschlichen Handlungen, welche darauf gerichtet sind, eine soziale Institution überhaupt zu schaffen und sie als handlungsfähige Ganzheit aufzufassen. Mit 'Gestalt' wird dabei nicht nur eine äussere Form oder eine bestimmte Struktur gemeint, sondern umfassender die Gesamtheit der eine Institution ausmachenden Merkmale"[2].

- **Lenkung** alle Vorgänge der Fremd- und Eigenlenkung. Lenkung umfasst damit nicht nur die Steuerung von aussen, sondern auch die für soziale Systeme typischen Selbstlenkungsprozesse. "Managementaufgabe ist dann nicht mehr in erster Linie zu lenken, sondern Systeme zu entwerfen und zu realisieren, die selbst lenken; das Gestalten ersetzt also teilweise das Lenken als Tätigkeit des Managements"[3].

- **Entwicklung** die institutionalisierte, kontinuierliche Weiterentwicklung des sozialen Systems. Komplexe lebensfähige Systeme lassen sich demnach nicht einfach "machen"; das Lenken und das Gestalten sozialer Systeme bedingt einen langfristigen, letztlich nie endenden Entwicklungsprozess.

---

1) Ulrich (Skizze), S. 5.
2) Ulrich (Management), S. 99.
3) Ulrich (Management), S. 101.

Abbildung 3: Aufgaben der bankbetrieblichen Führung

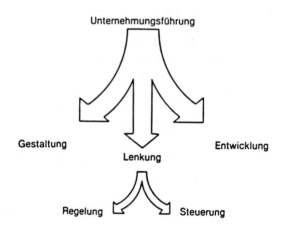

Quelle: Eigene Darstellung

Während sich die Gestaltungsdimension mit der Schaffung und Aufrechterhaltung der Unternehmung als Ganzes befasst (sich also auf die normative und strategische Ebene konzentriert) und die Entwicklungsdimension die Evolution der Unternehmung als Aufgabe ansieht, fokussiert die Lenkungsfunktion auf die operative Ebene des Managements. Diese operative Ebene umfasst das Bestimmen von Zielen und das Auslösen und Kontrollieren zielgerichteter Aktivitäten des Systems - also der Unternehmung - als Ganzes, respektive seiner Elemente.

Dabei sind die Steuerung und die Regelung als elementare Formen der Lenkung zu unterscheiden[1]. Die Regelung oder Rückkoppelung beinhaltet den Soll-Ist-Vergleich, zielt also auf die unternehmerische Funktion der Kontrolle ab. Hingegen geht es bei der Steuerung oder Vorkoppelung um die Erreichung eines bestimmten Ergebnisses, also eines explizit oder implizit festgelegten Sollwertes durch das Antizipieren von möglichen Umwelteinflüssen und das Reagieren auf diese. Der wesentliche Unterschied der Steuerung in Abgrenzung zur Kontrolle liegt in der Zukunftsbezogenheit der Steuerung, während die Kontrolle vergangenheitsbezogen ist.

---

1) Brauchlin (Entscheidungsmethodik), S. 125

D. Funktionen der bankbetrieblichen Führung

Der Führungsprozess innerhalb einer Unternehmung, mit dessen Hilfe die Führungsaufgaben bewältigt werden, kann als Regelkreis interpretiert werden, dessen einzelne Stationen den Führungsfunktionen entsprechen. Dieser Zusammenhang ist in Abbildung 4 verdeutlicht.

Abbildung 4:   Funktionen der bankbetrieblichen Führung

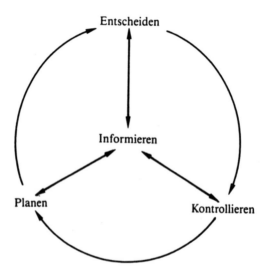

Quelle: Eigene Darstellung in Anlehnung an Ulrich (Unternehmungspoltik), S. 15.

Bankbetriebliche Führung

Es ergeben sich demnach die folgenden Führungsfunktionen:

- das <u>Planen</u> von Entscheidungen zur Unternehmungsführung;
- das <u>Entscheiden</u> über Probleme zur Führung von Unternehmungen und das "in Gang setzen" dieser Entscheidungen;
- die <u>Kontrolle</u> der Auswirkungen dieser Entscheidungen auf die Unternehmung;
- das <u>Informieren</u> über die einzelnen Führungsphasen, respektive den Entscheidungsgegenstand.

Bereits an dieser Stelle wird deutlich, dass Informationen ein hoher Stellenwert innerhalb der Führung zuerkannt werden kann.

E. Institutionen der bankbetrieblichen Führung

Während der funktionale Begriff der Führung eine inhaltliche Beschreibung geliefert hat, soll der institutionelle Führungsbegriff die Einordnung der Führung in eine Unternehmung klären. Unter Management wird dabei derjenige Personenkreis innerhalb einer Unternehmung verstanden, der mit Aufgaben betreffend die Führung der Gesamtunternehmung betraut ist.

Hierzu werden in der Literatur verschiedene Modelle dargestellt und verwendet. So unterscheidet die 'offizielle' Einteilung der Europäischen Produktivitätsagentur (EPA) des Europäischen Wirtschaftsrates wie folgt:

- **Oberste Unternehmungsführung (Top Management)**, das sind der Generaldirektor, die ihm unmittelbar unterstellten Direktoren, sowie Direktoren, die mindestens ein Hauptressort der Unternehmung leiten;
- **Mittlere Unternehmungsführung (Middle Management)**, das sind alle übrigen leitenden Mitarbeiter zwischen der obersten und untersten Stufe, beispielsweise Abteilungsdirektoren;
- **Unterste Unternehmungsführung (Level Supervision, Junior Management)**, dies sind die Meister, denen die Arbeiter unmittelbar unterstellt sind.

Eine andere Unterteilung ist das "TFU-Stufensystem"[1]. Es stellt die Funktionen innerhalb des Managements in den Vordergrund und differenziert in:

- T   für Top-Stufe,
- F   für Funktional-Stufe und
- U   für Unterfunktionalstufe.

---

1) Wendt (Informationsbedarf), S. 11ff.

Die beiden genannten, wie auch andere in der Literatur verwendete Modelle unterscheiden sich nicht grundlegend voneinander. Ihnen allen ist i.d.R. eine aufgabenbezogene Dreiteilung der Unternehmungsführung zu eigen. Demnach ergibt sich die - insbesondere in der sich mit Informationssystemen befassenden Literatur verbreitete - in Abbildung 5 dargestellte Management-Pyramide[1].

Abbildung 5:   Institutionen der bankbetrieblichen Führung

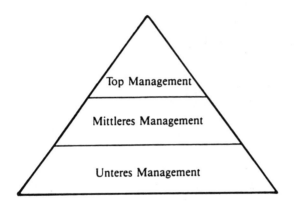

Quelle: Eigene Darstellung

In ihr können die folgenden drei Managementbereiche unterschieden werden, auf deren unterschiedliche Aufgabeninhalte Abbildung 6 eingeht.

♦   Strategisches Management;
♦   Taktisches Management;
♦   Operatives Management.

---

1) Koreimann (Informationsbedarfsanalyse), S. 45., Davis/Olson (MIS), S. 7.

Abbildung 6:   Arbeits- und Aufgabeninhalte der Führungsstufen

Characteristic	Top management	Middle management	Operating management
1. Focus on planning	Heavy	Moderate	Minimum
2. Focus on control	Moderate	Heavy	Heavy
3. Time frame	One to five years	Up to a year	Day to Day
4. Scope of activity	Extremely broad	Entire functional area	Single subfunction or subtask
5. Nature of activity	Relatively instructured	Moderately structured	Highly structured
6. Level of complexity	Very complex, many variables	Less complex, better defined variables	Straightforward
7. Job measurement	Difficult	Less difficult	Relatively easy
8. Result of activity	Plans, policies and strategies	Implementation schedules, performance yardsticks	End product
9. Type of information utilized	External	Internal, reasonable accuracy	Internal historical, high level of accuracy
10. Mental attributes	Creative, innovative	Responsible, persuasive, administrative	Efficient, effective
11. Number of people involved	Few	Moderate number	Many
12. Department/divisional interaction	Intra-division	Intra-department	Inter-department

Quelle: Kanter (MIS), S. 6.

F. Inhalte der bankbetrieblichen Führung

Grundlage hierfür ist das System der Bankpolitik. Für dieses gelten die folgenden - aus dem gewählten Bezugsrahmen - abgeleiteten Grundsätze[1]:

- Das bankpolitische System stellt die oberste Stufe der Führung einer Bank dar[2]. Es umfasst prinzipielle und originäre Rahmenentscheide, die auf längere Zeit Gültigkeit haben und auf den nachfolgenden Ebenen zu operationalisieren sind.

- Weiterhin gehören auf die Stufe der bankbetrieblichen Geschäftspolitik die Entscheide über die zu bildenden strategischen Geschäftsfelder.

- Die Ziele, Strategien und Mittel für die einzelnen Leistungsbereiche einer Bank werden ebenfalls durch geschäftspolitische Entscheidungen bestimmt.

Abbildung 7 stellt diesen Zusammenhang dar. Die aus diesen Ueberlegungen entstammenden Konsequenzen werden im folgenden dargestellt und erörtert.

---

[1] Siehe hierzu auch: Ulrich (Unternehmungspolitik), S. 18ff. und Cordero-Tomanek (Geschäftspolitik), S. 36ff.
[2] Schuster (Macht), S. 19.

Abbildung 7: Inhalte der bankbetrieblichen Führung

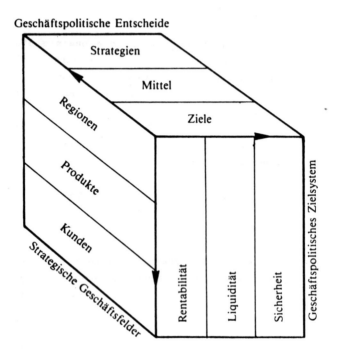

Quelle: Eigene Darstellung

1. Geschäftspolitisches Zielsystem

Das Zielsystem einer Bank ist äusserst vielschichtig. So lassen sich u.a. zahlreiche Möglichkeiten der Einteilung für die zu bildenden Ziele finden. Ausgangspunkt jedes Zielsystems einer Bank ist die Formulierung einer Leitidee, auch Leitbild[1]),

---

1) Hinterhuber (Unternehmensführung), S. 60.

Mission[1]) und "Organisational Mission or Charter"[2]) genannt.
Geschäftsziele lassen sich wie folgt charakterisieren:

Sie sind

- zeitlos,
- nicht terminiert,
- eher generell formuliert,
- stark umweltbezogen,
- relativ ressourcenunabhängig und
- nicht exakt quantifizierbar.

Die drei grundlegenden bankbetrieblichen Geschäftsziele sind

- die Erreichung einer bestimmten Rentabilität,
- die Einhaltung einer bestimmten Liquidität und
- die Minimierung der damit verbundenen Risiken[3]).

Diese drei Zielbereiche können auch als Grundpfeiler jedweder bankbetrieblichen Tätigkeit bezeichnet werden[4]). Sie sind in Abbildung 8 dargestellt, wobei auch die immanenten Interessenkonflikte zwischen den Zielen verdeutlicht werden.

---

1) Rapaport/Schultz (Corporation), S. 209ff.
2) Hosmer (Management), S. 3.
3) Schuster (Grundsätze), S. 110ff.
4) Albisetti et al. (Handbuch), S. 117.

Abbildung 8: Die bankpolitischen Geschäftsziele

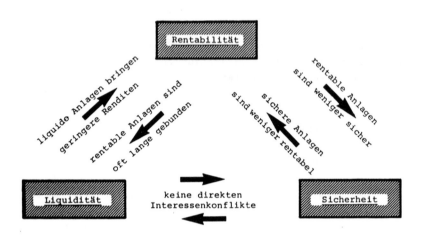

Quelle: Meyer (Bankbilanz), S. 100.

a. Rentabilitätsziel

Die Rentabilität wird in der bankwirtschaftlichen Literatur als oberstes Ziel des bankbetrieblichen Handels interpretiert[1]. Spezielle Bezeichnungen hierfür sind "Hauptziel"[2] und auch "Primary or Profit Objective"[3]. Die starke Gewichtung des Rentabilitätsziels - hier gleichgesetzt mit dem Streben einer Bank nach Ertrag - resultiert aus der Notwendigkeit der Erzielung eines angemessenen Gewinns als Mittel zur Sicherung der Existenz einer Bank[4]. In dieser Einschätzung kommt auch

---
1) Cramer (Bankbetrieb), S. 49 sowie die dort angegebene Literatur.
2) Schuster (Macht), S. 23.
3) Hussey (Planning), S. 109ff.
4) Schimmelmann (Geschäftsfeldkonzeptionen), S. 167f.

eine Abkehr vom früher vertretenen Volumen- und Wachstumsdenken der Banken zum Ausdruck.

Mittlerweile hat sich allerdings weitgehend die Erkenntnis durchgesetzt, dass es sich hierbei nicht um eine Gewinnmaximierung als alleinige und ausschliessliche Zielsetzung einer Bank handeln kann. Eine Zielsetzung, die den Anforderungen der Realität genügt, muss vielmehr multivariabel, anpassungsfähig und praktikabel sein[1]. Aus dieser Ueberlegung heraus ist das Ziel der Gewinnmaximierung zugunsten dem der Gewinnoptimierung - unter gleichzeitiger Beachtung bestimmter Nebenziele - gewichen[2].

Diese weiteren Teile werden als nicht weniger wichtige "Secondary Objectives"[3] aufgefasst. Sie enthalten parallel zum Zielcharakter einen Hinweis darauf, wie das Ziel der Profitabilität realisiert werden kann und soll. Gleichzeitig erfahren sie aber durch das Profitabilitätsziel insofern eine Einschränkung, als diese weiteren Ziele rentabel erreicht und ausgestaltet werden sollen. Daraus wird zum einen deutlich, dass die bankpolitischen Ziele nicht unabhängig voneinander sind, sondern erst durch ihre Kombination volle Gültigkeit erlangen, zum anderen aber auch, dass eine gewisse Antinomie der verschiedenen Ziele zueinander besteht.

b. Liquiditätsziel

REIMANN hat bereits in den dreissiger Jahren festgestellt, dass die Liquidität für eine Bank wichtiger ist, als für jede andere Unternehmung[4]. "Unter Liquidität, auf den einfachsten Nenner gebracht, versteht man die Zahlungsbereitschaft eines

---

1) Kolbeck (Planung), S. 81.
2) Schuster (Grundsätze), S. 130.
3) Hussey (Planning), S. 113.
4) zitiert bei Schuster (Liquidität), S. 7

Schuldners"[1]). Die Liquidität ist die "Grundlage des Vertrauens des Publikums in eine Bank"[2]). Im Unterschied zum Industriebetrieb erstreckt sich der bankbetriebliche Liquiditätsbegriff aus diesem Grunde nicht nur auf die tatsächlich fälligen, sondern auch auf die potentiell fälligen Forderungen[3]), da ansonsten Einbussen im Standing einer Bank zu einem "Run auf die Schalter" führen könnten. Diese Argumentation kann auch als einzelwirtschaftliche Begründung der Notwendigkeit bankbetrieblicher Liquiditätsvorsorge bezeichnet werden.

Eine solche, an der Maximalbelastung[4]) ausgerichteten Liquiditätsauffassung bedingt mitunter Einbussen bei der Rentabilität und beeinflusst auch die Forderung nach hinlänglicher Sicherheit[5]).

Neben der genannten einzelwirtschaftlichen Argumentation wird noch eine gesamtwirtschaftliche aufgeführt, die die Konsequenzen eines einzelwirtschaftlichen Liquiditätsproblems aufzeigt. Demzufolge schädigt die Illiquidität einer Bank nicht nur direkt deren eigene Kunden, sondern je nach Grösse und Standing dieser Bank auch die gesamte Kreditwirtschaft eines Landes[6]).

---

1) Emch/Renz (Bankgeschäft), S. 99.
2) Schuster (Liquidität), S. 7.
3) Eilenberger (Bankbetriebslehre), S. 104.
4) Stützel (Bankpolitik)
5) Krasensky (Liquidität), S. 5.
6) Schuster (Grundsätze), S. 112.

Folgende Gründe können in diesem Zusammenhang für die hohe
Bedeutung der bankbetrieblichen Liquidität genannt werden:

- die Transformationsfunktion der Banken, die eine enge
Verflechtung mit anderen Wirtschaftssubjekten zur Folge
hat;
- das starke Interesse einer breiten Oeffentlichkeit (vor
allem Einleger und Kreditnehmer);
- das scheinbar hohe Risiko durch einen verglichen mit
anderen Branchen geringen Eigenfinanzierungsgrad.

Ihrer Bedeutung zufolge ist den Banken das Liquiditätsmanagement nicht alleine überlassen. Vielmehr unterliegt die Bankenliquidität sowohl im Inland als auch im Ausland strengen reglementarischen Vorschriften der jeweiligen Bankaufsichtsorgane, auf die hier jedoch nicht näher eingegangen werden kann[1].

c. Sicherheitsziel

Das Eingehen von Risiken - i.d.R. gegen eine entsprechende Prämie - gehört zum Wesen einer Bank[2]. Der Risikobegriff ist in der betriebswirtschaftlichen Literatur allgemein und in der bankwirtschaftlichen Literatur im besonderen nicht einheitlich gefasst. Unter Risiko wird an dieser Stelle die Gefahr des Nichterreichens eines bestimmten Zieles und speziell der damit einhergehende finanzielle Verlust verstanden[3].

Man kann verschiedene Arten von Risiken unterscheiden, eine einheitliche Risikoklassifizierung für Banken existiert jedoch

---

1) Vgl. hierzu u.a. Schuster (Liquiditätsvorschriften); Meyer (Bankbilanz), S. 251ff. und Zuber (Liquidität)
2) Priewasser (Bankbetriebslehre), S. 11.
3) Hölscher (Risikokosten), S. 6f.

derzeit nicht[1]). Hinsichtlich einzelner Klassifizierungsschemata sei daher auf entsprechende Literatur verwiesen[2]).

Dem Sicherheitsziel entspricht die Forderung nach einem bankbetrieblichen Risikomanagement, also dem Versuch, Risiken zu bestimmen, zu bewerten und zu handhaben.

d. Weitere bankpolitische Ziele

Neben den genannten Grundzielen - auch magisches Dreieck genannt[3]) - existieren weitere bankspezifische Ziele, die jedoch in ihrer Bedeutung den genannten unterzuordnen sind. Beispiele hierfür sind:

- Ziel der Markterweiterung[4]),
- Ziele im sozialen Bereich,
- Image-Profilierungsziele[5]),
- Einhaltung der Legalität[6]).

Auf diese Ziele soll hier allerdings nicht weiter eingegangen werden.

---

1) Kugler (Risiken), S. 18.
2) Büschgen (Bankbetriebslehre), S. 46; Eilenberger (Bankbetriebslehre), S. 133 sowie S. 278ff.; Hölscher (Risikokosten), S. 12ff.; Kugler (Risiken), S. 18ff.; Priewasser (Bankbetriebslehre), S. 128 ff.
3) Priewasser (Bankbetriebslehre), S. 124.
4) Büschgen (Bankbetriebslehre), S. 48ff.
5) Priewasser (Bankbetriebslehre), S. 124.
6) Hauschildt (Unterschiede), S. 29.

2. Strategische Geschäftsfeldkonzeption

a. Grundlagen der Konzeption strategischer Geschäftsfelder

Der Begriff des strategischen Geschäftsfeldes (SGF) wird in der Literatur mit dem der strategischen Geschäftseinheit (SGE) synonym verwendet[1]. Er bedeutet bankbetrieblich "die gedankliche Integration einer hinlänglich abgrenzbaren Kundengruppe ... mit Bank-Leistungsprogrammelementen, welche zur zufriedenstellenden Lösung spezifischer Kundenprobleme geeignet erscheinen"[2].

Ein strategisches Geschäftsfeld ist insbesondere durch die folgenden Merkmale gekennzeichnet[3]:

- Vorhandensein einer eigenständigen Marktaufgabe;
- Vorhandensein klar identifizierbarer unternehmensexterner Wettbewerber;
- Vorhandensein relativer Wettbewerbsvorteile;
- Beinhaltung klar abgegrenzter, möglichst unabhängiger Produkte;
- möglichst geringe Ueberschneidungen mit anderen strategischen Geschäftsfeldern;
- Verfolgung eigener Ziele und Strategien im Rahmen der Gesamtbank;
- klare und umfangreiche Führungsverantwortung, insbesondere für Strategieplanung und Ressourceneinsatz.

Dem strategischen Geschäftsfeld kommt insbesondere die Aufgabe zu, als Bindeglied zwischen Bank und Markt zu fungieren, um die Realisierung der geschäftspolitischen Zielsetzung sicherzustellen[4].

---

1) Im englischen Sprachraum sind die Begriffe "Strategic Business Unit" und "Strategic Business Area" gebräuchlich.
2) Büschgen (Planung) S. 264; Pümpin (Grundlagen), S. 17.
3) Büschgen (Planung), S. 265; Hinterhuber (Unternehmensführung), S. 268; Gälweiler (SGE), S. 259f.
4) Weigele (Unternehmensplanung), S. 177.

b. Möglichkeiten der Bildung strategischer Geschäftsfelder
    in Banken

Das allgemeine Konzept der Bildung strategischer Geschäftsfelder entstammt dem industriellen Bereich, in welchem eine produktspezifische Trennung von Beschaffung, Produktion und Absatz in weiten Bereichen relativ problemlos realisiert werden kann. Untersucht man die genannten allgemeinen Merkmale ihrer Realisierung, so stösst man insbesondere bei den Postulaten der Unabhängigkeit und der Freiheit von Ueberschneidungen an bankspezifische Grenzen. Stichworte in diesem Zusammenhang, die für Banken zu einem Abweichen von den erwähnten Prinzipien führen, sind[1]:

♦ sinnvolle Nutzung vorhandener Synergien,
♦ die zentrale Liquiditätsdisposition, respektive der Finanzmittelausgleich zwischen den einzelnen strategischen Geschäftsfeldern,
♦ die im Bankbetrieb gegebenen wechselseitigen Abhängigkeiten bei der Leistungserstellung.

Bei der strategischen Geschäftsfeld-Konzeption handelt es sich folglich nicht um eine primär organisatorische, sondern um eine gedankliche, marktanalytische Abgrenzung[2]. Die erfolgreiche Durchsetzung der Konzeption strategischer Geschäftsfelder wird allerdings dadurch erleichtert, dass eine entsprechende Organisationsform gewählt wird, welcher das Wesen des strategischen Geschäftsfeld-Gedankens zugrundeliegt[3].

---

1) Weigele (Unternehmensplanung), S. 184ff.
2) Büschgen (Planung), S. 264; Krümmer (Management), S. 218.
3) Schuster (Planung), S. 139f.; Kohn/Rau (Strategy), S. 58.

Drei Beziehungen zwischen der Aufbauorganisation und der Segmentierung in strategische Geschäftsfelder sind dabei grundsätzlich möglich[1]:

- eine organisatorische Einheit stimmt mit einem gebildeten strategischen Geschäftsfeld überein;
- ein gebildetes strategisches Geschäftsfeld besteht aus mehreren organisatorischen Einheiten;
- eine organisatorische Einheit besteht aus mehreren gebildeten strategischen Geschäftsfeldern.

Zur Abgrenzung strategischer Geschäftsfelder lassen sich im wesentlichen drei Kriterien finden, die untereinander kombinierbar sind. Ein strategisches Geschäftsfeld wird demnach durch die folgenden Dimensionen determiniert:

- die Kunden einer Bank,
- die Produkte einer Bank und
- die Regionen, in denen eine Bank tätig ist.

Im Rahmen einer empirischen Analyse über den Stand der strategischen Planung bei Banken in deutschsprachigen Ländern konnte hinsichtlich der Dominanz der Einteilungskriterien strategischer Geschäftsfelder das in Abbildung 9 dargestellte Ergebnis festgestellt werden.

---

1) Widmer (Innovationsmanagement), S. 443.

Abbildung 9: Einteilungsmöglichkeiten strategischer Geschäftsfelder in Banken

Zielgruppe	% der Banken
Mengen-/Vermögende Privat-/Firmenkundschaft	51,1
Privatkunden/Firmenkunden	37,8
Noch weiter aufgesplittert	33,3
Nach Lebenszyklus unterteilt	28,9
Andere Kriterien	35,6
Keine SGF gebildet	11,1

Quelle: Moormann (Geschäftsbanken), S. 9.

Demzufolge dominiert bei Banken eine kundenbezogene Abgrenzung der strategischen Geschäftsfelder. Dieses Ergebnis nahm WEIGELE aus theoretischer Sicht vorweg. Er beurteilte im wesentlichen die folgenden Zusammenhänge als ursächlich für eine kundengruppenbezogene Aufteilung strategischer Geschäftsfelder in Universalbanken[1]:

♦ die Zeitraumbezogenheit der Leistungserstellung und -Inanspruchnahme,
♦ die Dauerbeziehungen zwischen Bank und Kunde und
♦ die Nachfrage in Form von Leistungskonglomeraten und Leistungsbündeln.

Demzufolge kann man bei Universalbanken von relativ konstanten Leistungsbündel-Zielgruppen-Kombinationen sprechen, die es anempfehlen, primär nach Kundengruppen zu segmentieren. Diese Segmentierung gewährleistet auch am ehesten einen unmittelbaren Marktkontakt, der ja - wie erwähnt - ein wesentliches Ziel der Bildung strategischer Geschäftsfelder ist.

---
1) Weigele (Unternehmensplanung), S. 178ff.

Die Dominanz der kundengruppenorientierten Segmentierung bedeutet jedoch nicht zwangsläufig eine Vernachlässigung der anderen Gliederungsmöglichkeiten. Vielmehr wird das komplette Geschäftsfeld-Konzept einer Bank erst durch die Kombination aller drei Möglichkeiten determiniert[1]. So kann - um ein Beispiel zu nennen - eine international tätige Universalbank in einem ersten Schritt in verschiedenen Ländern regionale Einheiten errichten, die ihrerseits in kundengruppenorientierte Geschäftsfelder unterteilt und mit einer entsprechenden Angebotspalette von Bankmarktleistungen versehen sind.

3. Geschäftspolitische Entscheidungen

Als Inhalte der Führung im Sinne des Begriffs der Unternehmungsführung auf Stufe der Unternehmungspolitik lassen sich unter Einbezug der oben genannten Punkte die Festlegung von Teilzielen und die Bestimmung von Mitteln und Verfahren zu ihrer Erreichung nennen.

Dabei geht es um die Bestimmung

♦ der langfristigen Teilziele;
♦ des Leistungspotentials;
♦ der zu verfolgenden grundlegenden Strategien[2].

Die Teilziele sind von den oben genannten Geschäftszielen streng zu unterscheiden, wobei sie sich natürlich von diesen ableiten. Es lassen sich die in Abbildung 10 enthaltenen Unterschiede aufzeigen. Diese hier vorgenommene Differenzierung beruht im wesentlichen auf der von VANCIL vorgenommenen Unterteilung in "Objectives" und "Goals"[3].

---

1) Widmer (Innovationsmanagement), S. 450ff.
2) Ulrich (Unternehmungspolitik), S. 19.
3) Vancil (Strategy), S. 5.

Abbildung 10: Mögliche Unterteilungsmerkmale von Geschäftsziel und Teilzielen

Geschäftsziel = Objectives	Teilziele = Goals
♦ zeitlos	♦ temporär
♦ nicht terminiert	♦ terminiert
♦ generell	♦ speziell
♦ stark umweltbezogen	♦ stark unternehmungsbezogen
♦ rel. ressourcenunabhängig	♦ rel. ressourcenabhängig
♦ nicht exakt quantifizierbar	♦ exakt quantifizierbar

Quelle: Vancil (Strategy), S. 5.

Im Rahmen der strategischen Planung sind diesen Zielen entsprechende Ressourcen zuzuordnen. Ein letzter Schritt besteht dann in der Formulierung von Strategien zur Realisierung der festgelegten Ziele.

III. Zusammenhang zwischen Führung und Information

A. Aspekte der bankbetrieblichen Information und Kommunikation

1. Information, betriebliche Information, Bericht, Führungsinformation, Führungsinformationssystem

Mit Informationen beschäftigen sich zahlreiche Wissenschaftszweige[1]. Es ist dies u.a. wohl einer der in der Wissenschaft am häufigsten definierten Begriffe überhaupt[2]. Unbestritten ist dabei die Eigenschaft der hohen Komplexität[3], die den Versuch einer allgemeinen Begriffsdefinition letztendlich zum Scheitern verurteilt[4].

Im Rahmen der vorliegenden Arbeit soll unter Information ganz allgemein "a raw material derived from data"[5] verstanden werden. Informationen bestehen also aus Daten, die ihrerseits wiederum aus Zeichen gebildet werden. Die kleinste unterteilbare Einheit einer Information ist demnach ein Zeichen.

Es lassen sich drei allgemeingültige Dimensionen der Information unterscheiden[6]:

- die <u>Syntax der Information</u>, die aus den in ihr verwendeten Zeichenkombinationen der inneren Grammatik resultiert;
- die <u>Semantik der Information</u>, die in dem ihr durch die Informationssubjekte zugeordneten Bedeutungsgehalt liegt;
- die <u>Pragmatik der Information</u>, die sich in der Beziehung zwischen Zeichen und Information einerseits sowie Informationssender und -empfänger andererseits äussert.

---

1) Einen Ueberblick über die Informationswissenschaften i.w.S. vermitteln Machlup/Mansfield (Information).
2) Kirsch (Entscheidungsprozesse II) S.78ff. und Brauchlin (Entscheidungsmethodik), S. 131ff. sowie die dort angegebene Literatur.
3) Flechtner (Kybernetik), S. 65.
4) Kuhn (Society), S. 152.
5) Altenpohl, (Information), S. VIII.
6) Flechtner (Kybernetik), S. 69ff.

Unter betrieblichen Informationen werden solche Informationen subsumiert, die Eingang in den betrieblichen Produktionsprozess finden. Informationen erhalten damit die Eigenschaft eines selbständigen Produktionsfaktors, der über folgende wesentliche Eigenschaften verfügt[1]:

- sie ist multifunktional (Information ist beliebig kombinierbar, akkumulierbar, übertragbar);
- sie ist als Rohstoff in Form von Daten unbegrenzt verfügbar;
- sie steigt im Wert durch Gebrauch und Verarbeitung;
- sie kann zur Speicherung komprimiert werden;
- sie kann praktisch beliebig schnell transportiert und verbreitet werden;
- sie kann konventionelle Ressourcen ersetzen;
- sie kann neue Produkte und Dienstleistungen generieren.

Die Weiterleitung von Informationen kann durch sogenannte Berichte erfolgen. Ein solcher Bericht beinhaltet die Aufbereitung und Zusammenfassung verschiedenster Informationen aus der internen und externen betrieblichen Sphäre. Synonyme Bezeichnungen sind Meldungen, Rapporte, Reports. Ein Berichtssystem ist die Summe und Struktur aller Berichte und deren Anpassung an den betrieblichen Informationsbedarf[2]. Unter dem Berichts- und Informationswesen einer Unternehmung wird die Erstellung und Weiterleitung von internen Berichten verstanden[3].

"Die Funktion der 'Information' (in einer Unternehmung, Anm. d.V.) ist vergleichbar mit der Funktion der roten Blutkörperchen in einem lebenden Organismus".[4]

---

1) Sieber (Information), S. 26.
2) Horvath (Controlling), S. 532.
3) Horvath (Controlling), S. 528.
4) Chorafas (Systeme), S. 10.

Informationen

◆ lösen Handlungen aus,
◆ verdeutlichen Handlung und Ergebnis und
◆ ermöglichen die Kontrolle und den Vergleich von Handlungen[1].

Im Rahmen der vorliegenden Arbeit ist der Informationsbegriff vor allem im Hinblick auf den Führungsaspekt von Bedeutung. GOLDHABER et al. befragten Manager, was sie unter Information verstehen. Dabei kamen die folgenden repräsentativen Meinungen zustande[2]:

◆ Information is a piece of knowledge.
◆ Information is an idea, opinion, feeling, or fact.
◆ Information is something that precedes action.
◆ Information is something that has the quality of beeing true or false, correct or incorrect, timely or untimely, relevant or irrelevant, and vague or precise.
◆ Information is something that helps eliminating "second-guessing".
◆ Information is a unit of something to which humans assign meaning.
◆ Information is something that stands by itself.
◆ Information is the means by which humans and machines exert control over themselves and their environment.

---

1) Ellermeier (Bankorganisation), S. 127.
2) Goldhaber et al. (Information), S. 82.

Aus diesen Definitionen lässt sich bereits die Vielfalt der Erwartungen an Führungsinformationen und damit auch an Führungsinformationssysteme erahnen. Im weiteren Verlaufe der Arbeit soll mit folgendem Informationsbegriff gearbeitet werden:

Führungsinformationen sind aus Daten gewonnene Informationen, die für die Erfüllung der betrieblichen Führungsaufgaben relevant sind.

Führungsinformationssysteme sind nun solche Systeme, die Führungsinformationen bereitstellen.

2. Kommunikation und betriebliche Kommunikation

Der Begriff der Kommunikation lässt sich gleichsetzen mit dem des Informationsprozesses, also der Uebermittlung von Information. Auch hier lässt sich eine schier unübersehbare Vielfalt von Definitionen in der Literatur finden[1]. Ihnen allen eigen ist das Vorhandensein

- einer Informationsquelle = Sender;
- eines Informationsempfängers = Empfänger;
- eines Informationsmediums = Träger der Information.

---

1) siehe Coenenberg (Kommunikation), S. 34f. und Schaufelbühl (Informationssysteme), S. 25 sowie die dort angegebene Literatur.

Führung und Information   43

Wir verstehen im folgenden unter Kommunikation einen bewussten und zielgerichteten Prozess[1]. Es lassen sich zwei Ziele der Kommunikation unterscheiden[2]:

- das allgemeine Ziel der Kommunikation: die Verständigung;
- das spezielle Ziel der Kommunikation: die Realisierung von Interessen.

Mit dem Kommunikationsakt soll also der Informationsempfänger durch einen Informationssender - über eine reine Erweiterung seines Wissensstandes hinaus - beeinflusst werden[3]. Es lassen sich damit für die betriebliche Kommunikation zwei Aspekte unterscheiden[4]:

- die Versorgung der betrieblichen Stellen mit entscheidungsrelevanten Informationen und
- die Realisierung eines sozialen Prozesses.

Diese Aspekte sind überlagert von den Arten der Kommunikation. Man unterscheidet hier zwischen

- formaler und
- informeller Kommunikation.

Im Rahmen der vorliegenden Arbeit ist primär die formale Kommunikation von Interesse. Unberührt bleibt die informelle Kommunikation. Die Vielzahl der hier notwendigen und wichtigen Kommunikationsakte ist allerdings insbesondere für das Top-Management einer Unternehmung in ihrer Bedeutung nicht zu unterschätzen[5].

---

1) Burkhart (Kommunikationswissenschaft), S. 14ff.
2) Burkhart (Kommunikationswissenschaft), S. 18f.
3) Nater (Rechnungswesen), S.27.
4) Coenenberg (Kommunikation), S. 34.
5) Sawy (CEO), S. 55.

B. Führung und Komplexität

Komplexität ist definiert als die Anzahl möglicher Zustände, die ein System einnehmen kann[1]. Je höher diese Anzahl ist, desto komplexer ist das zu bewältigende System. Abhängig ist die Komplexität von der Anzahl der Elemente eines Systems, deren Verknüpfungsmöglichkeiten sowie den möglichen Eigenvariationen der Systemelemente[2]. Sie setzt sich damit aus der Kompliziertheit eines Systems und der inneren und äusseren Dynamik, der es unterworfen ist, zusammen. Darstellen lässt sich Komplexität mittels ihrer Messgrösse, der Varietät[3]. Es gilt der Grundsatz: je höher die Komplexität, desto schwieriger die Führung einer Bank.

Die Beherrschung von Komplexität ist damit eines der Hauptprobleme, nicht nur der bankbezogenen, sondern vielmehr der allgemeinen Unternehmungsführung[4]. Nach ULRICH dienen hierzu im wesentlichen informationsverarbeitende Prozesse[5], die mit Führung gleichsetzt werden können.

---

1) Ashby (Cybernetics), S. 124ff, Beer (Heart), S. 32.
2) Ulrich (Unternehmungspolitik), S. 187.
3) Brauchlin (Entscheidungsmethodik), S. 131.
4) Ulrich (Skizze), S. 19, Malik (Elemente), S. 53.
5) Ulrich (Unternehmungspolitik), S. 33ff., S. 187ff und 193ff.

C. Führung als informationsverarbeitender Prozess

Zur besseren Handhabbarkeit von Komplexität ist das Management einer Bank auf geeignete Informationen angewiesen. Nun ist ein wesentliches Merkmal von Management im allgemeinen und von Bankmanagement im besonderen, "dass immer ein erheblicher Mangel an Informationen über die jeweils konkret vorherrschenden Umstände besteht"[1]. Von besonderer Bedeutung für die Richtigkeit einer Entscheidung ist es demzufolge, die richtigen Informationen richtig zu verarbeiten.

Eine typische Führungskraft bringt ca. 80% der Arbeitszeit für Informationsverarbeitung und -vermittlung auf[2]. Damit wird deutlich, dass Führung und Informationsverarbeitung eng miteinander verbunden sein müssen.

ULRICH versteht unter der institutionellen Führung ein System, "das Eingangs-Informationen in Ausgangs-Informationen transformiert, diese an ausführende Systeme weitergibt und über deren Tätigkeiten wiederum Informationen aufnimmt und verarbeitet[3]" (Abbildung 11).

Die zu beschaffenden Eingangsinformationen beziehen sich auf entscheidungsrelevante Sachverhalte und schliessen im Sinne eines Regelkreissystems die Kontrollinformationen über den jeweiligen Systemzustand mit ein. Die resultierenden Ausgangsinformationen schliesslich haben eigentlichen Entscheidungscharakter. Management als Führungsprozess kann also im wesentlichen als eine informationsverarbeitende Tätigkeit begriffen werden[4].

---

1) Malik (Management-Systeme), S. 7.
2) Davis/Olson (MIS), S. 4.
3) Ulrich (Unternehmungspolitik), S. 13.
4) Ulrich (Unternehmungspolitik), S. 13f.

Abbildung 11: Führung als Informationsverarbeitung

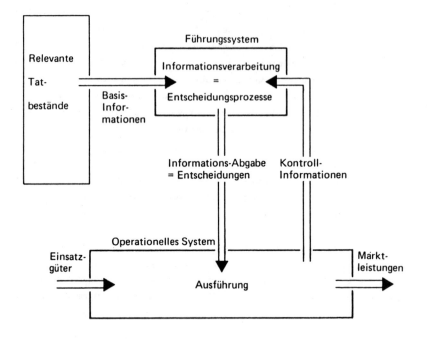

Quelle: Ulrich (Unternehmungspolitik), S. 15.

Im Mittelpunkt der Führung steht das Handhaben und Bewältigen von Entscheidungen, bzw. Entscheidungssituationen. Dieser Vorgang der Entscheidungsfindung wird in Abbildung 12 als Primärkreislauf unter Einbezug eines informatorischen Sekundärkreislaufes dargestellt.

Die verschiedenen Phasen dieses Kreislaufes sollen kurz erläutert werden:

Phase 1: Die Entscheidungssituation wird als solche erkannt und wahrgenommen.
Phase 2: Die Entscheidungssituation wird strukturiert, das Problem definiert.
Phase 3: Es werden Alternativen zur Problemlösung gesucht.
Phase 4: Die gefundenen Alternativen werden bewertet, gewichtet und verglichen.
Phase 5: Es erfolgt die Auswahl der geeigneten Alternative zur Lösung des Problems.
Phase 6: Es erfolgt ein Beschluss zu ihrer Umsetzung.
Phase 7: Die gewählte Alternative wird implementiert.
Phase 8: Es erfolgt eine Kontrolle der Durchsetzung der getroffenen Entscheidung und ihres Beitrages zur Problemlösung. Die Kontrollphase entspricht einem neuen Eintreten in den Entscheidungskreislauf.

In den einzelnen Phasen werden Informationen über den Entscheidungsgegenstand gesammelt und ausgewertet und hinsichtlich ihrer Implikationen auf die Entscheidungssituation interpretiert.

Damit ist es notwendig, explizit oder implizit Informationen zu sammeln und zu speichern (Informationsinput) und zu verarbeiten (Informationsverarbeitung), um dann die eigentliche Entscheidung (Informationsoutput) ab- bzw. weiterzugeben.

Die Qualität einer Entscheidung steht deshalb in direktem Zusammenhang mit den Beschaffungsmöglichkeiten und der Verfügbarkeit von Information.[1] Eine wesentliche Voraussetzung zur besseren Lösung von Führungsaufgaben ist damit die "zielgerichtete Organisation der Information"[2]. Ein geeignetes Mittel hierzu sind Führungsinformationssysteme.

---

1) Steinbrink (Bankbetrieb), S. 38.
2) Sittig (Führungshilfen), S. 106.

Abbildung 12: Vorgang der Entscheidungsfindung

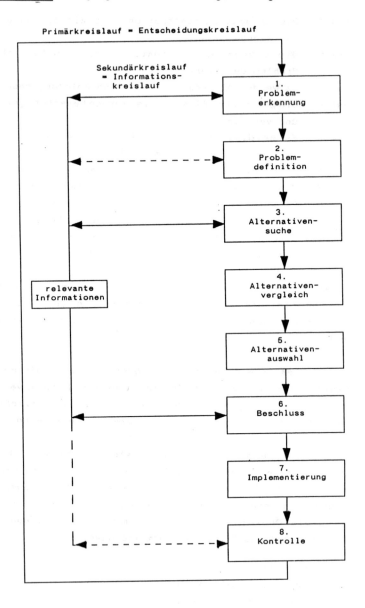

Quelle: Eigene Darstellung

Führung und Information 49

D. Grundprobleme der Information und Kommunikation in Banken

Banken weisen zahlreiche interne und externe Informationsverbindungen auf. Es erscheint auch ohne weiteren Beleg einleuchtend, dass bei dieser Konstellation zahlreiche Schwierigkeiten der richtigen Informationshandhabung bestehen. Viele Bankiers beklagen auch, "im Ueberfluss der Daten oft zu wenig, unzeitgemäss und mitunter sogar falsch informiert zu werden"[1].

Aus dieser Erkenntnis lassen sich vier grundsätzliche Informationsprobleme ableiten, die nachfolgend diskutiert werden sollen[2]:

- das Quantitätsproblem;
- das Zeitproblem;
- das Qualitätsproblem;
- das Kommunikationsproblem.

1. Quantitätsproblem

Das Quantitätsproblem betrifft die Frage nach der beherrschbaren Menge der Informationen, die im Bankbetrieb anfallen.

Banken leiden i.d.R. nicht unter dem Problem von zu wenig Information. Sie laufen eher Gefahr, einem Zuviel an Information ausgesetzt zu sein[3]. Verknüpft man die Vielzahl von Märkten, in denen eine Bank tätig ist, mit der Vielzahl von Kunden und (Noch-)Nichtkunden, mit denen sie in Kontakt steht, und verknüpft man die daraus gewonnene Ziffer mit der Anzahl von möglichen Geschäften, und berücksichtigt man darüberhinaus noch, dass manche der mit diesem Geschäft verbundenen Infor-

---

1) Schuster (Informationsverarbeitung), S. 16.
2) Koreimann (Planung), S. 51f., Diller (Produkt-Management), S. 9ff., Horvath (Controlling), S. 326.
3) Kilgus (Bank-Management), S. 158.

mationen ständigen Veränderungen unterworfen sind (Beispiel Wertpapierkurse), so erhält man eine astronomisch anmutende Grösse von für die Bewältigung eines Geschäftes im weitesten Sinne relevanten Informationen. Durch das enorme Wachstum der meisten Banken hat sich dieses Problem der Information in vielen Fällen potenziert[1].

Auf der einen Seite war es zwar noch nie so einfach, auf eine fast unbegrenzte Menge an Informationen zurückzugreifen[2], auf der anderen Seite war es jedoch noch nie so kompliziert, diese Informationen - allein vom Volumen her - auf ein sinnvolles Mass zu begrenzen. Dadurch kommt es zu einem "Mangel im Ueberfluss", d.h. zu einer permanenten Inkongruenz zwischen Informationsbedürfnissen und Informationsangebot[3]

Dieser Sachverhalt soll als "umgekehrtes" Informations-Gap bezeichnet werden. Damit ist gemeint, dass sowohl der quantitative Informationsbedarf in einer Bank, als auch das quantitative Informationsangebot überproportional ansteigen, letzteres allerdings mit einer höheren Wachstumsrate. Die Lücke (Gap) zwischen beiden vergrössert sich also ständig (siehe Abbildung 13).

---

1) Weidemann (Informationsmanagement), S. 459; Gabathuler (Büroautomation), S. 12.
2) Küppers (Information), S. 31.
3) Koreimann (MIS), S. 10.

Abbildung 13: Die Informationslücke im Bankbetrieb

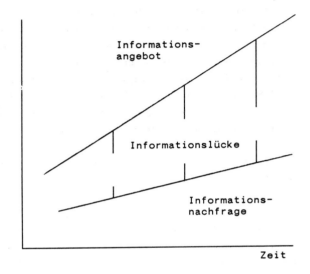

Quelle: Eigene Darstellung

2. Zeitproblem

Das Zeitproblem ist eine Folge der zunehmenden Dynamik der Umwelt und der Märkte, die den Zwang zu Entscheidungen in immer schnellerer Folge verursacht und damit immer kürzere Planungs- und Kontrollzyklen bedingt. Es drückt sich aus in der Aktualität der bereitgestellten Informationen, liegt also im Verarbeitungszeitraum zwischen Informationsbeschaffung und Informationsbereitstellung.

Banken unterliegen dem Zwang ständiger Aktualität mit der Folge, dass zu keinem Zeitpunkt des gesamten bankbetrieblichen Ablaufes auf Informationen verzichtet werden kann[1]. Dieser

---
1) Cramer (Bankbetrieb), S. 36.

Zwang besteht aus internen, wie externen Gegebenheiten. Für erstere sei hier an den Grundsatz der "Tagfertigkeit" erinnert, nach dem sämtliche Buchungen prinzipiell am gleichen Tag zu erfassen und zu bearbeiten sind[1]. Für letztere sei beispielhaft der Bereich Geld- und Devisenhandel genannt, in dem vor dem Hintergrund ständiger Kursschwankungen, täglich mehrere tausend Transaktionen im Gesamtvolumen mehrerer Millionen Franken abgewickelt werden müssen und die Entscheidung für oder gegen ein Geschäft in Sekundenschnelle fallen muss[2]. Die Forderung nach Schnelligkeit ist mithin eine der zentralen ablauforganisatorischen Zielsetzungen innerhalb des Bankbetriebes[3]. Alle bankbetrieblich verwendeten Informationen müssen demzufolge möglichst schnell be- und verarbeitet werden können[4]. Der schnelle Informationsfluss wird zum Wettbewerbsfaktor ersten Ranges[5].

3. Qualitätsproblem

Das Qualitätsproblem betrifft die Relevanz, vor allem die Entscheidungsrelevanz der vorhandenen Informationen. Nur ein Teil der vorhandenen Informationen ist auch für eine vorliegende Fragestellung von Bedeutung. Abbildung 14 veranschaulicht diesen Sachverhalt graphisch.

---

1) Büschgen (Bankbetriebslehre), S. 591, Hahn (Bankbetrieb), S. 90.
2) Brupbacher/Gier (Devisenhandel), S. 48.
3) Hahn (Bankbetrieb), S. 90.
4) Gabathuler (Büroautomation), S. 12.
5) Faust (Informationsverarbeitung), S. 7.

Führung und Information 53

Abbildung 14: Das Qualitätsproblem der Information

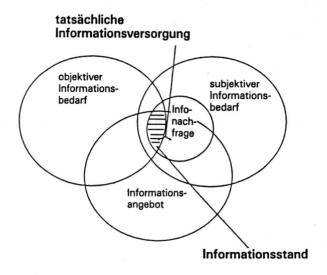

Quelle: Picot (Information), S. 5.

Es wird deutlich, dass die Gesamtmenge an relevanter Information nur eine Teilmenge der insgesamt verfügbaren Informationen ist. Die vom Entscheidungsträger genutzten Informationen sind oftmals mit diesen relevanten Informationen nicht oder nur zum Teil identisch. Ziel eines Führungsinformationssystems muss es sein, die Schnittmenge (schraffierte Fläche) zwischen den genutzten und relevanten Informationen möglichst gross zu gestalten, idealerweise beide Informationsgruppen zur Deckung zu bringen.

4. Kommunikationsproblem

Informationen entstehen in der Regel nicht dort, wo sie benötigt werden. Die effiziente Ueberbrückung dieser Distanz behandelt das Kommunikationsproblem. Es gewinnt mit wachsender Spezialisierung und Differenzierung der betrieblichen Teilaufgaben an Bedeutung[1]).

Das Kommunikationsproblem tritt in verschiedenen Teilproblemen auf. Es umfasst[2])

- die inhaltliche oder sachliche Informationstransformation, gemeinhin als Informationsverarbeitung bezeichnet,
- die zeitliche Informationstransformation, gemeinhin als Informationsspeicherung bezeichnet und
- die räumliche Uebermittlung einer Information vom Ort ihrer Entstehung zum Ort ihrer Verwendung, der Kommunikation im engeren Sinne.

Damit ist das Kommunikationsproblem sozusagen das Rahmenproblem der anderen drei Informationsprobleme. Aus ihm ergibt sich die unmittelbare Notwendigkeit zum Aufbau eines effizienten Führungsinformationssystems.

---

1) Coenenberg (Kommunikation), S. 5.
2) Coenenberg (Kommunikation), S. 36f.

Zusammenfassung des ersten Teils

Die vorliegende Arbeit befasst sich nicht mit einer individuellen Bank sondern mit Banken allgemein, verstanden als speziellem Erfahrungsobjekt der Betriebswirtschaftslehre, sowie mit Führungsinformationssystemen als speziellem Erkenntnisobjekt dieser Arbeit.

Für die hier vorgenommenen Untersuchungen wird der St. Galler Systemansatz als Bezugsmodell herangezogen, da dieser insbesondere der Information und Kommunikation innerhalb der Unternehmungsführung einen hohen Stellenwert zumisst und damit für die vorliegende Problemstellung speziell geeignet erscheint.

Führung, in ihrer sachlichen Komponente verstanden, besteht aus verschiedenen Elementen (Abbildung 15). Diese müssen bei der Gestaltung eines Führungsinformationssystems berücksichtigt werden, um den speziellen Bedürfnissen der bankbetrieblichen Führung gerecht zu werden. Dabei sind es vor allem die Inhalte der Führung, welche das spezielle bankbetriebliche Element kennzeichnen.

Abbildung 15: Die Elemente der bankbetrieblichen Führung im Ueberblick

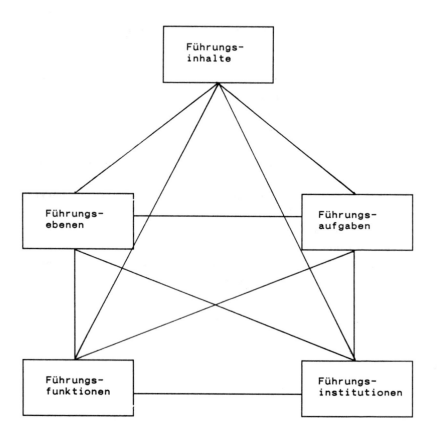

Quelle: Eigene Darstellung

Zusammenfassung Teil Eins

Informationen und insbesondere betriebliche Informationen können als Produktionsfaktoren charakterisiert werden, die über bestimmte Eigenschaften verfügen. Unter Führungsinformationen werden aus Daten gewonnene Informationen verstanden, die für die Erfüllung der betrieblichen Führungsaufgaben relevant sind.

Bei der betrieblichen Kommunikation geht es um die geeignete Uebertragung der Informationen. Für die vorliegende Thematik ist besonders der Aspekt der formalen Kommunikation innerhalb einer Bank von Bedeutung.

Führung kann unmittelbar als informationsverarbeitender Prozess interpretiert werden, der darauf gerichtet ist, Komplexität abzubauen. Der Führungserfolg ist demnach u.a. von der Beherrschung der betrieblichen Information und Kommunikation abhängig. Geeignete Führungsinformationssysteme können helfen, diesen formalen Prozess besser zu kanalisieren und sind somit in der Lage, einen grundsätzlichen Beitrag zur Unterstützung der Führung allgemein und damit auch der bankbetrieblichen Führung zu leisten.

Teil Zwei:

Bedeutung des Faktors Information

für die Banken

"One of the most critical concepts bank managements across the country must understand today is that they are in the information business. They are not in the lending business, the credit card business, or other businesses traditionally associated with banking; banks are in the financial information services business."

Auerbach (Business), S. 79.

Vorbemerkungen zum zweiten Teil

Im ersten Teil wurden die (insbesondere begrifflichen) Grundlagen der zu behandelnden Thematik dargestellt. Dabei wurde deutlich, dass zwischen Führung und Informationsverarbeitung - ganz generell - ein enger Zusammenhang besteht. Im vorliegenden zweiten Teil soll nun die spezielle Bedeutung des Faktors "Information" und seiner richtigen Behandlung durch das Management einer Bank belegt werden.

Da das Hauptziel der Geschäftstätigkeit einer Bank darin besteht, ihre Leistungen am Markt zu verkaufen, gilt es, die speziellen informationsrelevanten Gegebenheiten der Bankleistung einerseits und des Marktes für diese Bankleistungen andererseits näher zu untersuchen. Die somit behandelten Erscheinungen stehen in der Realität in einer starken Interrelation zueinander, wodurch einerseits Ursache und Wirkung nicht immer einwandfrei auszumachen und andererseits Ueberschneidungen nicht immer zu vermeiden sind. Die hier vorgenommenen Unterteilungen sind daher in erster Linie aus analytischen Gründen vorgenommen worden. Darüber hinaus ist jeder der Punkte bereits für sich betrachtet so umfangreich, dass im Rahmen der vorliegenden Arbeit nur die wesentlichen Facetten angedeutet werden können.

Im **ersten Kapitel** werden die speziellen Charakteristika der Bankleistung auf ihre Relevanz hinsichtlich der bankbetrieblichen Informationsproblematik hin untersucht.

Im **zweiten Kapitel** wird der sich vollziehende Wandel an den Finanzmärkten und dessen Einfluss auf die bankbetriebliche Informationsproblematik analysiert.

Das **dritte Kapitel** erörtert die aus den Analysen folgende Notwendigkeit eines bankbetrieblichen Informationsmanagements und zeigt dessen grundlegende Bestandteile auf.

I. Informationsrelevante Eigenheiten der Bankleistung

A. Bankleistung und Information

In der bankbetrieblichen Forschung, wie auch in der Praxis setzt sich immer stärker die Tendenz durch, den Bankbetrieb als primär informationsorientiert zu charakterisieren[1]. Einige typische ausgewählte Zitate mögen dies verdeutlichen:

"Gerade in Banken sind 'Informationen' allgegenwärtig".[2]

"Geld ist Information in Bewegung".[3]

"Kreditinstitute sind ... klassische Informationsverarbeiter"[4].

"Bankgeschäft ist Informationsgeschäft"[5].

"Banking has always been an information-intensive business".[6]

Es ist eine "Eigenheit von Bankgeschäften, Informationen lautend auf Geld zu sein"[7].

"Es ist bestimmt keine Uebertreibung, zu behaupten, dass in Banken fast ausschliesslich Informationsverarbeitung betrieben wird"[8].

"After all, the banking and financial services primarily produce information"[9].

---

1) Die folgende Literaturaufzählung mag hierfür stellvertretend stehen: Abolins (Datenverarbeitung), S. 24, Abolins (Banken), S. 29, Auerbach (Business), S. 79, Chambers (Banking), S. 55, Davis (Pioneers), S. 14, Dube (Informationszeitalter), S. 12, Friedman (Information), S. 40, Klingler (Informationsmanagement), S. 7, Lehner (Modell), S. 52, Muthesius (Informations-Fluss), S. 6, Schuster (Informationsverarbeitung), S. 16, Terrahe (Interview), S. 12, Winter (Bankorganisation), S. 3f. Wittmann (Information), S. 14.

2) Sorg/Weber (Geldinstitute), S. 46.

3) Naisbitt (Megatrends), S. 129.

4) Priewasser (Banken), S. 136.

5) Tobergte (Risiken), S. 134.

6) Heckman (Information), S. 68.

7) Richter (Grenzen), S. 14.

8) Schmidt (Bankbetrieb), S. 27.

9) Rogowski/Simonson (Prospects), S. 23.

Information und bankbetriebliche Leistung werden also faktisch gleichgestellt, Bankgeschäfte werden als Informationen lautend auf Geld charakterisiert, der Bankbetrieb wird zum "Informationsanbieter", die bankbetriebliche Produktion zur "Informationsverarbeitung". Im folgenden wird daher untersucht, inwieweit sich aus den speziellen Eigenheiten der Bankleistung eine These von der "Informationsprädestination" des Bankbetriebes unterstützen lässt.

Eine Bankleistung wird dabei definiert als das am Markt absetzbare Ergebnis des bankbetrieblichen Produktionsprozesses[1]. In diesem Zusammenhang stellt sich die Frage, ob es überhaupt spezielle Charakteristika gibt, die bankbetriebliche Leistungen von denen anderer Unternehmungen grundsätzlich unterscheidbar machen? Dies wird - untersucht man die verschiedenen Ansätze in der wissenschaftlichen Bankbetriebslehre - einheitlich bejaht[2]. Der Beweis hierfür wird durch die Darstellung verschiedenster spezieller Charakteristika von Bankleistungen erbracht[3]. An dieser Stelle sollen jedoch nur diejenigen Eigenschaften näher analysiert werden, die für die vorliegende Thematik als besonders relevant erscheinen. Es sind dies:

♦   die Unstofflichkeit der Bankleistung;
♦   die abstrakte Natur der Bankleistung;
♦   die Verflochtenheit der Bankleistung;
♦   der Dualismus der Bankleistung;
♦   die Heterogenität der Bankleistung.

---

1) Zum Begriff der Bankleistung siehe: Eilenberger (Bankbetriebslehre), S. 113ff.; Hagenmüller (Bankbetrieb), S. 4; Obst/Hintner (Geld), S. 249f.
2) Deppe (Wachstum), S. 25, Hagenmüller (Bankpolitik), S. 17.
3) Siehe hierzu beispielsweise die Aufzählung bei Siegert (Eigenarten), S. 4ff.

B. Stofflichkeit und Unstofflichkeit der Bankleistung

Unstofflichkeit, also die fehlende Materialisierung von Leistungen ist eine der wichtigen Abgrenzungscharakteristika des bankbetrieblichen Outputs im Vergleich zu dem eines Industriebetriebes[1]. Damit soll freilich nicht verneint werden, dass auch Banken mit "Materialien" arbeiten. Solche sind beispielsweise EDV-Anlagen, die jedoch als Produktionsmittel und nicht als Ergebnis des bankbetrieblichen Leistungserstellungsprozesses eingesetzt werden. Auch Wertpapiere, denen eine Stofflichkeit nicht abgeleugnet werden kann, sind lediglich Materialien, die in Banken Verwendung finden, da auch sie nicht von der Bank "hergestellt" werden.

Die mitunter dadurch auftretende Unklarheit über die Stofflichkeit, resp. Unstofflichkeit der Bankleistung geht im wesentlichen auf eine "mangelnde Unterscheidung zwischen dem Produktionsprozess, der Auftragsausführung und den dabei eingesetzten Hilfsmitteln einerseits und dem Produktionsergebnis andererseits zurück"[2]. Die eigentliche Bankleistung besteht nämlich in der Intermediation oder Vermittlung von Liquidität (Bsp. Wertpapiere, Noten, Münzen usw.), bzw. der damit zusammenhängenden Beratungsleistung an sich (bei der sowohl Papier als auch EDV zum Einsatz kommen können). Diese eigentliche Bankleistung ist jedoch stets unstofflich.

Natürlich darf der beschriebene Sachverhalt nicht darüber hinwegtäuschen, dass Banken heute auch den "stofflichen Teil" ihrer Produktion, also die gesamte Logistik, beherrschen müssen, um erfolgreich Bankgeschäfte absetzen zu können. Auch hieraus ergeben sich natürlich Konsequenzen hinsichtlich des Einsatzes von Führungsinformationssystemen.

---

1) Ellermeier (Bankorganisation), S. 86.
2) Widmer (Innovationsmanagement), S. 47.

Eine unmittelbare Folge der Stofflosigkeit der Bankleistung ist deren fehlende Patentierfähigkeit und damit der fehlende Innovationsschutz für Bankleistungen[1]. Damit wird es besonders wichtig, zumindest einen zeitlichen Vorsprung vor der Konkurrenz bei der Einführung eines neuen Bankproduktes zu erlangen[2]. Dieser zeitliche Vorsprung kann am ehesten über eine, die Reaktionszeit der Konkurrenz verlängernde, höhere Eigenkomplexität der Bankleistung erreicht werden[3]. Durch diese Steigerung der Komplexität erhöht sich wiederum die Informationsabhängigkeit einer Bankleistung und damit der Zwang zu ihrer informatorischen Unterstützung.

Aus der Unstofflichkeit der Bankleistung ergeben sich zwei weitere wesentliche in der bankbetriebswirtschaftlichen Literatur verankerte Aspekte:

♦ die mangelnde Speicherfähigkeit der Bankleistung[4] sowie
♦ der Zusammenfall von Produktion und Absatz[5].

Lagerfähige Produktionsergebnisse sind stets Bestandsgrössen. Solche gibt es ohne Zweifel auch in Banken, man denke hierbei beispielsweise an Goldmünzen oder Wertpapiere des eigenen Bestandes. Bei weiteren lagerfähigen Bankeinzelleistungen ergibt sich in der Regel die Frage nach dem ökonomischen Sinn ihrer Lagerung. Keine Bank würde beispielsweise Sparkonti auf Vorrat eröffnen. Im Mittelpunkt der Leistungserstellung eines Bankbetriebes stehen jedoch Strömungsgrössen, die per Definition nicht lagerfähig oder speicherbar sind.

---

1) Hahn (Bankbetrieb), S. 61.
2) Widmer (Innovationsmanagement), S. 508f.
3) Weiss (Bankmarketing), S. 376.
4) Eilenberger (Bankbetriebslehre), S. 114.
5) Siegert (Eigenarten), S. 70ff. und die dort zitierte Literatur.

Hier schliesst sich der Sachverhalt des Zusammenfalls von Produktion und Absatz der Bankleistung an, der auch als Uno-Actu These bezeichnet wird[1]. Sie bedeutet, dass die zum Absatz der Bankdienstleistung notwendige Materialisierung erst beim Abnehmer selbst erfolgt, und zwar durch die dabei erreichte individuelle Nutzenstiftung. Eine vom Abnehmer und damit vom Absatz isolierte Produktion ist somit nicht möglich[2]. Hierdurch besteht der Zwang, das Absatzpotential eines Bankproduktes, vor allem im Hinblick auf die beim Abnehmer vorliegende Nutzenfunktion, aber auch auf die sonstigen extern gegebenen Restriktionen (Bsp. Politik der Nationalbank) abzuschätzen. Damit kommt der systematischen Informationsbeschaffung eine ausserordentliche Bedeutung für den zukünftigen Markterfolg einer Bankleistung zu[3].

Eine wesentliche Konsequenz der mangelnden Speicherbarkeit und der durch den Zusammenfall von Produktion und Absatz verursachten Fremdbestimmtheit des Absatzes einer Bank ist die Erkenntnis, dass es sich bei der bankbetrieblichen Leistungserstellung um einen zweistufigen Produktionsprozess handelt[4]. Die erste Stufe beinhaltet die Leistungsbereitschaft durch die Bereitstellung bankbetrieblicher Kapazität. Diese ergibt sich aus der - ursprünglich nur hinsichtlich der Zahlungsbereitschaft im Krisenfall - abgeleiteten Orientierung an der Maximalbelastung[5]. Auf der zweiten Stufe erfolgt die eigentliche Produktion in zeitgleicher Verbindung mit dem Absatz und unter Einbezug externer Produktionsfaktoren. Ein Beispiel für den zweistufigen Produktionsprozess wäre die Haltung von Liquidität als Bereitschaft, einen Kredit am Markt abzusetzen.

---

1) Widmer (Innovationsmanagement), S. 161ff.
2) Eilenberger (Bankbetriebslehre), S. 114.
3) Cramer (Bankbetrieb), S. 36.
4) Eilenberger (Bankbetriebslehre), S. 116ff.
5) Stützel (Bankpolitik), S. 26ff.

Aus dieser Erkenntnis ergeben sich ebenfalls zwei spezielle Probleme hinsichtlich der Relevanz einer optimalen bankbetrieblichen Informationsversorgung.

Der erste Problemkreis betrifft die Bestimmung der Produktionsfaktoren. Hier ist mittlerweile unumstritten, dass den Informationen innerhalb einer Bank der Charakter eines eigenständigen Produktionsfaktors zukommt[1]. Die Qualität dieses Produktionsfaktors wird jedoch nicht einheitlich beurteilt. Während den externen Produktionsfaktoren ein unmittelbarer Informationscharakter zuerkannt wird, wird den internen Informationen lediglich ein passiver Charakter zugesprochen[2]. Diese Auffassung kann hier nicht geteilt werden, sind es doch gerade die internen Informationen, die selbständig gestaltet werden können und die im Hinblick auf die Planung, Prognose und Kontrolle des bankbetrieblichen Leistungserstellungs- und -verwertungsprozesses eine unmittelbare Relevanz aufweisen[3].

Das zweite Problem beinhaltet die Kapazitätsgestaltung innerhalb des Bankbetriebes. Ziel ist hier die Erreichung einer maximalen Betriebsbereitschaft bei gleichzeitiger Minimierung der dadurch entstehenden Fix- und insbesondere der Leerkosten[4]. Dieses Optimierungsproblem ist von immenser Bedeutung für die Wettbewerbsfähigkeit einer Bank[5]. Auch hierzu kann der Einsatz von Führungsinformationssystemen einen wesentlichen Beitrag leisten.

Beide durch den speziellen bankbetrieblichen Produktionsprozess verursachten Probleme machen deutlich, dass eine funktionierende Logistik immer mehr zur wichtigen Voraussetzung für den erfolgreichen Absatz der Bankleistung wird. Eine funktionierende

---

1) Deppe (Konzeption), S. 45ff.
2) Eilenberger (Bankbetriebslehre), S. 16 und S. 117.
3) Deppe (Konzeption), S. 7.
4) Eilenberger (Bankbetriebslehre), S. 117.
5) Ellermeier (Bankorganisation), S. 100f.

Logistik bedingt ihrerseits stets ein gut ausgebautes Informationssystem, was dessen Bedeutung für den Bankbetrieb noch stärkeren Nachdruck verleiht.

C. Abstrakte Natur der Bankleistung

Die Bankleistung ist nicht nur unstofflich, sie ist darüber hinaus abstrakt. Ihr abstrakter Charakter wird als eines der wesentlichen Unterscheidungsmerkmale gegenüber anderen (Nichtbank-)Dienstleistungen gewertet[1].

Als eine Konsequenz hieraus ergibt sich, dass die Bankleistung in sich lediglich ein mittelbares Instrument zur Befriedigung von Bedürfnissen darstellt. So können beispielsweise mittels eines Kredites Güter zur Bedürfnissbefriedigung gekauft werden, der Kredit selbst befriedigt jedoch keine orginären Bedürfnisse[2]. Erst durch das Aufzeigen einer Mittel-Zweck-Beziehung wird eine Bankleistung am Markt absatzfähig[3].

Aus der Abstraktheit ergibt sich weiterhin die hohe Erklärungsbedürftigkeit der Bankleistung als eine wesentliche Voraussetzung für ihren Absatz[4]. Diese Erklärungsbedürftigkeit besteht nicht nur nach aussen gegenüber dem Kunden einer Bank, sondern auch nach innen gegenüber den Bankmitarbeitern[5]. Dabei verläuft die individuelle Erklärungsintensität einer Bankleistung gleichgerichtet mit ihrem Komplexitätsgrad. Eine Erklärung bedeutet stets die Beseitigung von Wissensdefiziten, beinhaltet also die Vermittlung von Information. Gerade neuere Bankprodukte weisen einen zunehmend höheren Komplexitätsgrad, damit eine höhere Erklärungsintensität und somit eine gesamthaft als überdurchschnittlich hoch zu bezeichnende Informationsintensität auf.

---

1) Widmer (Innovationsmanagement), S. 47.
2) Ellermeier (Bankorganisation), S. 88.
3) Widmer (Innovationsmanagement), S. 48f.
4) Gundel (Bankgeschäft), S. 19.
5) Küppers (Information), S. 31f.

Die eingangs erwähnte faktische Gleichstellung von Bankleistungen und Informationen ergibt sich im wesentlichen aus der Eigenschaft der Abstraktheit der Bankleistung. Erklärung und Beratung entsprechen ihrem Wesen nach einem Prozess der Informationsverarbeitung und -übermittlung. Da sie - wie gezeigt - wesentliches Element der Bankleistung sind, wird somit die Erbringung eben dieser Bankleistungen zur Erbringung von Information und damit die Bankleistungsproduktion zur Informationsverarbeitung im weitesten Sinn. Damit ist dies wahrscheinlich die wichtigste Konsequenz hinsichtlich der Relevanz bankbetrieblicher Informationsversorgung.

D. **Verflochtenheit der Bankleistung**

"Erst die Kombination mehrerer Teilelemente lässt eine Bankmarktleistung entstehen"[1] Hinzu tritt das Phänomen der Kuppelproduktion, welches allerdings nicht nur im Bank-, sondern auch im Industriebetrieb auftritt. Ein typisches Beispiel dort wäre etwa die chemische Industrie.

Der Verbund von Leistungen kann verschieden bedingt sein. Wir unterscheiden zwei grundsätzliche Formen[2]:

♦ die Leistungskopplung (= starrer Leistungsverbund) und
♦ den (flexiblen) Leistungsverbund.

Eine Leistungskopplung liegt vor, wenn die Produktion einer bestimmten Bankleistung zwangsläufig die Produktion einer anderen Bankleistung hervorruft. Ein Beispiel hierfür wäre die Verbindung von Aussenhandels- und Devisengeschäft[3]. Dieser starre Leistungsverbund kann auch als "technisch" induziert bezeichnet werden.

Ein (flexibler) Leistungsverbund liegt dann vor, wenn die oben beschriebene Koppelung nicht technischen Ursprungs, sondern geschäftspolitisch bedingt ist. Als Beispiel hierfür, wäre der Verbund zwischen Kredit und Konto zu nennen.

Aus dem Charakter der Verbundleistung ergibt sich ein weiterer unmittelbarer Beleg für die hohe Eigenkomplexität der Bankleistung. Entscheidend hierfür ist nicht die Natur des Leistungsverbundes, sondern der Leistungsverbund an sich. Ein solcher Leistungsverbund bewirkt eine Vielzahl von möglichen Verbindungen der Bankleistung als Elemente des Systems Bank und damit eine zunehmende Komplexität nicht nur der Bankleistung selbst,

---
1) Büschgen (Bankbetriebslehre), S. 307.
2) Lauer (Leistungskopplung), S. 53ff.
3) Lauer (Leistungskopplung), S. 81.

sondern auch ihrer Planung und Steuerung, ihrer Vermarktung und ihrer Kontrolle.

Damit ist die hohe Eigenkomplexität als eine wesentliche Eigenschaft der Bankleistung und ihrer Erstellung identifiziert. Diese ist - gegenüber einer Vielzahl anderer Industrien - als überdurchschnittlich hoch zu bezeichnen. Die Bewältigung dieser Komplexität ist eine der wichtigsten Aufgaben des Bankmanagements, bei denen sie, wie in Teil Eins der Arbeit bereits ausgeführt wurde, auf die Unterstützung von Informationssystemen angewiesen ist.

E. Dualismus der Bankleistung

Den meisten geldbezogenen Bankleistungen ist die Zusammensetzung aus einer Wertkomponente einerseits und einer Betriebs- oder Stückkomponente andererseits zueigen[1]. Die Betriebsleistungen werden in der Betriebssphäre einer Bank erbracht, d.h. im technisch-organisatorischen Leistungsbereich, der alle menschlichen Anstrengungen, Maschinen- und Sachwertnutzungen sowie alle Betriebsmittel- und Werkstoffverzehre umfasst. Die Wertsphäre, in der die Wertleistungen einer Bank erbracht werden, beinhaltet als abstrakten Wirkungsbereich die Annahme, Schaffung und Weitergabe von monetären Dispositionsmöglichkeiten[2].

Diese beiden innerbetrieblichen Teilleistungen werden dem Kunden gegenüber zusammengefasst als Marktleistung präsentiert (Vgl. Abbildung 16). Der Kunde erlebt die Bankdienstleistung stets als Ganzes, für ihn ist die Dualismusthese folglich ohne Bedeutung[3]. Dagegen sind für die interne Analyse (insbesondere Kostenrechnung und Kalkulation) einer Bankmarktleistung beide innerbetrieblichen Teilleistungen relevant. Sie stellt eine Bank hinsichtlich ihres Rechnungswesens vor besondere Probleme, auf die im weiteren Verlauf der Arbeit noch einzugehen sein wird[4]. Ein effizientes Kostenrechnungssystem ist jedoch ohne geeignete Informationsunterstützung undenkbar. Das Rechnungswesen ist ein Gebiet, in dem Informationssysteme von Haus aus eine hohe Bedeutung haben[5].

---

1) Kaminsky (Kosten), S. 22ff.
2) Kaminsky (Kosten), S. 44ff.
3) Ellermeier (Bankorganisation), S. 82f., Loos (Marktpolitik), S. 46, Krümmel (Bankzinsen), S. 31.
4) Gemeint ist hier insbesondere der Streit um geeignete Verfahren zur Kostenrechnung im Wertebereich einer Bank. Siehe dazu: Schierenbeck (Bankmanagement), Flechsig (Schichtenbilanz), Droste et al. (Ergebnisinformationen), Krumnow/Metz (Rechnungswesen) sowie die vielfältige dort angegebene Literatur.
5) Horvath (Controlling), S. 400ff. und die vielfältige angegebene Literatur.

Abbildung 16: Dualismus der Bankleistung

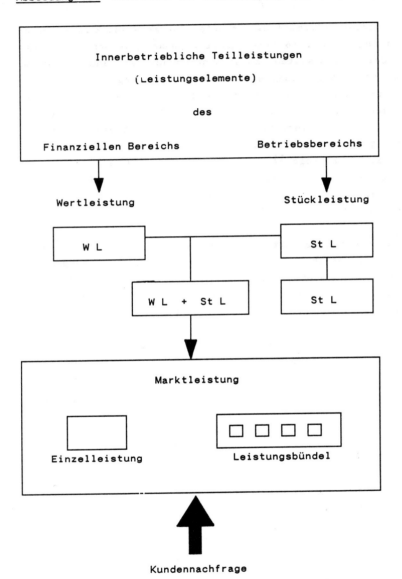

Quelle: Süchting (Bankmanagement), S. 73.

F. Heterogenität der Bankleistung

Als letztes informationsrelevantes Charakteristikum der Bankleistung soll ihre Heterogenität genannt werden. Nimmt man das Geld als Massstab, so scheint es auf der Hand zu liegen, dass die Bankleistung eine homogene Leistung darstellt. Nun ist aber Geld nicht die eigentliche Bankleistung, sondern vielmehr Grundlage einer Bankleistung, quasi deren Werkstoff. Eine Bank produziert kein Geld, sie arbeitet vielmehr damit. Die mit dem Geld verbundene Leistung aber ist, in der Mehrzahl der Fälle, heterogen[1]. So ist ein Kredit stets ein individuell gestaltetes Leistungsbündel, dass für jeden Kunden variiert und sei es nur durch den Betrag und die damit verbundenen Zins- und Tilgungssummen.

Durch die Eigenschaft der Heterogenität der einzelnen Bankleistung vermehrt sich die Anzahl möglicher Leistungsalternativen und -elemente des bankbetrieblichen Prokduktionsprozesses. Damit steigt die Eigenkomplexität der Bankleistung, was deren Informationsintensität zusätzlich erhöht.

---

1) Hahn (Bankbetrieb), S. 61.

II. **Strukturwandel an den Finanzmärkten und sein Einfluss auf die bankbetriebliche Informationsproblematik**

A. **Strukturwandel am Markt für Finanzdienstleistungen**

Beim Management einer Unternehmung kommt der Auseinandersetzung mit der für das Unternehmen relevanten Umwelt ganz allgemein eine hohe Bedeutung zu. Dies hängt u.a. damit zusammen, dass die unternehmungsexternen Einflussfaktoren im Gegensatz zu den unternehmungsinternen weitgehend nicht beeinflussbar sind[1]).

Die zunehmende Dynamik der Umwelt bringt neue und verschiedene Herausforderungen, auch an die Führung einer Bank. Abbildung 17 zeigt solche Auswirkungen auf.

Abbildung 17: Auswirkung der Umweltdynamik auf die Führung

Zeit Charakteristik	1900	1930	1950	1970	1990
- Bekanntheitsgrad von Ereignissen	• bekannt	• Extrapolation der Erfahrung	• Diskontinuität, aber erfahrungsbezogen	• Diskontinuität und Novität	
- Geschwindigkeit von Änderungen	• langsamer als Reaktion der Unternehmung		• vergleichbar mit Reaktion der Unternehmung	• schneller als Reaktion der Unternehmung	
- Voraussehbarkeit der Zukunft	• periodische Wiederkehr		• Voraussage durch Extrapolation	• voraussagbare Chancen und Risiken	• partiell voraussagbare schwache Signale

Quelle: Horvath (Controlling), S. 3 und die dort angegebene Literatur.

---

[1] Ulrich (Unternehmungspolitik), S. 20.

Wie bereits eingangs der vorliegenden Arbeit erwähnt, sind derartige externe Einflüsse für das Management einer Bank von besonderer Bedeutung[1]). Es besteht die Gefahr, dass aufgrund einer zunehmenden Umweltdynamik das System Bank im Verhältnis zu seinen Umsystemen in den Zustand der Subordination gerät, d.h. das Management sieht sich zunehmend passiv Entwicklungen gegenüber, auf die es keinen Einfluss hat und denen es sich unterwerfen muss[2]).

Auf den internationalen Finanzmärkten findet nun seit einigen Jahren ein tiefgreifender Strukturwandel statt, der durch eine Vielzahl von Einzelfaktoren charakterisiert ist (Siehe Abbildung 18).

Abbildung 18: Einflussfaktoren auf die Banken

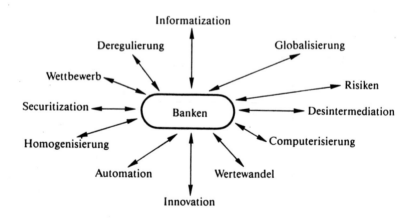

Quelle: Eigene Darstellung

---

1) Schuster (Umwelt), S. 117.
2) Bleicher (Unternehmensentwicklung), S. 24.

Der hierdurch verursachte grundlegende Strukturwandel hat eine Dynamik erreicht, auf die die einzelnen Banken reagieren müssen. Zugleich sind diese neueren Entwicklungen vielfältig und komplex, so dass eine systematische Analyse die notwendige Voraussetzung ist, um die erforderlichen Anpassungsmassnahmen zu treffen. Eine Analyse der genannten Einflussfaktoren ist vor allem deshalb so schwierig, weil einzelne Entwicklungen nicht isoliert betrachtet werden dürfen, da sie eine wechselseitige Interdependenz aufweisen. Eine gute konzeptionelle Grundlage für die Analyse der bankbetrieblichen Umwelt bietet der gewählte Bezugsrahmen des St. Galler Managementansatzes[1], mit dessen Hilfe sich die vielfältigen Elemente des sich vollziehenden Wandels systematisieren lassen. Danach lassen sich die vielfältigen Austauschbeziehungen zwischen Bank und Umwelt grundsätzlich in

♦ die politisch-gesetzliche,
♦ die ökonomische,
♦ die technologische und
♦ die sozio-kulturelle Umweltsphäre

untergliedern.

1. Informatization als übergeordneter Trend

Dieser - bereits eingangs der Arbeit erwähnte - Trend kennzeichnet eine Phase tiefgreifenden Umbruchs, den die westlichen Industrienationen derzeit durchlaufen und welcher den einzelnen Entwicklungen am Markt für Finanzdienstleistungen übergeordnet ist.

Sie befinden sich auf dem Weg in eine postindustrielle Informationsgesellschaft. Nicht nur, dass sich der Anteil der Erwerbstätigen im Bereich des Informationssektors immer stärker

---

[1] Ulrich (Unternehmungspolitik), S. 67.

zu Lasten anderer Bereiche erhöht, die Information selbst wird zu einer betrieblichen Ressource, die auf breiter Ebene in den betriebswirtschaftlichen Produktions- und damit auch in den betrieblichen Führungsprozess Eingang gefunden hat und ohne deren Berücksichtigung erfolgreiche Unternehmungsführung undenkbar geworden ist[1]. Ganz allgemein betrachtet muss daher die Bewältigung der zunehmenden informationsinduzierten Komplexität als wichtiges Teilziel innerhalb der bankbetrieblichen Unternehmungsführung akzeptiert werden[2].

2. Wandel in der ökonomischen Umweltsphäre

Eine wesentliche Dynamik innerhalb der erwähnten Entwicklungen geht von der ökonomischen Umweltsphäre aus. Die hierin einzuordnenden Marktbeziehungen sind sowohl realer wie nominaler Natur, weshalb ein grosses Spektrum an ökonomischen Faktoren existiert, welche die Banken beeinflussen können. Zu den wesentlichen Bestimmungsfaktoren gehört dabei neben der wirtschaftlichen Rahmenordnung und der Ausstattung einer Volkswirtschaft mit Ressourcen die Entwicklung der Märkte[3].

Die Veränderungen in der ökonomische Sphäre sind vielfältig. und haben in ihrem Zusammenspiel zu neuen Marktregeln geführt. Im Mittelpunkt steht dabei der zunehmende Wettbewerb um die sogenannten Schlüsselkunden. Diese gehören zu der strategisch anvisierten Zielkundschaft einer Bank. So rechnet man beispielsweise im Privatkundengeschäft damit, dass neunzig Prozent der Ergebnisse von vier Prozent der Kunden getragen werden und dass insgesamt nur 28 Prozent der Kunden überhaupt einen positiven Ergebnisbeitrag erbringen[4]. Diese Situation wird im Firmenkundengeschäft ähnlich beurteilt.

---

1) Ulrich (Unternehmungspolitik), S. 13ff.
2) Priewasser (Megatrends), S. 11.
3) Bleicher (Unternehmungsentwicklung), S. 15
4) Schlenzka (Ertragspotentiale), S. 41.

Da in den Industrieländern mehr als 80% der Bevölkerung bereits in Kontakt zu einer Bank stehen[1], kann dieser Wettbewerb nur in Form eines Verdrängungswettbewerbes geführt werden. So wird beispielsweise die Konkurrenz um private und mittelständische Kundschaft immer stärker, seit die Grossbanken vermehrt in diese - bisher den regional tätigen Volksbanken und Sparkassen vorbehaltenen - Marktsegmente einzudringen versuchen. Der Kundenwettbewerb zieht verschiedene Variationen des allgemeinen Wettbewerbs nach:

♦ einen zunehmenden Innovationswettbewerb, der den Versuch beinhaltet, zur Gewinnung von Marktanteilen immer neue Produkte zu kreieren;
♦ einen zunehmenden Qualitätswettbewerb, wobei eine zusätzliche Nutzenstiftung für den Kunden generiert werden soll, um damit eine verstärkte Differenzierung erreichen zu können[2];
♦ einen zunehmenden Wettbewerb um qualifiziertes und hochqualifiziertes Personal[3] und
♦ einen zunehmenden Preiswettbewerb.

Der derart in Gang gekommene Prozess kann mit dem Stichwort der Kannibalisierung gekennzeichnet werden. Er führt zu einer Zerstörung traditionell fest etablierter Geschäftsbeziehungen der Banken untereinander, zu einem Aufweichen der traditionell festen Beziehungen zwischen Kunde und Bank[4], zu einem Rückgang der Margen auf breiter Front und zu einem national wie international rasant fortschreitenden Konzentrationsprozess.

Dieser Konkurrenzkampf lässt sich nicht nur unter den Banken selbst (hier insbesondere zwischen den Commercial Banks und den

---

1) Mischak (Zukunft), S. 179.
2) Metzger et al. (Banking), S. 33.
3) Siehe hierzu: Schöbitz (Rekrutierung)
4) Burgess (Competition), S. 117.

Investment Banks[1]), sondern in zunehmenden Masse auch zwischen Banken und neuen Marktteilnehmern[2] beobachten.

Bedingt durch die steigende Volatilität der Märkte, stehen (nicht nur) die Banken einer parallel feststellbaren Zunahme geschäftsimmanenter Risiken gegenüber[3] bei gleichzeitig zurückgehenden Erfahrungswerten bezüglich der jeweiligen Risikohandhabung und der Risikotransparenz[4], insbesondere im Hinblick auf die vielfältigen Finanzinnovationen. Vor allem die Risikoidentifikation wird bei einigen dieser Innovationen zum Problem, treten doch zu den bekannten, traditionellen Risiken neue, systemische Risiken auf[5].

Als wichtiger Einflussfaktor zu nennen ist weiterhin die Securitization, also die Zunahme der verbrieften Forderungen und damit des bilanzindifferenten Geschäftes, im Verhältnis zu den klassischen bilanzwirksamen Krediten. Die Bank für internationalen Zahlungsausgleich (BIZ) definiert diesen Vorgang als die wertpapiermässige Unterlegung internationaler Finanzierungen[6]. 1985 erfolgten etwa 80% aller internationalen Kapitalaufnahmen in verbriefter Form[7].

Mit der Securitization einher geht die Desintermediation, die die Verdrängung der Banken aus ihrer traditionellen Funktion als volkswirtschaftliches Sammelbecken für Kapital und als Mittler zwischen verschiedenen Kapital suchenden Parteien zur Folge hat. Im Rahmen dieses Prozesses findet eine Uebertragung der bisher den Banken vorbehaltenen Aufgaben der Betrags-,

---

1) Damm (Umbruch), S. 225.
2) Dazu zählen Industrieunternehmen, Versicherungen, Pensionskassen, Anlagefonds und staatliche Institutionen wie die Post.
3) Otto (Wertpapiergeschäft), S. 437.
4) Miesel (Finanzmarkt), S. 86.
5) BIZ (Innovations), S. 197ff.
6) BIZ (Entwicklungen), S. 13.
7) Damm (Umbruch), S. 226.

Wandel der Finanzmärkte

Risiko- und Fristentransformation auf die Investoren und Schuldner statt[1]).

Die Desintermediation ist eine Folge der Aufweichung der traditionellen Beziehung Bank - Kunde. Ziel ist hierbei die Senkung der Finanzierungskosten der Schuldner durch eine Umgehung der Banken.

Man kann zwei Ausprägungen der Desintermediation unterscheiden:

◆ Die mildere Form beinhaltet die Verdrängung der Banken aus ihrer traditionellen Rolle des Transformators in die eines Maklers[2]), während
◆ die härtere Form auch diese Maklerfunktion gefährdet sieht[3]). Sie spricht die Tendenz an, dass einzelne Schuldner versuchen, ihre Finanzierung "an den Banken vorbei" zu vollziehen[4]).

In engem Zusammenhang hiermit stehen die in immer kürzeren Abständen, mit immer geringerer Lebensdauer auftretenden neuen Finanzierungsformen, die sich unter dem Stichwort Innovation zusammenfassen lassen und die zum Teil zu einer Verschmelzung zwischen ehemals klar zu trennenden Geld-, Kredit- und Kapitalmärkten führen[5]).

Bestanden 1976 lediglich zwei prinzipielle Möglichkeiten für einen Schuldner, sich auf Festzinsbasis in US-Dollar zu verschulden, so gab es 1981 nach der Stabilisierung des Eurodollaranleihenmarktes bereits fünf Alternativen. Im Jahr 1986

---

1) Bofinger (Finanzinnovationen), S. 145.
2) Füllenkemper/Rehm (Finanzmärkte), S. 568.
3) Kollar (Kapitalmärkte), S. 72.
4) Füllenkemper/Rehm (Finanzmärkte), S.570.
5) Zur begrifflichen Problematik siehe Bofinger (Finanzinnovationen) und die dort angegebene Literatur sowie Franzen (Finanzinnovation).

hatte sich diese Zahl mehr als verelffacht. Es gab nunmehr 56 verschiedene Wege, den aufgetretenen Kapitalbedarf zu decken[1]).

Ebenfalls von Bedeutung sind die Formen der geographischen und sachlichen Marktverschmelzung. Sie vollzieht sich auf zwei Ebenen. Man kann unterscheiden zwischen

◆ der geographischen Verschmelzung, auch Internationalisierung genannt und
◆ der sachlichen Verschmelzung, auch Homogenisierung genannt.

Die derzeit wichtigsten Finanzzentren sind London, New York und Tokio, ebenfalls von Bedeutung sind Singapur und Hongkong. Unter der mit den Stichworten Internationalisierung und Globalisierung verknüpften geographischen Verschmelzung versteht man die weitreichende geographische Integration von diesen einst unabhängigen nationalen Märkten mit der Folge einer zunehmenden internationalen Interaktion und Interdependenz.

Die geographische Marktverschmelzung wird unterschiedlich beurteilt. Ganz generell wird akzeptiert, dass es eine Internationalisierung der Märkte gibt; ob diese auch zu einer Globalisierung führt, ist demgegenüber nicht unumstritten. Im wesentlichen gibt es drei zu beobachtende Internationalisierungstendenzen[2]):

◆ Die verstärkte Präsenz ausländischer Banken auf nationalen Bankplätzen;
◆ die Abwanderung von vordem auf nationalen Märkten getätigten Geschäften in internationale Märkte (Euromärkte, International Banking Facilities);
◆ die zunehmende Interdependenz und Integration ehemals weitgehend unabhängiger nationaler Finanzmärkte.

---

1) Miesel (Finanzmarkt), S. 74.
2) Bofinger (Finanzinnovationen), S. 148.

Mit der geographischen Globalisierung einher geht die produktmässige Globalisierung (international angebotene standardisierte Bankdienstleistungen, wie beispielsweise Global Custody) und die kundenmässige Globalisierung (d.h. die zu beobachtenden Multinationalisierungstendenzen der Bankkunden).

Parallel zur geographischen Verschmelzung vollzog sich eine sachliche Marktverschmelzung. Darunter wird die Verwischung der Grenzen zwischen den bisher nach Fristigkeiten untergliederten Teilmärkten verstanden. Eine klare Trennung zwischen Geld-, Kredit- und Kapitalmärkten lässt sich heute nicht mehr vornehmen. Ursächlich für diese Entwicklung ist die Verwendung bestimmter Finanzinnovationen, massgeblich vor allem der Swaps und Euronotes.

3. Wandel in der politisch-gesetzlichen Umweltsphäre

Parallel zu den anderen aufgezeigten Entwicklungen, zum Teil für diese ursächlich, zum Teil durch sie verursacht, gab und gibt es eine Vielzahl staatlicher und halbstaatlicher Massnahmen, die teils restriktiv, teils liberalisierend auf die Märkte wirken. Die hier zu nennenden Stichworte sind einerseits die Deregulation oder Liberalisierung[1], worunter sich das Bestreben vieler Staaten verbirgt, ihre Finanzmärkte zu liberalisieren, was zum Entstehen nationaler Freiräume führte, welche zur Internationalisierung der Finanzgeschäfte beitragen.

Andererseits kann man eine zunehmende Regulierung beobachten (mitunter bereits als Reregulation apostrophiert[2]), welche die Aktionen der Aufsichtsbehörden bezeichnet, die voranschreitende Liberalisierung im Sinne vor allem der Risikobegrenzung nicht zu weit gehen zu lassen, bzw. wieder zu begrenzen.

---

1) Füllenkemper/Rehm (Finanzmärkte), S. 554ff.
2) Herrhausen (Securitization), S. 334.

Die Oeffnung der ordnungspolitischen Schranken für Banken wird sich weiter fortsetzen und zu einer Aufhebung der starken Separierung von Teilmärkten des finanziellen Sektors führen[1]. Dies wird den Banken neue Tätigkeitsfelder eröffnen, ebenso wie es den Konkurrenten das Eindringen in angestammte nationale Märkte erleichtern wird. Als Beispiel sei hier die geplante weitere Oeffnung der EG-Grenzen nach 1992 angeführt, die Europa zu einem einheitlichen Markt integrieren wird.

4. Wandel in der technologischen Umweltsphäre

Die zunehmende Bedeutung von technischen Hilfsmitteln bei der Anbahnung und Abwicklung von Geschäften wird allgemein durch den Begriff der Technologisierung gekennzeichnet, der als Teilelemente die Bereiche der Computerisierung und der Automation umfasst.

---

1) Büschgen (Szenario), S. 25.

Bei der Computerisierung lassen sich drei Bereiche unterscheiden:

- die Kommunikation: Darunter fallen alle Sprachübertragungssysteme (z.B. Videokonferenzen), die Systeme der Telekommunikation und Interbanksysteme (z.B.SWIFT), und die Systeme der Office Automation ("papierloses Büro");
- die interne Information: Hierunter versteht man alle internen Informationssysteme des Bankbetriebs (Kredit-Informationssysteme, Personal-Informationssysteme, Management-Informationssysteme etc.);
- die externe Information: Dies sind die neuen Kundenschnittstellen des Electronic Banking[1]:
  - Oeffentliche Maschinen und Automaten (ATM, Börseninformationen, Wechselautomaten, POS-Systeme, etc.)
  - Kundenindividuelle Informations-Services (Telebanking, Informationsdienste, Massenzahlungsverkehrshilfen, PCs, etc.)
  - Spezial-Services für grössere Kunden (Cash-Management Systeme, Informations- und Entscheidungsunterstützung betr. Devisenhandel, Spot- und Terminmärkte etc.)

Automation ist die maschinelle Umsetzung der bankbetrieblichen Arbeitsprozesse, die nicht Informationsprozesse sind, betrifft also den gesamten Bereich des Back Office.

Bedingt durch Wirtschaftlichkeitsüberlegungen und den speziell bei Banken geforderten hohen Leistungsstandard, ist der Einsatz der automatisierten Datenverarbeitung in Kreditinstituten unverzichtbar geworden[2]. Internationalisierung der Finanzmärkte und zunehmend kompliziertere Finanzierungstechniken verlangen den vermehrten Einsatz von technischen Kommunikationsmitteln (Bsp. Konditionenvergleiche bei Arbitage), um im Markt erfolg-

---

1) Benn (Banking), S. 77 f.
2) Betsch (Technikbank), S. 1.

reich mitspielen zu können[1]. Die für die EDV aufgewendeten Mittel sind folglich ein wesentlicher Posten in der Sachmittelausstattung einer Bank[2].

Die reine Verarbeitungs-DV sollte heute keine Probleme mehr aufwerfen[3], ist doch die Bankenrationalisierung in den siebziger und am Anfang der achtziger Jahre soweit vorangetrieben worden, dass repetitive Arbeiten weitgehend durch EDV-Anlagen übernommen worden sind[4]. Ebenfalls befindet sich bereits eine Vielzahl von Unterstützungssystemen im praktischen Einsatz bei den Banken[5]. Informationssysteme wie Reuters, Telerate oder Quotron sichern den an sie angeschlossenen Banken den gleichen Informationsstand rund um die Uhr[6].

Es sind vor allem die gestiegenen konzeptionellen Anforderungen und die beschriebenen vielfältigen Marktveränderungen, welche teilweise in immer schnellerer Folge auftauchen, die zu einem neuen qualitativen Leistungsdruck und damit zu einer Ueberforderung konventioneller Systeme führen und damit die Banken vor neue Herausforderungen stellen[7]. So sind beispielseise bereits Systeme zur Realisierung vollautomatischer Computerbörsen in der Entwicklung[8][9].

---

1) Evans (Globalization), S. 7.
2) Priewasser (Megatrends), S. 14.
3) De facto tut sie es dennoch, vor allem auch im Hinblick auf die erwähnten neuen Instrumente, für deren geschäftsmässige Abwicklung grösstenteils noch keine Standardsoftware erhältlich ist.
4) Büschgen (Markt), S. 19f.
5) Otto (Wertpapiergeschäft), S. 440f, Schneider-Gädicke (Informationstechnologien), S. 11ff.
6) Otto (Wertpapiergeschäft), S.440.
7) Mischak (Zukunft), S. 175.
8) Evans (Eurobond), S. 4.
9) Beispiele sind die Swiss Options and Financial Futures Exchange (SOFFEX) und die in der Gründungsphase befindliche Deutsche Termin Börse (DTB).

Die Entwicklung geeigneter Nachfolgesysteme für die konventionelle EDV (hier sei nur am Rande das Schlagwort "Künstliche Intelligenz" erwähnt[1]) steht ebenfalls noch am Anfang.

5. Wandel in der sozio-kulturellen Umweltsphäre

Empirische Untersuchungen belegen, dass die Wertorientierungen in der Bevölkerung seit Beginn der sechziger Jahre raschen Veränderungen unterlegen sind[2]. Danach haben insbesondere die Akzeptanzwerte (Pflicht, Ordnung, etc.) im Gegensatz zu den Selbstentfaltungswerten (Autonomie, Selbstentfaltung, etc.) an Bedeutung verloren. Die Banken müssen im Zuge dieses Wertewandels mit einem veänderten Kunden-, Konkurrenz-, und Mitarbeiterverhalten rechnen.

Gerade in jüngster Zeit finden sich die Banken zudem wieder mit Diskussionen über ihre wirtschaftliche und gesellschaftliche Macht konfrontiert. Auch diesen Diskussionen muss durch das Bankmanagement begegnet werden, will man nicht in Zukunft durch Passivität verursachte wirtschaftliche Nachteile vergegenwärtigen müssen.

---

1) Niedereichholz (Intelligenz), S. 163.
2) Rosenstiel (Wertewandel)

B. Auswirkungen des Wandels auf die bankbetriebliche Führung

Der grundlegende Strukturwandel auf den internationalen Finanzmärkten hat eine Dynamik erreicht, auf die die einzelnen Banken reagieren müssen. Waren die Finanzmärkte lange Zeit Verkäufermärkte, so haben sie sich immer mehr zu Käufermärkten gewandelt. Man kan von einer "Marketisation of Banking" sprechen[1]. Durch die vorstehenden Ausführungen ist deutlich geworden: "Selten hat man in den internationalen Finanzbeziehungen so deutliche Einschnitte und so grundlegende Akzentverschiebungen erlebt"[2]. "Die letzten Jahre haben die Umwelt- und Konkurrenzsituation sämtlicher Banken radikal verändert"[3]. Insbesondere ist die Revolution in der Kommunikation zu einer echten Herausforderung für die Banken geworden[4].

Zusammenfassend lassen sich folgende Phänomene festhalten:

- eine zunehmende Internationalisierung der Märkte;
- eine ansteigende Interdependenz der Märkte;
- eine sich vollziehende starke Integration der einzelnen Märkte und ein dadurch bedingter Abbau traditioneller Branchengrenzen;
- ein Ansteigen des quantitativen und qualitativen Wachstums der Märkte;
- eine grössere Vielfalt der am Markt aktiven Teilnehmer;
- eine Verbreiterung der an den Märkten getätigten Geschäfte;
- eine zunehmende Dynamisierung der an den Märkten zu beobachtenden Aktivitäten;
- eine höhere Intensität des Wettbewerbs auf den Märkten.

---

1) Lewis/Davis (Banking), S. 10.
2) Damm (Umbruch), S. 225.
3) Schuster/Widmer (Innovationsmanagement), S. 2.
4) Otto (Wertpapiergeschäft), S. 440.

Abbildung 19: Der Anstieg der Komplexität des Bankmanagements

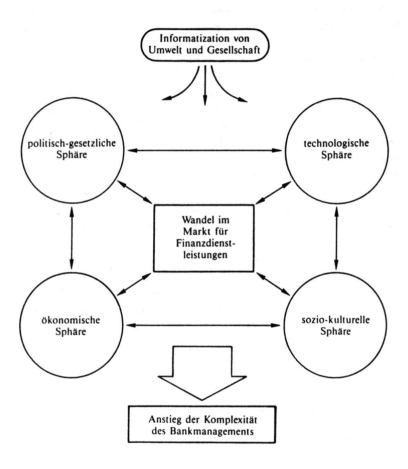

Quelle: Eigene Darstellung

Die genannten Faktoren, vor allem der verschärfte Wettbewerb, begründen gemeinsam einen gravierenden Anstieg der Komplexität innerhalb des Marktes für Finanzdienstleistungen. Mit der gestiegenen Komplexität des Marktes geht eine gestiegene Komplexität der Entscheidungssituationen und damit der Führung einer Bank einher, da sich das Bankmanagement mit den gezeigten Erscheinungen auseinanderzusetzen hat (siehe Abbildung 19).

Die Finanzdienstleistungsindustrie - wie erwähnt ohnehin schon sehr entscheidungsintensiv - wird durch diese Entwicklungen in quantitativer und qualitativer Hinsicht noch entscheidungsintensiver. Die Struktur dieser Entscheidungen und die ihnen zugrundeliegenden Problemstellungen werden zunehmend komplexer. Teilweise liegen ihnen völlig neue und unbekannte Problemstellungen zugrunde. Demzufolge beinhalten sie auch eine zunehmend höhere Unsicherheits- und Risikokomponente. Diese wird dadurch zusätzlich gesteigert, dass die Konsequenzen aus Entscheidungen nicht nur schneller resultieren, sondern oftmals auch einen höheren inhärenten Komplexitätsgrad aufweisen.

Infolge des Wettbewerbs müssen Entscheidungen nicht nur schneller und häufiger, sie müssen vor allem stärker am Markt und am Kunden orientiert sein und damit zwangsläufig dezentralisierter gefällt werden können. Dabei unterliegen sie einer härteren kompetitiven Prüfung hinsichtlich ihrer Richtigkeit.

Kurz ausgedrückt, die Probleme, welchen sich das Bankmanagement gegenübersieht

- werden zahlreicher, vielfältiger und wechselvoller,
- haben innovativen Charakter,
- werden schwieriger und komplexer,
- treten häufiger und konzentrierter auf,
- sind dringender.

Ihre Lösung wird mehr Managementkapazität - zeitlich und personell - beanspruchen.

C. Auswirkungen des Wandels auf die bankbetriebliche Informationsproblematik

Bereits die beschriebene Erhöhung der allgemeinen Komplexität des Bankmanagements bedingt eine stärkere Beachtung des Produktionsfaktors Information durch die Banken, wie durch den allgemein geltenden Zusammenhang zwischen Führung, Komplexität und Information bereits belegt werden konnte.

Die gezeigten Phänomene haben zudem Auswirkungen auf die im ersten Teil genannten Grundprobleme der Information und Kommunikation in Banken. Diese Auswirkungen sind in Abbildung 20 dargestellt. Dabei wird deutlich, dass die meisten der zu beobachtenden Faktoren die bankbetriebliche Informationsproblematik zusätzlich verschärfen. Ausnahmen hiervon bildet neben der Deregulierung, die es ermöglicht, weniger Informationen verarbeiten zu müssen (z.B. durch Streichung von Gesetzen) nur die Technisierung. Dabei liegt es in der Natur der Sache, dass sie eine Bewältigung der Informationsproblematik ermöglichen hilft.

Abbildung 20: Auswirkungen des Wandels der Finanzmärkte auf die bankbetriebliche Informationsproblematik

Element des Wandels	zu lösende Grundprobleme	Problem der Quantität	Problem der Zeit	Problem der Qualität	Problem der Kommunikation
Wettbewerb		./.	+	+	+
Innovationen		+	./.	+	./.
Securitization		+	+	+	./.
Desintermediation		./.	./.	+	./.
Globalisierung		+	+	+	+
Deregulierung		-	./.	./.	./.
Technisierung		-	-	-	-
Wertewandel		./.	./.	./.	+

Dabei bedeuten   +   --> Positiver Einfluss, das Problem wird verstärkt

./.   --> kein nachzuweisender Einfluss auf das Problem

-   --> Negativer Einfluss, das Problem wird vermindert

Quelle: Eigene Darstellung

III. Informationsmanagement als neue Herausforderung

A. Banken: "Informationsverarbeiter par excellence"

Informationsmanagement ist vor allem für solche Unternehmungen von Bedeutung, die eine hohe Informationsintensität aufweisen. Als Instrument zur Bestimmung der gesamthaften Informationsintensität des Bankgeschäftes und damit auch zur Bedeutung des Einsatzes bankbetrieblicher Führungsinformationssysteme bietet sich das in Abbildung 21 enthaltene Schema an. Es setzt

♦ die Informationsintensität der Bankleistung und
♦ die Informationsintensität des Absatzes der Bankleistung

miteinander in Beziehung[1].

---

1) in Anlehnung an Schaufelbühl (Informationssysteme), S. 266.

Abbildung 21: Gesamthafte Informationsintensität eines Geschäftes oder einer Branche

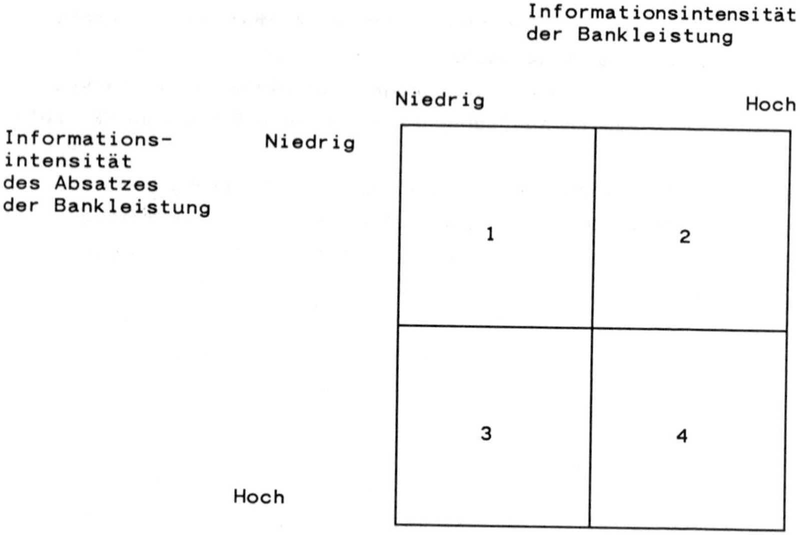

		Informationsintensität der Bankleistung	
		Niedrig	Hoch
Informationsintensität des Absatzes der Bankleistung	Niedrig	1	2
	Hoch	3	4

Quelle: Eigene Darstellung in Anlehnung an Schaufelbühl (Informationssysteme), S. 266.

Aus den in dieser Darstellung entstehenden Kombinationsmöglichkeiten ergeben sich die folgenden vier Felder:

Feld Nr.	Informationsintensität		
	des Absatzes der Bankleistung	der Bankleistung	gesamthaft
1	niedrig	niedrig	niedrig
2	niedrig	hoch	mittel
3	hoch	niedrig	mittel
4	hoch	hoch	hoch

Wie in den vorangegangenen Abschnitten aufgezeigt wurde, ist einerseits die Bankleistung aufgrund der für sie typischen Wesensmerkmale als stark informationsintensiv zu bezeichnen. Der Wandel im Markt für Finanzdienstleistung beeinflusst andererseits die Informationsintensität der Leistungserstellung und -verwertung.

Daraus ergibt sich eine Zuordnung in Feld 4. Diese bedeutet, dass das Bankgeschäft in seiner Gesamtheit stark informationsorientiert ist, d.h. zu den Haupteinflussgrössen, die das Verhalten eines Bankbetriebes bestimmen, gehören die Information und Kommunikation bzw. der Informationsaustausch[1]. Eine Trennung zwischen Information und Geschäft lässt sich somit für Banken praktisch nicht mehr vornehmen. Auch die EDV ist zu einem integralen bankbetrieblichen Bestandteil geworden und hat folglich eine existentielle Bedeutung erlangt[2]. Ihrem damit einhergehenden strategischen Risikofaktor gilt es durch ein geeignetes Informationsmanagement gerecht zu werden.

---

1) Eilenberger (Bankbetriebslehre), S. 14.
2) Arthur Andersen: The Decade of Change - Banking in Europe - The next ten Years, London 1986, S. 43ff.

Die Bedeutung des Informationsmanagements für eine Bank steigt mit zunehmender Komplexität ihres Geschäftes. Diese Komplexität erhöht sich, je stärker die relevante Umwelt dieser Unternehmung im Wandel begriffen ist. Folglich steigt der Informationsbedarf eines Unternehmens, je stärker es umweltbezogen agieren muss. Dieser Zusammenhang wird in Abbildung 22 dargestellt.

Abbildung 22: Umweltveränderung, Komplexität und Bedeutung eines bankbetrieblichen Informationsmanagements

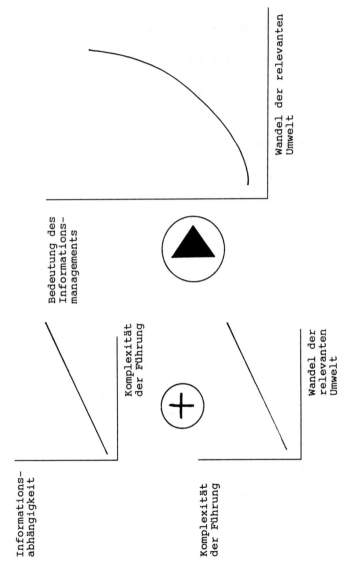

Quelle: Eigene Darstellung

B. Informationsmanagement als Herausforderung an die Banken
1. Elemente eines bankbetrieblichen Informationsmanagements

In der Theorie hat sich weitgehende Einmütigkeit ergeben,

- dass unternehmenseinheitliche Konzepte für den Informations- und Kommunikationsbereich aus wirtschaftlichen und organisatorischen Gründen unabdingbar sind,
- dass wegen der Langfristigkeit der Entwicklungs- und Einführungsprozesse und den damit verbundenen Unsicherheiten und Risiken Entwicklungs- und Einführungsstrategien notwendig sind, die mit den Zielen und Grundstrategien der Unternehmungen im Einklang stehen und
- dass diese strategischen und konzeptionellen Aufgabenstellungen eine wesentliche Führungsaufgabe darstellen, die ein professionelles Informationsmanagement erforderlich machen[1].

Damit wird deutlich, dass ein geeignetes Informationsmanagement zu einer zentralen gegenwärtigen, vor allem aber zukünftigen Herausforderung für die Banken geworden ist. Ziel dieses Informationsmanagements ist die Behandlung aller Aspekte der formalen Information und Kommunikation in einer Bank. Es beinhaltet, wie in Abbildung 23 dargestellt,

- das Management der Informationsressourcen, vor allem die Koordination interner und externer Informationen;
- das Management der Informationsprozesse, also der externen und internen Kommunikation;
- das Management der Informationsdimensionen, also der mit den anderen Aufgaben verbundenen technischen und konzeptionellen Aspekte.

---

1) Wagner (Informationsmanagement), S. 91 und die dort angegebene Literatur.

Abbildung 23: Elemente eines bankbetrieblichen Informationsmanagements

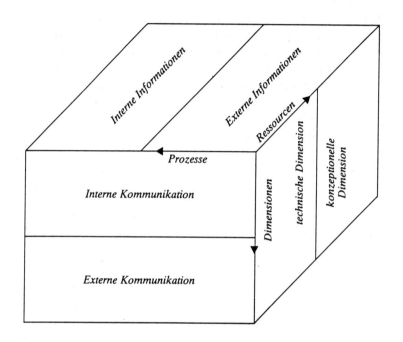

Quelle: Eigene Darstellung

Durch Erfüllung dieser Aufgaben wird sichergestellt, dass die Lücke zwischen Informationsbedarf und relevanter Informationsversorgung geschlossen wird.

"Einen Quantensprung hat der Informationsprozess jedoch mit der Einführung der EDV gemacht"[1] Der Einbezug moderner Informationssysteme in die Banken ist zu einem wesentlichen Mittel zur Erreichung dieser Ziele und damit zur Erhaltung der Führungsfähigkeit geworden.

---

1) Schuster (Informationsverarbeitung), S. 16.

Dieser lässt sich in vier sachlich zu unterscheidende Phasen einteilen:

Phase 1: Einsatz von Transaktions- und Abwicklungssystemen zur Unterstützung der Tätigkeit des Back-Office[1].
Phase 2: Einsatz von Informationssystemen zur Unterstützung des Front-Bereiches[2].
Phase 3: Einsatz von kundenorientierten Informationssystemen (einschliesslich Electronic Banking)
Phase 4: Einsatz von Informationssystemen zur Unterstützung des Managements.

Beginnend in Phase Zwei kam die konzeptionelle Dimension eines eigentlichen umfassenden Informationsmanagements immer stärker zur Geltung. Sie umfasst mehr als die technische Dimension, welche - etwas vereinfacht - durch den Begriff Informatik bezeichnet werden kann.

2. Management der Ressource "Information" in Banken

Der Aspekt des Managements von Informationen wird beherrscht von der technischen Dimension des Informationsmanagements. Hier geht es um die technischen Voraussetzungen zur Beherrschung der bankbetrieblichen Informationsproblematik. Abbildung 24 stellt die in diesem Zusammenhang auftretenden Aufgaben und ihre möglichen Resultate gegenüber.

---

[1] Mischak (Zukunft), S. 175.
[2] Betsch (Technikbank), S. 5ff, Weiss (Banktechnologien), S. 51ff.

Abbildung 24: Die wichtigsten Anforderungen an ein zukunftsgerichtetes "Management der Informationen" in Banken

Anforderungen	Resultat
Minimierung der internen Verarbeitungsdauer	Zeitgerechtere Informationen
Bereitstellung vollständiger Transaktionsdaten	Vollständigerer Informationsfluss
Skalenerträge zu Wettbewerbsvorteilen ausbauen und nutzen	Günstigere Kostenstruktur und höhere Eintrittsbarrieren
Nach Kosten und Serviceleistung differenzierte Vertiebskanäle aufbauen	Bessere Balance zwischen Kosten und Nutzen der Vertriebskanäle
Externe Kundenschnittstellen sollten ein Höchstmass an Intelligenz aufweisen	Einfachere Benutzung und bessere Informationen
Interne Arbeitsabläufe effizienter gestalten	Geringere Kosten und schnellere Marktreagibilität
Interne Kommunikationsnetze und externe Schnittstellen mit bestehenden und zukünftigen Kundentechnologien kompatibel gestalten	Einfachere Datenintegration
Realisierung eines hohen Datenschutz-Standards	Rückgang/Verhinderung der Computerkriminalität
Aufbau einer exakten und verlässlichen Datenbank	Erhöhung der Managementqualität
Standardisierung der Daten an externen Systemschnittstellen	Geringere Verarbeitungskosten

Quelle: Salomon Brothers (Technology), S. 45.

Für Banken ist allein die Beherrschung der technischen Dimension des Informationsmanagements bereits von existentieller Bedeutung[1]. Drei Beispiele mögen dies belegen:

- So kann beispielsweise der Ausfall des Host-Rechners einer grossen Bank für nur zwei bis drei Nächte zu einem kostenmässigen Schaden von einigen 100 Millionen SFR führen[2].

- Man schätzt, dass nach fünfeinhalb Tagen EDV-Ausfall, 87 Prozent der Aktivitäten einer Bank lahmgelegt sind[3].

- Nach einer Studie der University of Minnesota wäre eine Bank nach Ausfall ihrer EDV sogar nur für die Dauer von ein bis zwei Tagen überlebensfähig (Im Vergleich dazu gibt man einem Industriebetrieb ca. 5 Tage[4].

Die Beispiele machen auch deutlich, dass durch den zunehmenden Einsatz der Informatik im Bankbereich neue Risiken auftreten, die eine Bank in ihrer Existenz gefährden können. Somit ist das Informationsmanagement ein kritischer Erfolgsfaktor im Bankgeschäft. Es hat aber auch eine weitergehende strategische Bedeutung. Insbesondere ermöglicht sie den Aufbau strategischer Vorteile durch die mit ihrem Einsatz verbundene Senkung der Kosten. Eine entsprechende Studie belegt, dass nur Banken, die ihre Technologie beherrschen und ausbauen, langfristige und strategische Kostenvorteile vor der Konkurrenz werden aufweisen können[5]. Die Palette der hier gegebenen Optionen erstreckt sich vom Aufbau relationaler Datenbanken über die konsequente Nutzung neuer Telekommunikationstechniken bis hin zum Einsatz neuer Konzepte und Verfahren, wie beispielsweise mit dem Einsatz von künstlicher Intelligenz oder von Super-

---
1) Arthur Andersen (Change), S. 43ff.
2) Steinmann (Sicherheit), S. 11.
3) Aasgard et al. (Evaluation), S. 70, zitiert in: Davis/Olson (MIS), S. 5.
4) Cline, Carol: When Disaster Strikes, in: Banking Technology 12/87, S. 14.
5) Salomon Brothers (Technology)

computern verbunden. Einige ausgewählte Beispiele mögen zur Verdeutlichung dienen:

Electronic Banking nimmt eine immer bedeutendere Rolle im Privat- und Firmenkundengeschäft der Banken ein. Es ermöglicht eine Aufhebung vorhandener Zeit- und Distanzbarrieren zwischen Bank und Kunde sowie eine kostengünstigere Bearbeitung des Mengengeschäftes. Die Angebotspalette reicht von neuen Geldausgabeautomaten bis zu vollelektronischen Bankschaltern, vom einfachen Videotex-Telebanking bis zu sophistizierten Cash-Management-Systemen. Sie umfasst weiterhin den Einsatz von Magnet- und Chipkarten bei EFTPOS-Systemen und reicht schliesslich bis zum reinen Informationsvermittlungsdienst, wie er Anfang des Jahres von einer schweizerischen Grossbank lanciert wurde.

Mit der Errichtung der SOFFEX wurden neue Massstäbe in bezug auf die Infrastruktur und Leistungsfähigkeit einer Börse gesetzt. Elektronische Börsen à la SOFFEX ermöglichen nicht nur eine Kostenreduktion und Effizienzsteigerung gegenüber herkömmlichen Börsensystemen, sie bieten auch gleichzeitig die Chance einer Institutionalisierung von Innovationsprozessen.

Eine immer rasanter fortschreitende Büroautomation in den Banken bietet auch im administrativen Bereich Möglichkeiten der Produktivitätssteigerung. Stichworte in diesem Zusammenhang sind vernetzte PC-Arbeitsplätze, multifunktionale Workstations und End User Computing. Aber auch bei der Weiterentwicklung bestehender Kommunikationsinstrumente wie des Telex und Telefons zeigen sich interessante Möglichkeiten, wie Telefax und Video Conferencing beweisen.

Die gesamte Vielfalt von Einsatzmöglichkeiten die aus dem Einsatz der sogenannten "Künstlichen Intelligenz" resultieren, sind noch nicht annähernd erforscht, geschweige denn ausgenutzt. Aus beinahe allen Teilgebieten dieses Forschungszweiges ergeben sich interessante Anwendungsgebiete für die Banken.

So werden Expertensysteme bereits in einigen Banken zur Unterstützung der Firmenkundenberatung erfolgreich eingesetzt. Systemé zur Bild- und Spracherkennung können neue Perpektiven des Zugriffsschutzes - beispielsweise für Geldausgabeautomaten - eröffnen und natürlichsprachige Systeme erleichtern die interne wie externe Kommunikation und versprechen neue Möglichkeiten der Kundenselbstbedienung.

3. Probleme des Technologieeinsatzes

Aufgrund der beschriebenen Situation am Markt für Finanzdienstleistungen und insbesondere der resultierenden Konkurrenzsituation können Entscheidungen für oder gegen ein Informationssystem heute mit der Entscheidung für oder gegen das Ueberleben in einem alten Markt, respektive für oder gegen den Eintritt in einen neuen Markt verknüpft sein. Der Zwang zu immer neuen, immer höheren Investitionen kann für bestimmte Bereiche des Bankenmarktes zu einer Eintrittsbarriere werden. Informationsmanagement hat damit eine strategische Bedeutung für die Banken gewonnen.

Allerdings bestehen immer noch eine Vielzahl von Schwierigkeiten bei den Banken im Umgang mit alten und neuen Technologien. Trotz aller Verbesserungen des Preis-/Leistungsverhältnisses im Informatikbereich beinhaltet die technische Dimension allerdings immer noch ein hohes Investitionsvolumen und einen hohen Personaleinsatz, vor allem bei der Entwicklung und Einführung. Die Entscheidung für oder gegen ein Computersystem ist demzufolge mit einem hohen finanziellen, personellen und organisatorischen Aufwand für eine Bank verbunden. Einige Zahlen mögen dies verdeutlichen:

- Bei der grössten schweizerischen Bank, der Schweizerischen Bankgesellschaft, belaufen sich die Hardware-Investitionen auf jährlich 300-500 Mio. SFR. In der Software-Entwicklung werden 500 eigene und ca. 300 externe Spezialisten eingesetzt[1].
- In US-amerikanischen Commercial Banks fielen 1985 10,2% der Betriebsausgaben in den Informatikbereich. Dies entspricht gegenüber 1981 einer Steigerung von fast 20%. Allein die 35 grössten US-Banken vereinigten 53% der Totalausgaben der Branche auf sich ($\approx$16,2 Mrd. US-$).
- Weltweit schätzt man die Ausgaben der Banken für Informations-Technologie auf über 30 Mrd. US-$[2].
- Nach einer aktuellen Studie werden die Hard- und Softwareausgaben schweizerischer Banken bis zum Jahre 1993 um bis zu 34% steigen[3].

So ist es nicht verwunderlich, dass eine gross angelegte Studie in der Schweiz zu dem Ergebnis kam, dass Banken, die beim Einsatz moderner Kommunikations- und Informationstechnologien eine führende Rolle einnehmen, bedeutende Konkurrenzvorteile erwarten können. Banken hingegen, die es versäumen, mit der technologischen Entwicklung mitzuhalten und neue Technologien zu verwenden, werden Nachteile am Markt erleiden[4].

Nachdem die technischen Möglichkeiten immer grösser und auch flexibler werden und das Preis-/Leistungsverhältnis der EDV immer günstiger wird, sollte die reine Verarbeitungs-DV heute eigentlich keine Probleme mehr aufwerfen[5]. De facto tut sie es dennoch, beispielsweise im Hinblick auf die erwähnten neuen Finanzinstrumente, für deren geschäftsmässige Abwicklung grösstenteils noch keine Standard-Software erhältlich ist.

---

1) Steinmann (Sicherheit), S. 11.
2) Steiner/Teixeira (Technology), S. 39.
3) IHA (Informatik-Strategie), S. 80ff.
4) Arthur Andersen (Finanzplatz Schweiz), S. 87ff.
5) Gibson/Nolan (Managing), S. 76ff.

Die eingangs beschriebenen Marktveränderungen, die teilweise in immer schnellerer Folge auftauchen, führen zu einem neuen, qualitativen Leistungsdruck und damit zu einer Ueberforderung konventioneller Systeme[1]. Die Entwicklung geeigneter Nachfolgesysteme (hier sei das Schlagwort "Künstliche Intelligenz" erwähnt) steht noch am Anfang. Denn für ein effizientes Informationsmanagement sind gewisse Basisvoraussetzungen vielfach noch nicht erfüllt.

Ein weiteres Problem stellt die Organisation von EDV-Projekten dar, die bei den meisten Banken verbesserungsbedürftig ist. Selbst dort, wo die Probleme auf höchster Ebene angegangen werden, krankt die Integration von Know How vor Ort - also dort wo man Lösungen benötigt und mit ihnen arbeiten muss - vielfach daran, dass Projektgemeinschaften zwischen EDV und Fachbereichen nicht oder nur ansatzweise bestehen. Projekte jedoch, die allein vom EDV-Bereich getragen werden, neigen oftmals zur Verselbständigung und damit zu Kosten- und Zeitüberschreitungen, ohne dass am Ende eine Akzeptanzgarantie durch die Benutzer bestehen würde.

Als Reaktion auf diese Situation, vor allem auch auf das mangelnde Problembewusstsein vieler EDV-Abteilungen (Typische Reaktion auf Benutzerwünsche: "Das geht nicht"), finden sich vielfach abteilungsinterne Insellösungen, die durch die PC-Technologie noch begünstigt wurden. Eines der Hauptprobleme derartiger Applikationen liegt im häufig nicht beachteten Sicherheitsaspekt. Dies betrifft sowohl das Problem der Datensicherung als auch die Zugriffssicherung des jeweiligen Systems. Individuell entwickelte Systeme können die bei Banken von Natur aus hohen Anforderungen der internen Revision oftmals nicht erfüllen. Gerade in Bereichen wie Geld- und Devisenhandel muss aber der Grundsatz gelten, dass Informationen über Geld genauso geschützt werden müssen wie das Geld selbst.

---

1) Mischak (Zukunft), S. 175.

Daneben laufen Insellösungen auch dem Ziel einer Integration der bankbetrieblichen Informatik zuwider. Gerade die integrative Formulierung einer Informationsstrategie für die Gesamtbank sollte aber ein wichtiges Ziel des Informationsmanagements sein.

4. Herausforderung für das Bankmanagement

Aufgabe der Bankgeschäftsleitungen im Rahmen des Informationsmanagements muss es demzufolge sein, technisch machbare Gesamtkonzepte für die Bewältigung der Zukunft einer Bank zu planen und die dafür nötigen konzeptionellen Voraussetzungen zu realisieren. Durch ihre Realisierung wird der Uebergang in die - oben genannte - vierte Phase der Informationsverarbeitung sichergestellt.

Ein grosses Problem stellt dabei die gedankliche und personelle Integration von EDV und Finanzdienstleistung dar. Immer noch haben die meisten Bankfachleute Wissensdefizite im Informatikbereich und immer noch akzeptieren die Banken nur zögernd Informatiker auch im Geschäftsbereich. Nur bei einigen wenigen Banken sitzen Techniker oder Informatiker in der Geschäftsleitung[1]. Dies wäre jedoch eine wichtige Voraussetzung für ein effizientes Informationsmanagement, da aus den diesbezüglichen Entscheidungen vielfach grundlegende geschäftspolitische Konsequenzen für eine Bank erwachsen können. Derartige Entscheidungen sollten folglich auch auf hoher, idealerweise auf höchster Managementebene getroffen werden können. Die bereits erwähnte Studie kommt auch zu dem Ergebnis, dass in grossen Banken der Verantwortliche für Systeme und Organisation - also für die technische Seite des Informationsmanagementes - ein Mitglied der obersten Geschäftsleitung sein soll[2].

---

1) Ein Beispiel ist die Schweizerische Bankgesellschaft
2) Arthur Andersen (Finanzplatz Schweiz), S. 103.

Von besonderer Bedeutung ist die Zweiteilung des Informationsmanagements (Abbildung 25).

Abbildung 25: Zweiteilung des Informationsmanagements

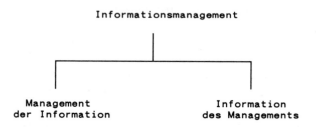

Quelle: Eigene Darstellung

Umfassendes Informationsmanagement bedeutet demnach nicht nur das Management der Informationen, sondern auch die Information des Managements. Die europäische Arthur Andersen Studie gelangt u.a. zu der Einsicht, dass sophistizierte Informationssysteme der wesentlichste Faktor im Strukturwandel an den internationalen Finanzmärkten sind[1], womit zum nächsten Teil der Arbeit übergleitet werden soll.

---

1) Arthur Andersen (Change), S. 20.

Zusammenfassung des zweiten Teils

Bereits die speziellen Eigenschaften der Bankleistung qualifizieren den Bankbetrieb als stark informationsorientiert. Besondere Schwierigkeiten für die Informationsbeschaffung in Universalbanken bieten die grundsätzliche Unabhängigkeit von Wert- und Stückleistung, die Auftragsabhängigkeit bei Lagerunfähigkeit der Bankgeschäfte, die Produktionsverbundenheit der Bankgeschäfte und das breite Geschäftsprogramm mit dem starken Leistungsverbund[1].

Aus der Untersuchung dieser speziellen Eigenschaften lassen sich zusammenfassend vier verschiedene Ursachen für eine hohe Informationsprädestination des Bankgeschäftes aufzeigen, die man wie folgt bezeichnen kann:

- die komplexitätsinduzierte Informationsprädestination des Bankgeschäftes,
- die kalkulationsinduzierte Informationsprädestination des Bankgeschäftes,
- die produktionsinduzierte Informationsprädestination des Bankgeschäftes und
- die absatzinduzierte Informationsprädestination des Bankgeschäftes.

Die Banken sind somit bereits aufgrund ihrer immanenten Struktur als stark informationsabhängig zu bezeichnen.

Der sich gegenwärtig vollziehende Wandel am Markt für Finanzdienstleistungen erhöht die grundsätzliche Komplexität des Bankmanagements zusätzlich und erschwert zudem die Bewältigung der Grundprobleme von Information und Kommunikation in den Banken.

---

1) Kolbeck (Planung), S. 182.

Banken können somit als informationsverarbeitende Betriebe par exellence charakterisiert werden. Sie sind zur Bewältigung der auftretenden Informationsprobleme auf ein geeignetes Informationsmanagement angewiesen. Die gezeigten Zusammenhänge bieten nämlich denjenigen Banken besondere Chancen, welche die damit verbundenen Probleme lösen können.

Ein geeignetes Informationsmanagement muss das gesamte Spektrum der informatorischen Möglichkeiten beinhalten. Dies sind

- das Management der Informationsressourcen, vor allem die Koordination interner und externer Informationen;
- das Management der Informationsprozesse, also der externen und internen Kommunikation;
- das Management der Informationsdimensionen, also der mit den anderen Aufgaben verbundenen technischen und konzeptionellen Aspekte.

Es muss hierbei dem Management der Informationen grosse Beachtung schenken, ist dies doch nicht nur ein grosser Problembereich für viele Banken, sondern vor allem auch ein kritischer Erfolgsfaktor im Geschäft mit Finanzdienstleistungen.

Beachtet werden muss allerdings auch die Zweigeteiltheit des bankbetrieblichen Informationsmanagements. Nicht nur das Management der Informationen, auch die Information des Managements ist für eine Bank bedeutsam, kann doch nur so der Regelkreis der Führung im notwendigen Masse informatorisch unterstützt werden. Die Information des Managements setzt ihrerseits aber die Entwicklung und den Einsatz von Führungsinformationssystemen voraus, womit zum dritten Teil der vorliegenden Arbeit übergeleitet wird. Dieser stellt eine geeignete Konzeption für bankbetriebliche Führungsinformationssysteme vor.

Teil Drei:

Entwicklung einer Konzeption

bankbetrieblicher Führungsinformationssysteme

"A framework for viewing management information systems (MIS) is essential if an organization is to plan effectively and make sensible allocations of ressources to information system tasks."
Gorry/Scott Morton (Framework), S. 17.

Vorbemerkungen zum dritten Teil

In den vorangegangenen Teilen der Arbeit wurden wichtige Grundlagen bankbetrieblicher Führung und Information besprochen, sowie die Notwendigkeit eines bankbetrieblichen Informationsmanagements abgeleitet. Es wurde dabei deutlich, dass das Bankmanagement auch auf den Einbezug und die Verwendung von Führungsinformationen angewiesen ist, um erfolgreich am Markt agieren zu können.

"Die Rückständigkeit und mangelnde Effektivität der existierenden Kommunikationsstrukturen innerhalb der Bank in bezug auf die an ein modernes Informationssystem zu stellenden Anforderungen ist erstaunlich."[1] Auf eben diese Anforderungen und auf Wege zu ihrer Realisierung soll im folgenden eingegangen werden, indem eine Konzeption bankbetrieblicher Führungsinformationssysteme entwickelt und präsentiert wird.[2]

Für eine solche Konzeption lassen sich zwei grundlegende Ziele identifizieren:[3]

◆ Zum einen die Konzeption eines Systems, das die Produktivität und Effizienz der Führung unterstützen soll und
◆ zum anderen die Konzeption eines Systems, das akzeptiert und benutzt wird.

Hieraus sind konkrete Hinweise für den Aufbau und das Vorgehen bei der Umsetzung eines bankbetrieblichen Führungsinformationssystems abzuleiten.

Im folgenden wird daher schrittweise eine Konzeption bankbetrieblicher Führungsinformationssysteme entworfen: Ausgehend

---

1) Ellermeier (Bankorganisation), S. 125.
2) Eine Vielzahl von Bezeichnungen lassen sich synonym mit dem Begriff Konzeption verwenden. Wichtige sind: Modell, Framework, Bezugsrahmen, Rahmenkonzept, Gestaltungskonzept.
3) Robey/Markus (Information), S. 6.

von einer Grundkonzeption werden in einem zweiten Schritt formale Anforderungen an die Gestaltung bankbetrieblicher Führungsinformationssysteme aufgestellt und anschliessend inhaltliche Elemente hinzugefügt.

Dabei muss nochmals erwähnt werden, dass es nicht das Ziel der folgenden Ausführungen sein kann, eine konkrete einzelbankbezogene Lösung aufzuzeigen. Ein Führungsinformationssystem muss "immer und für jede Unternehmung 'massgeschneidert' werden"[1]. Im vorliegenden Kontext muss es darum gehen, geeignete grundsätzliche Lösungsansätze zu präsentieren, die im konkreten Anwendungsfall auf die Bedürfnisse einer einzelnen Bank zu adaptieren wären. Derartige Konzepte sind damit zwangsläufig einem relativ hohen Abstraktionsgrad unterworfen.

Konkret bedeutet dies für den vorliegenden dritten Teil der Arbeit folgende Inhalte:

Das erste Kapitel zeigt die Grundkonzeption bankbetrieblicher Führungsinformationssysteme auf. Dazu werden verschiedene Aspekte betrieblicher Führungsinformationssysteme sowie vorhandener Forschungsansätze in diesem Bereich dargestellt.

Im zweiten Kapitel werden Grundsätze einer formalen Konzeption bankbetrieblicher Führungsinformationssysteme entwickelt.

Im dritten Kapitel wird auf die inhaltliche Gestaltung bankbetrieblicher Führungsinformationssysteme eingegangen. Dazu wird ein geeignetes Verfahren der Informationsbedarfsanalyse vorgestellt, um anschliessend auf die konkreten Informationsbedürfnisse des Bankmanagements einzugehen.

---

1) Gross-Blotekamp (Informations-Systeme), S. 43.

Im vierten Kapitel werden mit dem Rechnungswesen und dem Berichtswesen die beiden zentralen Bausteine eines bankbetrieblichen Führungsinformationssystems vorgestellt.

Im fünften Kapitel wird schliesslich auf die grundlegenden Voraussetzungen für eine erfolgreiche Entwicklung und Umsetzung des bankbetrieblichen Führungsinformationssystems eingegangen. Dabei werden sowohl Faktoren einer sinnvollen Projektdurchführung als auch Fragen der funktionalen und strukturellen Eingliederung des Führungsinformationssystems in die Organisation einer Bank behandelt.

I. Grundkonzeption bankbetrieblicher Führungsinformationssysteme

A. Forschungsaspekte im Bereich von Führungsinformationssystemen

"Das systematische Sammeln von Wissen über die Führung von Unternehmen nahm seinen Ausgang im späten neunzehnten Jahrhundert"[1]. In den fünfziger Jahren des zwanzigsten Jahrhunderts begann die "Automatisierung" einzelner Arbeitsgebiete mittels der Lochkartenmaschine[2]. Zwischen 1960 und 1968 vollzog sich eine rasante Entwicklung in der Halbleitertechnologie, die eine Verbilligung der Computerhardware bei einer gleichzeitigen Potenzierung ihrer Leistung ermöglichte[3]. In der Folge entstand eine allgemeine Euphorie in Bezug auf die weitere Entwicklung der EDV-Technik und die daraus resultierenden betrieblichen Anwendungsmöglichkeiten. Insbesondere machte in den frühen sechziger Jahren das Schlagwort "Managementinformationssystem" die Runde. Es war als "Super-System" gedacht, das allen Führungsebenen eines Unternehmens jederzeit alle erdenklichen Informationen als Grundlage für Entscheidungen aller Art in gewünschter Weise zur Verfügung stellen[4], besser noch diese gleich selbst treffen sollte. "Erste Versuche, in der Praxis Management-Informationssysteme aufzubauen, waren ein Misserfolg. In der Folgezeit war der Begriff MIS mit dem negativen Odium der Scharlatanerie behaftet. Davon hat er sich bis heute nicht erholt"[5]. Der damals propagierte MIS-Ansatz war "seiner Zeit zu weit voraus"[6]. Es fehlten die geeigneten organisatorischen aber auch EDV-mässigen Voraussetzungen. "Alles in allem darf festgestellt werden, dass heute die technischen Voraussetz-

---

1) Jaggi (Informationssysteme), S. 167.
2) Urmes (Technologie), S. 21.
3) Ganzhorn (Innovation), S. 22.
4) Warnecke et al. (Entwicklungstendenzen), S. 9.
5) Kirsch/Klein (MIS I), S. 10.
6) Edinger/Wichert (Informationsmanager), S. 31.

zungen zur Realisierung von Management-Informations-Systemen ungleich besser sind als vor zehn Jahren".[1]

Während die MIS-Forschung in den USA kontinuierlich weiterarbeitete[2], wurde das Thema in der deutschsprachigen Welt längere Zeit tabuisiert, erlebte jedoch in jüngster Zeit - teilweise unter anderen Bezeichnungen, auf die noch eingegangen wird - eine Renaissance. Dabei wird heute vor allem die Realisierbarkeit von - mittlerweile auch konzeptionell "abgespeckten" - Managementinformationssystemen betont[3]. So setzte sich die Erkenntis durch, dass ein MIS mehr ist als nur die Summe aus Hardware und Software[4], aber auch, dass ein Mehr an Daten nicht zwangsläufig zu einem Mehr an Information führt[5].

In der Literatur wird heute eine Vielzahl alternativer Gestaltungskonzepte für Führungsinformationssysteme untersucht und präsentiert. Ein Teil dieser Konzepte erhebt explizit oder implizit den Anspruch auf Allgemeingültigkeit, während ein anderer Teil auf bestimmte Teilgebiete fokussiert. Im folgenden werden dazu einige weitere Begriffe geklärt und abgegrenzt.

---

1) Hürlimann (MIS), S. 220.
2) Hamilton/Ives (Research), Hamilton et al. (MIS), S. 61ff.
3) Hürlimann (MIS), S. 223.
4) Sadek/Tomeski (Approaches), S. 17.
5) Ackoff (Misinformation), S. 31f.

B. Begriff des Managementinformationssystems

"One of the problems in dealing with the subject of management information systems is that in the past there has been no agreement on exactly what the term means"[1]. Insbesondere variieren die in der Literatur vorhandenen MIS Definitionen je nach gewähltem Forschungsschwerpunkt. Vielfach werden in der Literatur verschiedene Begriffe synonym verwendet[2]. Einige Beispiele mögen dies aufzeigen:

- "Ein Management-Informationssystem (MIS) ... ist ein anwendungsorientiertes Mensch-Maschine-System zur Befriedigung des Informationsbedarfs des Managements. Es ist damit "ein Hilfssystem zur Unterstützung der Planungs- und Steuerungssysteme der Unternehmungen"[3].

- "Ein Management-Informationssystem ist ein Dienstleistungssystem, das in einem fest vorgegebenen betrieblichen Kommunikationssystem verursachungs- und zeitnah für die Unternehmensführung die Daten der verschiedenen Unternehmensbereiche nach Massgabe der vorliegenden Ordnungskriterien sammelt, umordnet und für Auswertungen verfügbar macht und das die so aufbereiteten Daten zu zweckgerichteten und funktionalen Informationen verdichtet und diese dosiert und differenziert den vertikalen und horizontalen Management-Ebenen mit klarer Abgrenzung von Verantwortung und Kompetenzen zuordnet."[4]

- "Unter einem MIS versteht man die organisatorische Konzeption des gesamten betrieblichen Informationswesens in dem Sinne, dass das Management die für die Durchführung seiner Aufgaben benötigten Informationen über die Vergangenheit, über das Ist und über die Zukunft (Prognosen) entsprechend dem jeweiligen Zweck (Situation) mit dem richtigen Inhalt, zum richtigen Zeitpunkt in der zweckmässigsten Form unter Berücksichtigung des allgemeinen Wirtschaftlichkeitsprinzips zur Verfügung hat."[5]

---

1) Senn (Principles), S. 17.
2) Davis/Olson (MIS), S. 5.
3) Grochla (MIS), S. 21.
4) Elm (MIS), S. 24.
5) Koreimann (MIS), S. 21.

- "Ein MIS ist ein rational gestaltetes, formalisiertes Informationssystem, welches die Unternehmensführung in systematisch geplanter Weise bei der Informationssuche und Entscheidungsfindung unterstützen soll."[1)]

- "A MIS is a comprehensive and coordinated set of information subsystems which are rationally integrated and which transfer data into information in a variety of ways to enhance productivity in conformance with managers' style and characteristics on the basis of stablished quality criteria."[2)]

Die Vielfältigkeit der verschiedenen Definitionen verdeutlicht die unterschiedlichen Facetten der vorliegenden Thematik. Auch an dieser Stelle soll nicht der Versuch unternommen werden, eine eigene allgemeingültige Definition aufzustellen. Vielmehr wird eine für die vorliegende Arbeit gültige Arbeitsdefinition gebildet. Im Hinblick auf den gewählten Untersuchungsgegenstand wird unter dem Begriff des Managementinformationssystems eine Teilgruppe von Führungsinformationssystemen verstanden und wie folgt definiert:

> Ein Managementinformationssystem ist ein - i.d.R. computergestütztes - Hilfsmittel der Unternehmungsführung, welches dieser in geeigneter Weise Informationen zur Erfüllung ihrer Aufgaben zur Verfügung stellt.

Wegen der Bedeutung der Forschung im Bereich der Managementinformationssysteme für die vorliegende Arbeit, soll hier ein kurzer Abriss über deren Ergebnisse gegeben werden. Dies erscheint auch deswegen notwendig, da die Bedeutung von sogenannten Frameworks für die Entwicklung von Führungsinformationssystemen vielfach unterschätzt wurde[3)].

---

1) Kirsch/Klein (MIS I), S.
2) Scott (MIS), S. 97.
3) Hansen/McKell/Heitger (Frameworks)

Für die heutige Forschung können die folgenden fünf – hier kurz skizzierten – Ursprünge identifiziert werden[1]:

- MASON und MITROFF, die einen multidimensionalen MIS-Entwurf schufen, der eine Vielzahl möglicher MIS-Varianten durch die Kombination der Variablen
  - psychologische Typen von Endbenutzern,
  - Problemtyp,
  - organisatorischer Kontext,
  - Erkenntnissysteme und
  - Art der Informationspräsentation

  charakterisierte[2]. Dieses Modell kann als erster Versuch der Definition einer umfassenden Rahmenkonzeption – unter erstmaligen Einbezug von verhaltenswissenschaftlichen Aspekten[3] – von Managementinformationssystemen interpretiert werden[4] und zählt zu den meistzitierten in der Literatur[5].

- GORRY und SCOTT MORTON entwickelten einen MIS-Ansatz aus der Perspektive der Entscheidungssituation und den Charakteristiken der für deren Bewältigung notwendigen Informationen[6]. Aus ihrer Sicht kann es kein sinnvolles integriertes Managementinformationssystem geben. Vielmehr müssten diese den jeweiligen Problemfeldern angepasst werden.

---

1) Lattwein (MIS), der sich auf Ives/Hamilton/Davis (Framework) und Nolan/Wetherbe (Framework) bezieht.
2) Mason/Mitroff (Research)
3) Kirsch/Klein (MIS II), S. 55ff.
4) Nolan/Wetherbe (Framework), S. 2.
5) Hamilton/Ives (Knowledge), S. 67.
6) Gorry/Scott Morton (Framework)

- CHERVANY, DICKSON und KOZAR sahen zusätzlich zu technischen Variablen solche als notwendig an, die die Qualität von Entscheidungen beeinflussen und messen[1]. Insbesondere sei die Schnittstelle Benutzer/Problem/System exakter zu bestimmen.

- LUCAS brachte organisatorische und Verhaltensaspekte in die MIS Diskussion ein. Insbesondere sollten Aspekte der Machtverteilung und möglicher Konflikte innerhalb einer Organisation als Grundlage bei der Entwicklung von Managementinformationssystemen beachtet werden[2]. Er stellt als Rahmen zu seinem MIS-Konzept die drei Variablenklassen

    - Verhalten und Einstellung der Benutzer,
    - Gebrauch des Systems und
    - Leistung der Benutzer auf,

    die er mit fünfzehn Thesen über die Zusammenhänge dieser Variablen kombiniert[3]. Die Konsequenz aus diesen Ueberlegungen ist die Forderung nach einer Zusammenarbeit von Benutzern, Management und Informatikabteilung bei der Entwicklung eines Managementinformationssystems[4].

---

[1] Chervany/Dickson/Kozar (Framework)
[2] Lucas (Model), S. 28.
[3] Lucas (Model), S. 31ff.
[4] Lucas (Information), S. 116.

♦ MOCK stellt die Auswahl und Bewertung der Informationen in den Mittelpunkt seiner Ueberlegungen[1]. Er sieht die folgenden drei Verhaltensvariablen als prägend für den Erfolg eines Managementinformationssystems an:

- individuelle/psychologische Variablen,
- organisatorische/interpersonelle Variablen,
- soziologische/umweltbezogene Variablen.

Durch die Bestimmung des Wertes alternativer Informationsstrukturen, die Beobachtung der Auswirkungen der genannten Verhaltensvariablen und die Analyse der Wechselwirkungen dieser Faktoren will MOCK die Effizienz von Managementinformationssystemen optimieren.

Alle skizzierten Forschungsarbeiten auf dem Gebiet der Managementinformationssysteme machen deutlich, dass es nicht allein die technische Komponente ist, die ein System erfolgreich macht, sondern dass insbesondere benutzerorientierte Aspekte bei der Entwicklung unternehmungsspezifischer Anwendungen frühzeitig in die Betrachtung einbezogen werden müssen.

---

1) Mock (Information)

C. Managementinformationssystem versus Entscheidungsunterstützungssystem

Als Folge der veränderten Anforderungen, deren Realisierung einem MIS zugetraut wurde, unterlag der Begriff seit den frühen siebziger Jahren einer Wandlung. Es entstand der allgemeine Begriff des Management Support Systems[1] und der spezielle des Decision Support Systems (DSS)[2] als Kennzeichnung eines Informationssystems, das auf einen speziellen Aspekt des Führungsprozesses – nämlich den des Entscheidens – fokussiert und demnach die Unterstützung zu treffender Entscheidungen zur Zielsetzung hat[3]. Ihm liegt sozusagen eine andere Gestaltungsphilosophie zugrunde[4].

---

1) Probst/Valicek (Systems)
2) Scott Morton (Management), S.
3) Lucas (Information), S. 7.
4) Dehio/Kieser (Gestaltung), S. 371.

Jedoch wird auch dieser Begriff in der Literatur nicht einheitlich interpretiert, wie einige Beispiele belegen:

- "Decision Support Systems (DSS) sind computergestützte Informationssysteme zur Erleichterung von Entscheidungen im mittleren und höheren Management, die nicht automatisch getroffen werden können oder sollen".[1]

- "Decision Support Systems (DSS) are defined as a category of information systems used in organizations to assist managers in semi-structured decision processes".[2]

- "Decision Support Systems (DSS) are, by nature, general-purpose systems, because they must support a variety of managers who have different decision styles and different problems."[3]

- "Decision Support Systems (DSS) are computer systems designed to mesh with executives' existing activities and needs while extending their capabilities."[4]

- Decision Support Systems "became characterized as interactive computer-based systems that help decision makers utilize data and models to solve unstructured problems."[5]

---

1) Zschaage (DSS), S. 106.
2) Akoka (Framework), S. 133.
3) Kosaka/Hirouchi (DSS), S. 7.
4) Alavi (DSS), S. 1.
5) Sprague/Carlson (Effective), S. 4.

Zusammenfassend können damit drei grundlegende Sichtweisen unterschieden werden[1]:

- Entscheidungsunterstützungssysteme (EUS) sind die evolutionäre Weiterentwicklung von Managementinformationssystemen, d.h. das DSS-Konzept schliesst dort an, wo das MIS-Konzept aufhört;
- Entscheidungsunterstützungssysteme sind eine Untergruppe von Managementinformationssystemen, sie dienen gleichermassen der Unterstützung von Führungsentscheidungen;
- Entscheidungsunterstützungssysteme sind unabhängig von Managementinformationssystemen entwickelt worden und haben nun einen eigenen Namen erhalten.

Unabhängig von diesen Betrachtungsweisen lassen sich jedoch einige - im folgenden dargestellte - allgemeine Charakteristika für Entscheidungsunterstützungssysteme ableiten[2]:

- sie sind typischerweise auf eher unstrukturierte Probleme höherer Managementebenen ausgerichtet;
- sie kombinieren die Nutzung von Modellen und analytischen Methoden mit traditionellen Datenbanksystemen;
- sie konzentrieren sich auf Elemente, die auf einfache Weise auch von Nicht-Computerfachleuten interaktiv genutzt werden können;
- sie betonen Flexibilität und Anpassungsfähigkeit des Systems an sich verändernde Rahmenbedingungen und Benutzerwünsche.

---

1) Sprague (Framework), S.2ff.
2) Sprague (Framework), S.2.

Grundkonzeption

An dieser Stelle soll nicht weiter auf die Diskussion um die Abgrenzungsproblematik zwischen MIS und EUS eingegangen. Für den vorliegenden Gebrauch wird der Begriff wie folgt definiert:

> Bei einem Entscheidungsunterstützungssystem handelt es sich um die evolutionäre Weiterentwicklung von Managementinformationssystemen[1], d.h. ein DSS oder EUS enthält über die Eigenschaften eines MIS - aber unter deren Einschluss - hinausgehende Eigenschaften, die es speziell als Mittel der Entscheidungsunterstützung qualifiziert.

---

[1] Sprague (Framework), S. 2; Orman (Information), S. 313f.; Kroeber et al. (Evolution), S. 35ff.

D. **Betriebliches Informationssystem und Führungsinformationssystem**

Das betriebliche Informationssystem ist ein Subsystem innerhalb des Gesamtsystems Unternehmung[1], resp. Bank[2]. Es ist die "Summe aller geregelten betriebsinternen und -externen Informationsverbindungen, sowie deren technischer und organisatorischer Einrichtungen zur Informationsgewinnung und -verarbeitung"[3]. Der Begriff "Informationssystem" umfasst somit sämtliche formellen und informellen informatorischen Beziehungen in einer Unternehmung[4]. Es steuert den Ablauf der betrieblichen Kommunikation durch räumliche, zeitliche und inhaltliche Transformation, Verbreitung und Weiterleitung von Informationen[5] und bildet damit die Grundlage für den gesamten Führungsprozess in einer Unternehmung.

Das betriebliche Informationssystem besteht seinerseits aus verschiedenen Subsystemen[6], von denen das wichtigste das Führungsinformationssystem darstellt. Dieses ist (ganz allgemein betrachtet) ein - i.d.R. computergestütztes - Hilfsmittel welches der Unternehmungsführung Führungsinformationen zur Verfügung stellt. Es dient der Erfassung, Speicherung und Distribution relevanter Daten, d.h. es muss dafür sorgen, dass die richtigen Informationen zur richtigen Zeit am richtigen Ort sind[7].

Ein Führungsinformationssystem beinhaltet die Kombination von Elementen sowohl eines Managementinformationssystems, als

---

1) Jaggi (Informationssysteme), S. 167f. und Kirsch (Entscheidungsprozesse III), S. 49ff.
2) Eilenberger (Wettbewerb), S.56ff.
3) Gabler (Lexikon), S. 2153f.
4) Kaeser (Controlling), S. 102.
5) Gast (Analyse), S.11f.
6) Dearden/McFarlan (Systems), S. 11ff.
7) Schierenbeck (Bankmanagement), S. 11.

Grundkonzeption

auch eines Entscheidungsunterstützungssystems. Es dient gleichermassen der Information, bzw. Informationsbereitstellung, wie der Unterstützung von Entscheidungen. Es stellt im Rahmen des Drei-Schichten-Modells[1] die oberste Stufe dar und baut damit auf bestehenden Transaktionsdatensystemen und Berichts- und Kontrollsystemen auf.

Im Verlauf der Arbeit wird unter der Globalbezeichnung Führungsinformationssysteme auf solche Elemente desselben referiert, die allen Teilsystemen gleichermassen zugeordnet werden können und in speziellen Fällen auf die oben erwähnten Begriffe Managementinformationssystem (MIS), Entscheidungsunterstützungssystem (EUS, bzw. DSS) und Executive Support Systems (ESS, bzw. EIS) verwiesen.

Dabei wird hier unter dem Führungsinformationssystem ein solches zur finanziellen Führung verstanden. Damit sind andere, wie Marketing-, Personal-, Kreditinformationssysteme, welche ebenfalls Führungszwecken dienen können, nicht Bestandteil der vorliegenden Arbeit.

Führungsinformationssysteme ermöglichen durch ihre Konzeption die Umwandlung von Daten in Informationen[2]. Sie können damit als ein wesentliches Bindeglied der Führung verstanden werden, welches hilft, die formale Kommunikation zu kanalisieren.

Geprägt wird ein Führungsinformationssystem - wie in Abbildung 26 veranschaulicht - von der Dreiteilung des Durchführungsprozesses,

- der Datenbeschaffung,
- der Datenauswertung und Informationsgenerierung und
- der Informationsbereitstellung[3].

---

1) Kirsch/Klein (MIS I), S. 70ff.
2) Senn (Principles), S. 19.
3) Elm (MIS), S. 68.

Abbildung 26: Grundkonzeption eines bankbetrieblichen Führungsinformationssystems

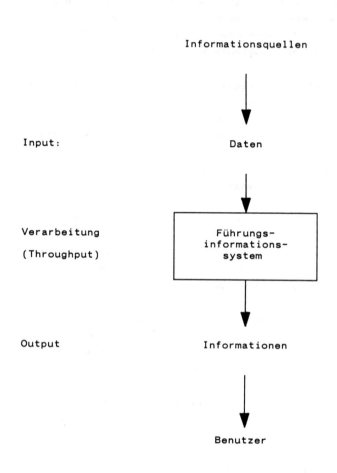

Quelle: Eigene Darstellung

Ausgehend von dieser Ueberlegung wird das weitere Konzept des Führungsinformationssystem entworfen. Wesentlich für die Konzeption eines bankbetrieblichen Führungsinformationssystems sind damit Ueberlegungen bezüglich

- der möglichen Datenquellen,
- der Verarbeitungsinhalte und
- der Aufbereitung der abgegebenen Informationen.

Für diese Teilbereiche werden im zweiten Kapitel Anforderungen an die Konzeption eines bankbetrieblichen Führungsinformationssystems aufgestellt, die dann im dritten Kapitel inhaltlich ergänzt werden.

II. Formale Konzeption bankbetrieblicher Führungsinformationssysteme

A. Grundsatz der Benutzeradäquanz

PUTNAM stellte in einer Erhebung fest, dass 80% der Befragten mit dem Fortschritt ihres Führungsinformationssystems unzufrieden waren. Die Gründe hierfür wurden nur mit 20% im technischen Bereich angesiedelt. 80% waren der Meinung, dass es Kommunikations-, Verständnis- und menschliche Probleme seien, die den Erfolg des Systems beeinträchtigten.[1] Der Grundsatz der Orientierung am Benutzer erlangt damit eine zentrale Bedeutung bei der Gestaltung von Führungsinformationssystemen[2].

Führungsinformationssysteme - wie auch andere Informationssysteme - bringen nur dann einen Nutzen, wenn sie zur Anwendung gelangen. Das heisst, sie müssen vom Benutzer, für den sie konzipiert werden, akzeptiert werden. Dies äussert sich u.a. in einer Manager-gerechten EDV-Umsetzung[3] und in der Anpassung an vorhandene Arbeitsabläufe[4].

Im besonderen kommt dieser Grundsatz bei der Bereitstellung der Informationen durch das System zum tragen. Nicht nur das Führungsinformationssystem als Ganzes, sondern auch und insbesondere die aus ihm zu gewinnenden Informationen müssen an den konkreten Bedürfnissen der Benutzer orientiert sein[5]. Wie eingangs der Arbeit erwähnt, werden Informationen aus Daten gewonnen. Letztlich entscheidet aber der Empfänger oder Benutzer, ob eine Date für ihn Informationswert besitzt und damit eine Information beinhaltet oder nicht.[6]

---

1) Putnam (MIS), S. 1.
2) Kirsch/Kieser (Benutzeradäquanz I), S. 383.
3) Hürlimann (MIS), S. 220.
4) Alavi (DSS), S. 3; Probst/Valicek (Systems), S. 180.
5) Koreimann (Informationssysteme), S. 148.
6) Dickson/Senn/Chervany (Information), S. 913 und die dort angegebene Literatur.

Dies darf andererseits nicht bedeuten, dass nur eine an individuellen Informationsbedürfnissen orientierte Berichterstattung erfolgt. Dies verbietet sich vielmehr aus Gründen praktischer und wirtschaftlicher Restriktionen[1]. Vielmehr muss ein sinnvolles Verhältnis von standardisierter und individualisierter Berichterstattung gefunden werden. Hier bieten aber insbesondere Technologien wie Personal Computer und Expertensysteme geeignete Möglichkeiten der Lösung dieses Konfliktes.

Die Vielzahl der aus einem Führungsinformationssystem erhältlichen Informationen darf folglich nicht ziellos über die Bank verstreut werden. Es muss vielmehr in qualitativer wie in quantitativer Hinsicht eine zielgerichtete Auswahl getroffen werden[2]. Informationen sind nach bestimmten Kriterien zu filtern, zu verdichten und zu verknüpfen[3]. Daraus leiten sich die folgenden Prinzipien ab, denen das System zu genügen hat.

1. Relevanz

"Vielfach steht das Management heute einer verwirrenden Informationsflut gegenüber"[4], die durch ein geeignetes Führungsinformationssystem abzubauen ist. Die Informationen müssen die für die Führung einer Bank notwendige Relevanz aufweisen. Damit einher geht eine Orientierung an den Funktionen der Führung.

---

1) Seidel/Wirtz (Banken-Controlling), S. 384.
2) Terrahe (Entwicklung), S. 91.
3) Probst/Valicek (Systeme), S. 184.
4) Gross-Blotekamp (Informations-Systeme), S. 43.

Informationen sollten demnach

- an den Zielen orientiert sein (Planungs- und Steuerungsaspekt);
- entscheidungsorientiert sein (Steuerungsaspekt);
- strategieorientiert sein (Aspekt der Planung in Alternativen);
- resultatorientiert sein (Kontrollaspekt)

Sie müssen dabei sowohl zukunfts- als auch vergangenheitsorientiert sein.

Es interessieren vor allem Informationen über

- den Markt, die tatsächlichen Kunden, die potentiellen Kunden sowie die Konkurrenz;
- gesamtwirtschaftliche Ausgangslagen, volkswirtschaftliche Entwicklungstendenzen und Projektionen der Wirtschafts- und Finanzpolitik;
- das eigene Leistungsziel und Leistungsvermögen[1].

Relevanz bedeutet auch, dass Informationen nach bestimmten Kriterien zu filtern sein müssen, um bei anstehenden Entscheidungen einen optimalen Lösungsbeitrag liefern zu können.

Relevanz bedeutet weiterhin, dass bereits bei der Datensammlung in Bezug auf die Entscheidungsfindung drei Gesichtspunkte von Bedeutung sind:

- Welche Daten sind für die Entscheidungsfindung von Bedeutung?
- Wie sind diese Daten zu beschaffen?
- Welche Aussagekraft haben diese Daten für die Entscheidung?

---

1) Terrahe (Entwicklung), S. 86.

Formale Konzeption

Das Führungsinformationssystem muss dann die richtige Verarbeitung dieser Daten zu aussagekräftigen Informationen gewährleisten.

2. Stufengerechtigkeit

Betrachtet man die im Grundlagenteil der vorliegenden Arbeit beschriebene Aufteilung der Managementstufen und die damit korrespondierenden Managementaufgaben und untersucht, ob die vorgesehenen Aufgaben auch tatsächlich wahrgenommen werden, so stellt man hier eine deutliche Abweichung fest. Diesen Zusammenhang verdeutlicht Abbildung 27. Ein Manager in der Hierarchiestufe A sollte demnach die ihm zur Erfüllung seiner Aufgaben zur Verfügung stehende Zeit wie folgt aufteilen:

- Strategische Entscheidungen: Strecke AB,
- Taktische Entscheidungen: Strecke BC,
- Operative Entscheidungen: Strecke CD.

Statt dessen tendiert er dazu, seine Zeit tatsächlich wie folgt aufzuteilen:

- Strategische Entscheidungen: Strecke EF (kleiner als AB),
- Taktische Entscheidungen: Strecke FG (kleiner als BC),
- Operative Entscheidungen: Strecke GH (grösser als CD).

Abbildung 27: Aktivitäten der einzelnen Managementstufen

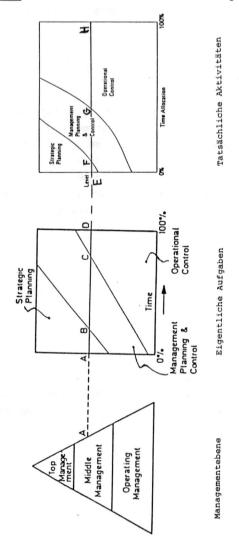

Quelle: Assad (Management), S. 96 und die dort genannte Literatur

Empirische Untersuchungen belegen diesen Befund[1]. Analysiert man den Zeithaushalt von Führungskräften, so stellt man fest, dass

- mehr als ein Viertel der verfügbaren Zeit für Aufgabe und Weitergabe von Information,
- ein Achtel für Organisation, Kontrolle und Entscheidung,
- nur ein Zwanzigstel dagegen für Weiterbildung

aufgewendet wurde. Dies bedeutet, dass in der Praxis vom beruflichen Zeitkontingent

- mehr als 25 Prozent für operative Informationen,
- rund 10 Prozent für taktische Informationen und
- nur etwa 5 Prozent für strategische und innovative Informationen

eingesetzt werden[2].

Eine mögliche Erklärung besteht darin, dass Manager dazu tendieren, Dinge zu tun, an die sie aus der Zeit vor ihrer Beförderung gewöhnt sind[3].

Erfolgreiche Unternehmensführung erfordert hingegen eine andere Gewichtung der einzelnen Informationselemente untereinander, insbesondere einen höheren Anteil strategischer und taktischer Informationen. Ein Ziel beim Aufbau eines Führungsinformationssystem muss es daher sein, diese Differenz zwischen der Bedeutung einer Aufgabe und der für ihre Bewältigung durch das Management aufgewendeten Zeitdauer zu minimieren.

---

1) Hillebrand (Druck)
2) Klingler (Information), S. 91.
3) Assad (Management), S. 96.

Hier kann ein stufengerechtes Führungsinformationssystem massgeblich helfen, die Managementaktivitäten durch richtige Informationsfilterung zu rationalisieren[1]).

Die bereitzustellenden Informationen müssen den Informationserfordernissen der jeweiligen Führungsstufe entsprechen, d.h. sie sind den Informationsbedürfnissen der einzelnen Stufen und den mit ihnen korrespondierenden Aufgabenbereichen anzupassen[2]). Grundsätzlich bedeutet dies eine parallele Zunahme des Verdichtungsgrades der Information mit ansteigender hierarchischen Ebene. Mit anderen Worten, je höher die Benutzerebene, desto eher müssen geeignete Kennzahlen anstelle von Basisdaten bereitgestellt werden.

Einen Spezialfall stellen in dieser Hinsicht die Executive Support Systems (ESS)[3]) und Executive Information Systems (EIS)[4]) dar. Sie sind - als am höchsten entwickelte Ausbaustufe eines betrieblichen Informationssystems[5]) - eine spezielle Untergruppe der Entscheidungsunterstützungssysteme und vereinigen in sich Elemente sowohl eines Managementinformationssystems als auch eines Entscheidungsunterstützungssystems, wirken aber auf einer breiteren Ebene als Entscheidungsunterstützungssysteme und sind speziell auf die Bedürfnisse der oberen Managementebene zugeschnitten.

Die in Abbildung 28 wiedergegebene Uebersicht verdeutlicht die speziellen, unterschiedlichen Informationsanforderungen der einzelnen Managementebenen:

---

1) Assad (Management), S. 96.
2) Elm (MIS), S. 73, Biehl/Schmidt (Controller), S. 123.
3) Scott Morton (Research), S. 17f.
4) McNaught-Davis (Possibilities), S. 41ff.
5) Büschgen (Bankbetriebslehre), S. 94.

Abbildung 28: Informationsdimensionen nach Managementebenen

Faktor	Strategische Ebene	Operative Ebene
Quelle	eher extern	eher intern
Verdichtung	eher hoch	eher niedrig
Genauigkeit	eher niedrig	eher hoch
Wiederholung	eher nein	eher ja
Zeitbezug	eher zukunftsbezogen	eher vergangen-heits-/gegenwarts-bezogen
Aktualitätsgrad	eher Trends	eher aktuell
Frequenz	eher niedrig	eher hoch
Formalisierung	eher gering	eher hoch

Quelle: Assad (Management), S. 103, Lucas (Analysis), S. 26.

3. Flexibilität

Die Forderung nach Flexibilität eines bankbetrieblichen Führungsinformationssystems bezieht sich auf die Anpassungsfähigkeit eines Systems an sich verändernde Informationsbedürfnisse und -wünsche seiner Benutzer.

Systematisch aufgebaute Führungsinformationssysteme bergen in sich zwangsläufig die Gefahr einer Tendenz zur Starrheit und Inflexibilität. Diese Tendenz wird durch die Koppelung eines Führungsinformationssystems mit einer dafür zuständigen organisatorischen Einheit noch verstärkt[1].

---

1) Vak (MIS), S. 414.

Dieser "Bürokratisierung" eines Führungsinformationssystems gilt es entgegenzuwirken.

Flexibilität bedeutet im einzelnen:

- Anpassungsfähigkeit an sich ändernde Informationswünsche,
- Anpassungsfähigkeit an sich ändernde Datenquellen,
- organisatorische Anpassungsfähigkeit des Systems,
- Anpassungsfähigkeit an sich ändernde Methoden der Verarbeitung[1].

Es bedeutet auch, dass die Möglichkeiten der Informationsselektion vielfältig zu gestalten sind. Sie müssen insbesondere sortierbar, kombinierbar und zu verdichten sein.

---

[1] Bednar (Grundlagen), S. 14.

B. Grundsatz der Kompatibilität

Dieser Grundsatz besagt, dass ein Informationssystem auf die Struktur einer Bank zugeschnitten sein muss. Ein Führungsinformationssystem soll der Unterstützung des Managements bei der Durchführung der geschäftspolitischen Massnahmen zur Realisierung der bankbetrieblichen Ziele dienen. Seine Wirkungen und Auswirkungen berühren demnach direkt oder indirekt das gesamte Spektrum der Bankpolitik.

Art und Umfang des Informationsbedarfs einer Bank sind insbesondere eine Funktion u.a. der Organisationsstruktur und des Führungssystems[1]. Ein Führungsinformationssystem steht nicht für sich. Vielmehr ist es in seiner Gesamtheit harmonisch in die bestehende Aufbauorganisation einzufügen[2].

Hieraus lassen sich verschiedene Gestaltungsprinzipien ableiten:

1. Dezentrale Integration

Historisch gesehen haben die Banken eine Vielzahl ihrer Informationsaktivitäten zentralisiert. Die generelle Führung einer Bank war, insbesondere hinsichtlich Fragen der Managementkompetenzen und Kostenkontrolle stark zentralistisch geprägt. Die Tendenz zu mehr Kundennähe bringt den Zwang zur weitgehenden Dezentralisierung mit sich. Damit einher geht die Etablierung von Profit-Centern in Banken. Massgebend sind hier vor allem die Stichworte Dezentralisierung, insbesondere der Entscheidungsverantwortung durch Internationalisierung,

---

[1] Mertin (Erfolgsmessung), S. 1085.
[2] Koreimann (MIS), S. 26, Seidel/Wirtz (Banken-Controlling), S. 384, Terrahe (Informationssysteme), S. 214.

Für marktbezogene Entscheidungen müssen klare Richtlinien vor Ort vorhanden sein, um auf die Kundenwünsche flexibel und effektiv reagieren zu können. Ein Führungsinformationssystem muss daher auf die Anforderungen einer dezentralen Führung hin ausgelegt sein[1].

Nur eine effiziente Integration der Informationen erlaubt es auf der anderen Seite dem Top-Management, die Entscheidungen ihrer untergeordneten Instanzen richtig zu analysieren und hinsichtlich ihrer Verträglichkeit mit der Gesamtbankpolitik zu überprüfen[2]. Nur durch Integration kann die Bank auch als einheitliches Ganzes erfasst werden.

2. Anpassungsfähigkeit

Damit ist die Fähigkeit eines Systems angesprochen, sich einem Wandel seiner Struktur anzupassen. Dieser Aspekt der Flexibilität ist gerade für die Banken von grosser Bedeutung, befinden sich doch deren Organisationsstrukturen vielfach in einem - durch Internationalisierung und Dezentralisierung verursachten - organisatorischen Wandel. Damit einher geht oftmals eine Aenderung der Informationsbedürfnisse des Managements, welche sich durch das System erfüllen lassen müssen.

Bei Nichtanpassung besteht die Gefahr, dass die im ersten Teil der vorliegenden Arbeit beschriebene Informationslücke umso grösser wird, je stärker sich die Struktur innerhalb einer Bank im Laufe der Zeit ändert, ohne dass die Strukturen des - somit starren - Führungsinformationssystems sich mitändern[3].

---

1) Salomon Brothers (Technology), S. 45.
2) Salomon Brothers (Technology), S. 45.
3) Daniel (Information Crisis), S. 111f.

3. Aktualität

Wie aufgezeigt wurde, beziehen sich die Veränderungen im Wesen der Bankführung u.a. darauf, dass Entscheidungen schneller und öfter zu treffen sind. "If a bank is to compete in today's world market, it must be informed - immediately."[1]

Durch das Informationssystem muss also eine möglichst schnelle Reaktionszeit auf Marktveränderungen realisierbar sein[2]. Damit kommt dem Zeitbezug der Informationen eine gewichtige Bedeutung zu. Vorhandene Informationen müssen möglichst aktuell sein und man muss effizient und direkt auf sie zugreifen können[3].

Aktualität kann dabei sowohl stündliche oder tägliche als auch monatliche oder jährliche Bereitstellung der Informationen bedeuten.

Der Grundsatz fordert, nur mit den jeweils neuesten Daten zu arbeiten sowie die Auskunftsbereitschaft zu jeder Zeit zu gewährleisten. Die Forderung nach "Rechtzeitigkeit" der Informationslieferung steht damit in engem Zusammenhang[4].

Nur durch zeitgerechte Führungsinformationen können im Moment der Entscheidungssituation Alternativentscheidungen auf ihren Beitrag zur Zielerreichung hin überprüft werden, womit sich die Qualität einer Entscheidung wesentlich verbessern lässt.

---

1) Guggenheim (Banking), S. 46.
2) Elm (MIS), S. 26.
3) Alavi (DSS), S. 5.
4) Bednar (Grundlagen), S. 14.

4. Modularität

Sicherlich ist es unrealistisch zu erwarten, dass ein bankbetriebliches Führungsinformationssystem quasi "auf einen Schlag" realisierbar ist. Es muss daher in einzelne weitgehend unabhängig voneinander realisierbare Module aufzugliedern sein.

Diese Modularität bietet folgende Vorteile:[1]

- Die Entwicklung eines Gesamtsystems dauert relativ lange. Mit zunehmender Entwicklungsdauer nimmt auch die Gefahr von Fehlentwicklungen zu. Unterteilt man ein System, besteht die bessere Chance, dessen einzelne Teile an parallele Veränderungen des Umsystems anpassen zu können.
- Die Bildung von Modulen lässt eine bessere Entwicklungskontrolle zu.
- Die schrittweise Einführung schafft bessere Möglichkeiten der Schulung und Ausbildung der Benutzer und erhöht damit tendenziell die spätere Akzeptanz des Systems.

Hinzu kommt, dass die Aufteilung in Module auch später notwendig werdende Anpassungen des Systems erleichtert.

---

[1] Koreimann (Informationsbedarfsanalyse), S. 38f.

C. Grundsatz der konzeptionellen Vollständigkeit

Die Wahrscheinlichkeit, dass ein optimaler Entscheid getroffen wird, ist umso grösser, je mehr mögliche Lösungen zur Auswahl stehen. Man entgeht damit auch einem schablonenhaften Denken in "Entweder-Oder-Kategorien"[1].

Darüber hinaus sollte ein Führungsinformationssystem auch in der Lage sein, zur Lösung komplexer Probleme einen Beitrag zu leisten, Entscheidungskonflikte zu beheben und die mit Entscheidungen verbundene Unsicherheit zu reduzieren[2].

Da einerseits ein 100-prozentiger Informationsgrad nur in den seltensten Fällen erreichbar sein wird, andererseits aber das nötige Vertrauen in das System gewährleistet sein muss, ist es notwendig, dass der erreichte Informationsgrad und das verbleibende Entscheidungsrisiko ebenfalls als Information bereitstehen[3]. Zudem tragen effiziente Führungsinformationen dazu bei, getroffene Fehlentscheidungen rasch zu korrigieren.

1. Informationsvielfalt

Die zur Verfügung stehenden Informationen sollten inhaltlich vollständig sein. Dies bedeutet, dass sie möglichst alle Aspekte einer Problemsituation abzudecken vermögen und bedingt insbesondere den Einbezug sowohl externer als auch interner Daten.[4] Nach SPAHNI wären in manchen Unternehmen für eine zeitgerechte Disposition 70-80 Prozent der relevanten Informationen internen Ursprungs[5].

---
1) Rosenstock (Entscheidung), S. 100.
2) Alavi (DSS), S. 1.
3) Alavi (DSS), S. 4.
4) Terrahe (Informationssysteme), S. 214.
5) Spahni-Klass (Management), S. 153.

"Eine hervorragende interne Informationsspeicherung und -auswertung ist wenig wert, wenn die notwendigen externen Informationsdaten spärlich und problematisch sind; und - anders gewendet - hervorragende extern zur Verfügung gestellte Informationen können praktisch bedeutungslos werden, wenn das interne Speicher- und Auswertungssystem unqualifiziert ist"[1].

Informationsvielfalt bedeutet aber auch, dass durch das Führungsinformationssystem Entscheidungsalternativen aufgezeigt werden können, die anhand von "Was wäre wenn-Analysen" weitergehend evaluierbar sind. Damit sind Prognosewerte und Signalwerte ebenfalls in ein bankbetriebliches Führungsinformationssystem zu integrieren.

Das Prinzip der Informationsvielfalt bedingt ebenso die analytische Vollständigkeit, d.h. den Einbezug von Ist- und von Soll-Daten[2]. Das Management benötigt für eine fundierte Entscheidungsunterstützung Informationen, die sich auf die Periode der Entscheidungsauswirkung beziehen[3]. Dies bedeutet, dass neben vergangenheitsbezogenen auch zukunftsbezogene Daten Eingang in ein Führungsinformationssystem finden müssen. Im Extremfall handelt es sich bei letzteren um sogenannte Frühwarnindikatoren, die es ermöglichen, Wettbewerbsprognosen abzuleiten[4].

Weiterhin ist es wünschenswert, dass neben quantitativen auch qualitative Informationen durch das Führungsinformationssystem bereitgestellt werden. Qualitative oder sogenannte weiche Informationen sind gerade bei strategischen Entscheidungen von hoher Bedeutung.

---

1) Müller (Wechselbeziehungen), S. 252.
2) Schaufenbühl (Informationssysteme), S. 301.
3) Sittig (Führungshilfen), S. 107.
4) Gomez (Frühwarnung), S. 34ff.

Formale Konzeption 145

Wie erwähnt steht ein bankbetriebliches Führungsinformationssystem mit dem System der Bankpolitik in einer ambivalenten Wechselbeziehung. Letzteres beruht zudem auf einer eingehenden Analyse der bankbetrieblich relevanten Umwelt und ihrer Einflüsse auf die Bank. Die Rahmenkonzeption eines Führungsinformationssystems muss folglich auch diesen Aspekt mitberücksichtigen.

Die Datenbeschaffung hat damit die Aufgabe, möglichst alle relevanten Daten aus der Umwelt und der Bank selbst zu erfassen. Um diesem Anspruch gerecht werden zu können, sind sämtliche Möglichkeiten des in Abbildung 29 enthaltenen Schemas zu berücksichtigen. Das gleiche gilt vice versa auch für die Informationsbereitstellung.

Abbildung 29:   Mögliche Informationskombinationen innerhalb eines bankbetrieblichen Führungsinformationssystems

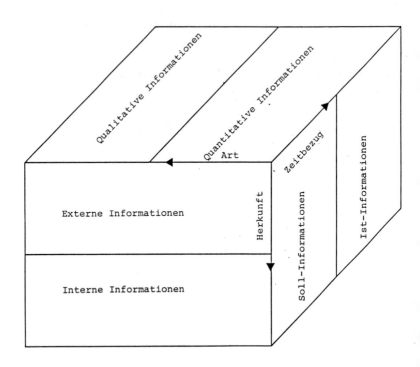

Quelle : Eigene Darstellung

2. Multidimensionalität

Die bankbetriebliche Führung spielt sich, wie im ersten Teil der Arbeit gezeigt, auf verschiedenen und vielfältigen Ebenen ab. Ein effizientes Führungsinformationssystem muss allen Aspekten der bankbetrieblichen Führung entsprechen können[1].

---
1) Passardi (Möglichkeiten), S. 146.

Es muss demzufolge jeweils auf die verschiedenen Dimensionen dieser Führung ausgelegt sein.

Dies bezieht sich im wesentlichen auf die bankbetrieblichen Ziele, die bankpolitischen Bezugsobjekte und die Funktionen der bankbetrieblichen Führung. Abbildung 30 verdeutlicht, was gemeint ist. Das Führungsinformationssystem muss in der Lage sein, die dort enthaltenen Aspekte miteinander zu verknüpfen. Beispielsweise bedeutet dies, dass eine bestehende Kundenverbindung auf ihr Risiko oder ihren Ertragsbeitrag hin kontrollierbar sein muss.

Abbildung 30: Multidimensionalität des bankbetrieblichen Führungsinformationssystems

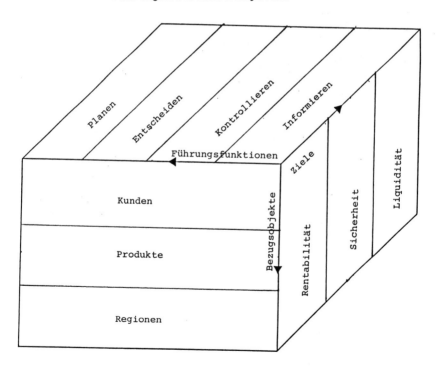

Quelle: Eigene Darstellung

3. Multifunktionalität

Ein effizientes bankbetriebliches Führungsinformationssystem sollte nicht nur vollständige Informationen bereitstellen, es sollte auch in der Lage sein, diese zu bearbeiten. Hieraus ergibt sich das Multifunktionalität, der sich vor allem auf die Informationsbereitstellung bezieht.

Systeme sollten demnach folgende grundsätzlichen Funktionen ermöglichen[1]:

- Datenabfrage,
- Datensystematisierung und -verdichtung,
- Ist-Daten-Analyse,
- Soll-Daten-Abrechnung,
- Soll-Ist-Vergleiche,
- Soll-Ist-Abweichungsanalyse,
- Soll-Prognose,
- Soll-Simulationen und
- Soll-Optimierung.

---

1) Sprenger (EUS), S. 108.

D. **Grundsatz der Konsistenz**

Unter dem Grundsatz der Konsistenz lassen sich verschiedene Prinzipien zusammenfassen, die bei der Bereitstellung von Informationen von Bedeutung sind.

1. **Neutralität**

Die vom System bereitgestellten Informationen sollten frei von subjektiver Beeinflussbarkeit sein[1]. Das bedingt zum einen, dass sie sachlich korrekt sind, zum anderen, dass sie formal optimiert sind. Formale Optimierung beinhaltet die zweckmässige Kombination der möglichen Darstellungsformen bankbetrieblicher Führungsinformationen, also dem "Kommunikationsmix" aus Sprache, Text, Graphik und Zahlen[2].

Abbildung 31 zeigt hierbei auftretende Manipulationsmöglichkeiten auf.

---

1) Koreimann (MIS), S. 23.
2) Zur Problematik der Management-Grafik siehe: Wurr (Grafik)

Abbildung 31: Manipulationsformen (M) bei der Bereitstellung von Führungsinformationen

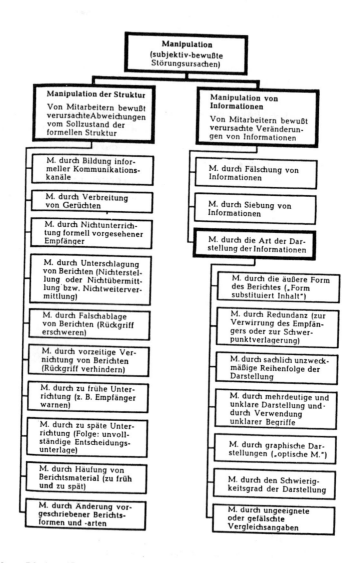

Quelle: Blohm (Berichterstattung), S. 92.

2. Nachprüfbarkeit

Es sollen im Wege der Informationsverdichtung entstandene Globalgrössen prinzipiell durch die Aufgliederung in entsprechende Teilgrössen erklärbar sein[1]. Jede verdichtete Information sollte demnach in die ihr zugrundeliegenden Basisdaten aufspaltbar sein, um im Sinne der logischen Wahrheit als richtig und nachprüfbar zu gelten.

Weiterhin sollte erkennbar sein, wie hoch der Grad der verfügbaren Informationen im Hinblick auf eine anstehende Entscheidungssituation ist. Damit wird ermöglicht, die Unsicherheit und damit das mit einer Entscheidung verbundene Risiko klar abschätzen zu können.

3. Plausibilität

Die Informationen müssen in ihrem Inhalt und in ihrer Struktur für den Benutzer verständlich sein. Sie müssen möglichst mit den bisherigen Erfahrungswerten der jeweiligen Führungskräfte übereinstimmen, um keine Akzeptanzprobleme zu erzeugen.

Ebenfalls sollten Informationen in sich schlüssig und gleichgerichtet, also widerspruchsfrei sein.

4. Kontinuität

Die Informationen, die ein System liefert, sollten vergleichbar sein, d.h. über eine einzelne Periode hinaus auf derselben Grundlage gebildet werden. Konzeptionelle Veränderungen sollten nur dann vorgenommen werden, wenn sie zu einer erheblichen Verbesserung führen können[2].

---

1) Koreimann (MIS), S. 26.
2) Leeb (FIS), S. 232.

D. Grundsatz der Sicherheit

Der Sicherheitsgrundsatz betrifft im weitesten Sinne alle technischen und organisatorischen Massnahmen, welche den Schutz von Informationen und Daten innerhalb eines Führungsinformationssystems betreffen. Er lässt sich ebenfalls in verschiedene Anforderungen unterteilen, die sich durch entsprechende technische Vorkehrungen mehr oder weniger vollständig realisieren lassen[1].

1. Verfügbarkeit

Dieses Prinzip besagt, dass ein Führungsinformationssystem nur dann sinnvoll eingesetzt werden kann, wenn sichergestellt ist, dass die notwendigen Informationen auch wirklich im Moment der Entscheidung abgerufen werden können.

2. Zugriffsicherung

Das Prinzip der Zugriffsicherung bedeutet erstens, dass grundsätzlich nur autorisierte Benutzer des Systems Zugriff zu Informationen erhalten und zweitens, dass nicht jeder Benutzer auf alle Informationen Zugriff nehmen kann. Damit soll verhindert werden, dass Daten unerlaubt gelesen, weitergegeben oder verändert werden. Man kann diesen Sachverhalt auch unter dem Stichwort des Datenschutzes subsumieren.

3. Zuverlässigkeit

Um regelmässig mit einem System zu arbeiten, muss man Vertrauen in das richtige Funktionieren des Systems haben. Dies wird

---

[1] Hinweise hierzu finden sich z.B. bei Chorafas/Steinmann (Technology), S. 163ff. oder bei Steiner (Sicherheit).

Formale Konzeption

durch die beständige Zuverlässigkeit der Funktionen des Systems garantiert. Während es bei der Gewährleistung der Verfügbarkeit darum geht, dass das System überhaupt arbeitet, geht es hier darum, dass das System auch richtig arbeitet.

4. Datensicherheit

Hierbei geht es um den physischen Schutz des Systems. Dieses muss vor Verlust der Daten durch technische oder menschliche Fehler, Katastrophen oder böswilliger Zerstörung bewahrt werden. Eine Uebersicht über die zahlreichen in diesem Bereich begründeten Risiken vermittelt Abbildung 32.

Abbildung 32: Risiken im Bereich der Datensicherheit

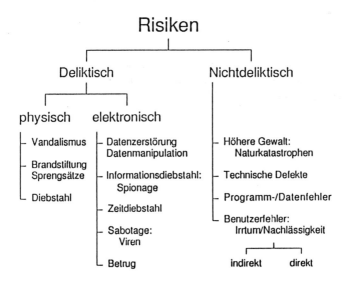

Quelle: Himberger/Selim (Risiken), S. 8.

E. Grundsatz der Wirtschaftlichkeit

Wie jede Investition muss auch ein Führungsinformationssystem dem Gebot der Wirtschaftlichkeit Rechnung tragen. Es darf nicht am konzeptionell oder gar am technisch Machbaren, sondern am wirtschaftlich Sinnvollen orientiert sein. Der Grundsatz der Wirtschaftlichkeit wirkt sich grundsätzlich als Restriktion sowohl bei der Datenbeschaffung als auch bei der Informationsverarbeitung und der Informationsbereitstellung aus.

Zwar ist es problemlos, die Kosten eines solchen Systems zu ermitteln, problematisch ist allerdings die Quantifizierung der Nutzen-, respektive Ertragsseite. Als Anhaltspunkt mag ein Hinweis auf die 80:20 Regel dienen. Sie besagt hier in letzter Konsequenz, dass 80% der realisierbaren Möglichkeiten sich mit 20% des möglichen Gesamtaufwandes abdecken lassen, oder anders ausgedrückt, dass zur Realisierung der letzten 20% des Machbaren, ein um ein Vierfaches höherer Aufwand erforderlich ist, als für die 80%.

Im konkreten Fall ergeben sich zum Teil erhebliche Mess-, Schätz- und Bewertungsprobleme, auf die an dieser Stelle nicht eingegangen werden kann[1].

---

1) Siehe hierzu: Christ (Informationen).

III. Inhaltliche Konzeption bankbetrieblicher Führungsinformationssysteme

A. Informationsbedarfsanalyse als zentraler Entwicklungsbestandteil

1. Auswahl der Informationen

Die Auswahl der notwendigen Informationen bildet ein zentrales Problem in der bankbetrieblichen Informationsbeschaffung[1]. Durch den Informationsmanager sind dabei folgende Fragestellungen zu beantworten:

- Wozu soll berichtet werden?
- Was soll berichtet werden?
- Wer soll berichten?
- Wer soll unterrichtet werden?
- Wie soll berichtet werden?
- Wann soll berichtet werden?

"Das Hauptproblem in diesem Zusammenhang ist die Auswahl der Informationen ... Grundsätzlich hat diese im Hinblick auf die vorgesehene Verwertung zu erfolgen. Es sind also zunächst die Informationsbedürfnisse und anschliessend die Quellen, aus denen sie abgedeckt werden könnten, zu ermitteln."[2]

---

1) Lehmann (Telekurs), S. 5.
2) Brönimann (Aufbau), S. 115.

Abbildung 33: Verfahren der Informationsbedarfsanalyse

Verfahren	Merkmale	Vorteile	Nachteile
Nebenprodukt-technik	- Führungsinformation fällt als "informatives Nebenprodukt" bei der routinemässigen Verarbeitung von Betriebsdaten an - stark EDV-orientiert	- einfach in der Handhabung - kostengünstig, da geringer Zusatzaufwand zur Erhebung der Führungsinformation	- wird dem tatsächlichen Informationsbedarf der Führungskräfte nicht gerecht - führt zur Papierflut - zu starke Anlehnung an EDV-orientierte Info
Nullmethode	- konzentriert sich auf ad hoc Spezialstudien - verzichtet auf Einsatz computergestützter Informationssysteme - misst mündlicher Beratung grosse Bedeutung zu	- bezieht nicht-computerisierbare Info mit ein - flexibel - billig - keine Papierflut - betont Wichtigkeit der mündlichen Info	- stuft Anteil der strategischen Aufgaben des Management zu hoch ein - unterschätzt Rolle von EDV-gestützten Berichten im Rahmen der Führungsfunktion Kontrolle
System der Schlüsselindikatoren	- Isolierung von "Schlüsselindikatoren", die das Wohlergehen der Unternehmung beeinflussen - starke Anlehnung an EDV-orientierte Info	- konzentriert sich auf einige wenige Schlüsselgrössen - führt zu entscheidungsorientierten, zielgerichteten Info-systemen	- tendenziell zu starke Gewichtung der Daten aus dem Rechnungswesen - neigt zur Entstehung von Zahlenfriedhöfen
System der totalen Bedarfserhebung	- Befragung der Führungskräfte nach ihren Informationswünschen - ev. Frage nach relevantem Umfeld, Zielen und Schlüsselentscheidungen	- erfasst grosse Teile des Informationsbedarfs - weist auf fehlende Untersysteme hin	- personal- und kostenintensives Verfahren - begünstigt Papierflut
Methode der kritischen Erfolgsfaktoren (KEF)	- isoliert die KEF der Unternehmung in 2 - 3 Interviewrunden - berücksichtigt "harte" und "weiche" Info	- berücksichtigt individuelle Info-bedürfnisse der Führungskräfte - lenkt Aufmerksamkeit auf wichtige Faktoren - vermindert Datenflut - einfach, nicht aufwendig	- keine gravierenden Nachteile

Quelle: Kaeser (Controlling), S. 119.

Die Definition der Informationsbedürfnisse richtet sich insbesondere nach den strategischen Zielen der Bank, respektive des zu untersuchenden Geschäftsbereichs. Zur konkreten Ermittlung des Informationsbedarfs - also zur Durchführung der Informationsbedarfsanalyse - gibt es verschiedene Methoden, die in Abbildung 33 vergleichend gegenübergestellt sind. Die Informationsbedarfsanalyse soll die Frage beantworten, wer welche Informationen, in welcher Menge und Qualität, in welcher Häufigkeit zur Erfüllung seiner Aufgaben benötigt und wie diese Informationen bereitzustellen sind[1]. Zur Verdeutlichung der damit verbundenen Problematik dient Abbildung 34, wobei darauf hinzuweisen ist, dass die Grösse der Flächen darstellungstechnisch bedingt ist.

---

1) Sendelbach (Analyse), S. 524.

Abbildung 34: Diskrepanz zwischen Informations-Angebot, -Bedarf und -Nachfrage

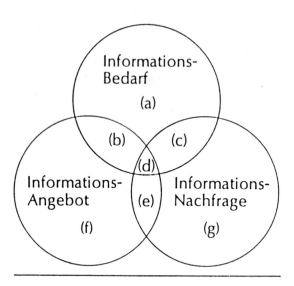

(a) = Informationen, die weder angeboten noch nachgefragt werden
(b) = Informationen, die angeboten, aber nicht nachgefragt werden
(c) = Informationen, die nachgefragt, aber nicht angeboten werden
(d) = angebotene und nachgefragte Informationen
(e) = Daten, die angeboten und nachgefragt werden, aber nicht notwendig sind
(f) = Daten, die angeboten werden, aber weder nachgefragt werden noch notwendig sind
(g) = Daten, die nachgefragt werden, aber weder angeboten werden noch notwendig sind

Quelle: Sendelbach (Analyse), S. 524.

Inhaltliche Konzeption 159

Besonders bewährt hat sich die am Massachusetts Institute of Technology entwickelte und 1979 von ROCKART vorgestellte[1] Methode der kritischen Erfolgsfaktoren (Critical Success Factors)[2]. Diese bietet sowohl von der theoretischen als auch von der praktischen Seite her die besten Referenzen[3].

"Critical success factors are the limited numbers of areas in which results, if they are satisfactory, will insure successful competitive performance for the organization. They are the few key areas where 'things must go right' for the business to flourish. If results in these areas are not adequate, the organization's efforts for the period will be less than desired. As a result, the critical success factors are areas of activity that should receive constant and careful attention from management. The current status of performance in each area should be continually measured, and that information should be made available."[4]

Mit ihrer Ermittlung werden im wesentlichen drei Hauptziele verfolgt[5]:

♦ Dem einzelnen Manager sollen seine spezifischen Informationsbedürfnisse verdeutlicht werden;
♦ Das Unternehmen soll in seinem generellen Planungsprozess unterstützt werden;
♦ Die Planung und Entwicklung eines unternehmensweiten Führungsinformationssystems soll unterstützt werden.

---

1) Rockart (Datenbedarf)
2) Leidecker/Bruno (Using); Martin (Needs); Munro/Wheeler (Planning);
3) Shank/Boynton/Zmud (MIS), Zahedi (Reliability)
4) Martin (Needs), S. 2.
5) Hoyer/Kölzer (Ansätze), S. 33.

Daraus resultiert folgendes Vorgehen bei der Ermittlung des Informationsbedarfs[1]:

- Definition des Geschäftszweckes,
- Feststellen der kritischen Erfolgsfaktoren,
- Festlegen von Geschäftszielen,
- Erkennen der zu treffenden Schlüsselentscheidungen,
- Ableitung des Informationsbedarfs.

Hinsichtlich der zu treffenden Schlüsselentscheidungen lässt sich ergänzend folgende Unterteilung der Analyse finden:[2]

- Welche Entscheidungen werden getroffen?
- Welche Entscheidungen müssen getroffen werden?
- Welche sind die wichtigen Faktoren bei der Entscheidungsfindung?
- Wie und wann sollten diese Entscheidungen gefällt werden?
- Welche Informationen werden sinnvollerweise zur Entscheidungsunterstützung benötigt?

---

1) Assad (Management), S. 102.
2) Zani (Blueprint), S. 98.

Mit der Anwendung dieser Methodik sind die folgenden vier grundlegenden Vorteile verbunden:

- Erstens bietet sie eine hervorragend geeignete Möglichkeit, die notwendige zukünftige Informationsinfrastruktur eines Unternehmens mittels eines strukturierten Vorgehens zu evaluieren[1];
- zweitens lassen sich aus ihr wichtige Erkenntnisse für den Bereich der strategischen Planung einer Unternehmung ableiten[2];
- drittens ermöglicht sie den Einbezug sowohl weicher als auch externer Informationen[3];
- viertens lässt sich ein hoher Akzeptanzgrad im Management für diese Vorgehensweise feststellen[4].

2. Bewertung der Informationen

Beim Aufbau eines Führungsinformationssystems darf es nicht alleiniges Ziel sein, das Informationsangebot und die Informationsnachfrage aufgrund des möglichen Technikeinsatzes zu beschleunigen, vielmehr muss es darum gehen, die richtigen Informationen verfügbar zu machen. Damit muss im Rahmen der Informationsbedarfsanalyse auch eine Bewertung der Informationen erfolgen, um die in Abbildung 34 dargestellte Schnittmenge (d) zu optimieren, d.h. eine Uebereinstimmung von Informationsangebot, -nachfrage und tatsächlichem -bedarf zu erzielen.

Ein solches Bewertungskonzept findet sich bei SENDELBACH[5] und soll hier wiedergegeben werden:

---

1) Boynton/Zmud (Assessment), S. 23, Shank/Boynton (CSF), S. 129.
2) Boynton/Zmud (Assessment), S. 23.
3) Rockart (Datenbedarf), S. 45.
4) Rockart (Datenbedarf), S. 49; Henderson/West (Planning), S. 57.
5) Sendelbach (Analyse), S. 526.

Ziel ist die Ermittlung von Kennziffern als Entscheidungsgrundlage für

- die Evaluation des finanziellen, personellen und zeitlichen Aufwandes bei der Datenbeschaffung,
- die Prognose der Wirtschaftlichkeit der Datenbeschaffung,
- Aussagen über die zu erwartende Akzeptanz des Informationsangebotes,
- die Einschätzung der Flexibilität des Systems.

Inhaltliche Konzeption

Abbildung 35: Informationskennziffern

Kennziffer	Analyse-Methode	Berechnung
A Prozent B Prozent C Prozent	Dokumentenstudium, Interview, Experten-Urteil	$\frac{\text{Anzahl A-Informationen}}{\text{Anzahl angebotene Informationen}} \times 100$
D Prozent	empirische Erhebung	$\frac{\text{Anzahl verfügbare Informationen}}{\text{Anzahl verwendete Informationen}} \times 100$
H Prozent für s/t/w/m/v/h/j	Messung, empirische Erhebung, Interview	$\frac{\text{Anzahl s,t,w...-Informationen}}{\text{Anzahl angebotene Informationen}} \times 100$
Q Prozent für h/a/u	Fragebogen	$\frac{\text{Anzahl h-/a-/u-Informationen}}{\text{Anzahl nachgefragte Informationen}} \times 100$
R Prozent	empirische Erhebung, Expertenurteil	$\frac{\text{Anzahl redundante Informationen}}{\text{Anzahl angebotene Informationen}} \times 100$
S Prozent	Interview, Expertenurteil	$\frac{\text{Anzahl schutzbedürftige Informationen}}{\text{Anzahl angebotene Informationen}} \times 100$
T Prozent	empirische Erhebung, Beobachtung	$\frac{\text{Anzahl manuell verarbeitete Informationen}}{\text{Anzahl maschinell verarbeitete Informationen}} \times 100$
V Prozent für s/m/n	Dokumentenstudium, Interview, Expertenurteil	$\frac{\text{Anzahl stark, mittel, nicht verdichtete Inf.}}{\text{Anzahl angebotene Informationen}} \times 100$
a Prozent b Prozent c Prozent d Prozent e Prozent f Prozent g Prozent	umfassender Methodenmix (über Expertenurteile gewichtete Schätzungen)	

Quelle: Sendelbach (Analyse), S. 526.

Die einzelnen Kennziffern sind in Abbildung 35 überblicksartig zusammengestellt und werden nachfolgend kurz charakterisiert:

♦ Klassen der ABC-Analyse

A-Informationen sind wichtige Informationen, die für die Erledigung einer Aufgabe unentbehrlich sind.

B-Informationen sind Zusatz- oder Orientierungsfunktionen, die in einem mittelbaren Verhältnis zur Aufgabenerfüllung stehen.

C-Informationen stehen in keinem Zusammenhang mit der Aufgabenstellung.

♦ Deckungsverhältnis (D)

Das Deckungsverhältnis gibt - als Ergänzung zur ABC-Analyse - an, wieviel Prozent des gesamten arbeitsspezifischen Informationsangebots tatsächlich genutzt werden.

♦ Häufigkeitsgrad (H)

Der Häufigkeitsgrad ist eine Aussage über die zeitliche Verteilung der Informationen. Man kann z.B. unterscheiden in:
- Sofort-Informationen (s),
- täglich benötigte Informationen (t),
- wöchentlich benötigte Informationen (w),
- monatlich benötigte Informationen (m),
- viertel-, halbjährlich oder jährlich benötigte Informationen (v,h,j).

Inhaltliche Konzeption

◆ Qualitätskennziffer (Q)

Die Qualitätskennziffer versucht, die subjektive Qualität als "Zufriedenheit" der Systembenutzer in einer Punkteskala zu erfassen und ins Verhältnis zur Informationsnachfrage zu setzen. Dabei steht z.B.

- 1 für hohe Qualität,
- 2 für mittlere Qualität,
- 3 für unzureichende Qualität.

◆ Redundanzkennziffer (R)

Es werden Informationen gleichen oder ähnlichen Aussagegehalts ermittelt und ins Verhältnis zum Informationsangebot gesetzt.

◆ Sicherheitskoeffizient (S)

Er bezeichnet das Verhältnis zwischen Schutzbedürfnis einzelner Informationen und dem Informationsangebot.

◆ Technisierungsgrad (T)

Hier werden die manuell erstellten Informationen den maschinell verarbeiteten gegenübergestellt.

◆ Verdichtungsgrad (V)

Es werden Verdichtungsgrade (s, m, h) definiert (etwa unterschiedlicher Seitenumfang für gleiche oder ähnliche Berichte wie z.B. für eine Marktstudie), gewichtet und der Anzahl aller Informationen gegenübergestellt.

Zur Ermittlung der hier angegebenen Kennziffern gibt es eine Vielzahl von Erhebungsmethoden, die ebenfalls in Abbildung 35 genannt sind, auf die hier aber nicht näher eingegangen werden kann.

3. Ermittlung der Kommunikationsströme

Neben der Aufbereitung mithilfe des beschriebenen Kennziffernsystems, empfiehlt es sich auch, die Kommunikationsströme in der Bank zu erfassen. Hier bietet sich das Beziehungsdiagramm als geeignetes Instrument an[1]).

Abbildung 36 enthält ein (stark vereinfachtes) Beispiel eines solchen Beziehungsdiagramms.

---

1) Schuster (Beziehungsdiagramm)

Inhaltliche Konzeption 167

Abbildung 36: Beispiel eines Beziehungsdiagramms für eine schweizerische Grossbank (stark vereinfacht)

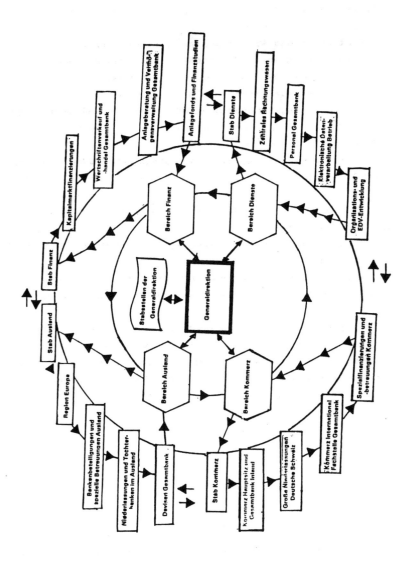

Quelle: Kalley (Versuch), S. 3.

Das konkrete Vorgehen beim Erstellen eines Beziehungsdiagramms sei hier nur kurz dargestellt. Es müssen folgende Schritte vollzogen werden:[1]

- Festlegung und Abgrenzung von Stellen innerhalb der Bank,
- Präzisierung ihrer Funktionen durch die Stellen,
- Angabe jeder Stelle, wie ihre Kommunikationsbeziehungen bankintern wie bankextern sind,
- Präzisierung, ob diese Beziehungen informal oder formal sind.

Das Konzept des Beziehungsdiagramms genügt insbesondere folgenden Bedingungen[2]:

- Es ist offen, d.h. die relevante Umwelt einer Bank wird berücksichtigt,
- es ist dynamisch, d.h. es ermöglicht eine rasche Anpassung an Veränderungen,
- es ist informationsverarbeitend, d.h. die Informations- und Kommunikationswege innerhalb einer Bank werden verdeutlicht,
- es zeigt sowohl formale als auch informale Beziehungen auf.

Mit seiner Hilfe lassen sich damit die Informationsflüsse innerhalb einer Bank, aber auch die Informationsbeziehungen einer Bank zu ihrer Umwelt in geeigneter Weise erfassen und visualisieren.

---

1) Schuster (Beziehungsdiagramm), S. 6ff.
2) Schuster (Beziehungsdiagramm), S. 5.

B. Informationsbedürfnisse des Bankmanagements

Um effizient zu sein, müssen Führungsinformationssysteme auf die spezifischen Bedürfnisse der bankbetrieblichen Führung abgestellt werden. Sie sollten in der Lage sein, die bankbetriebliche Führung in allen ihren Elementen in geeigneter Weise zu unterstützen.

Informationen sollen insbesondere der Erreichung von Bankzielen dienen können. Aufgrund einer repräsentativen Erhebung der Beratungsgesellschaft Arthur Andersen sind die Anforderungen des Bankmanagements an die inhaltliche Gestaltung von Managementinformationen klar ersichtlich. An erster Stelle stehen dabei Informationen über die Zinsmarge sowie über die jeweilige Gewinn-(Verlust-)Situation[1].

Abbildung 37 zeigt die ermittelten Informationsbedürfnisse in der Reihenfolge ihrer Bedeutung auf. Daraus ist deutlich erkennbar, dass Rentabilitäts- und Risikoanalysen im Mittelpunkt des Informationsbedarfs stehen.

In einer in Deutschland durchgeführten repräsentativen Studie wurden Vorstände und mittlere Führungskräfte von Banken ebenfalls nach ihren konkreten Informationsbedürfnissen befragt. Die Auswertung dieser Befragung ist in Abbildung 38 enthalten.

---

1) Arthur Andersen (Change), S. 60.

Abbildung 37: Inhaltliche Informationsbedürfnisse des Bankmanagements (I)

Relative Bedeutung	gewünschte Information
relativ hoch	Zinsmarge
↑	Gewinn- und Verlustposition
	Produktkosten- und -rentabilität
	FX-Positionen
	Kundenrentabilität
	Fristenrisiko
	Aktiv-/Passiv-Position
	Abteilungskosten
	Zweigstellenrentabilität
	Kundenbetreuer-Performance
↓	Länderrisiko
relativ niedrig	Währungsrisiko

Quelle: Arthur Andersen (Change), S. 60.

Abbildung 38: Inhaltliche Informationsbedürfnisse des Bankmanagements (II)

Art der Information	Vorstand	Mittlere Ebene
	Zustimmung in %	
Kundendaten global bzw. nach Zielgruppen, Standorten oder sozio-ökonomischen Kriterien differenziert	77.8	77.0
Daten über einzelne Kunden	68.9	80.2
Produkteigenschaften (Aktiv-, Passiv-, Dienstleistungsgeschäfte)	77.8	79.0
Konkurrenzdaten	82.2	73.4
Daten zur Liquiditätslage	71.1	62.7
Bilanzdaten	77.8	71.4
Daten aus Bankkostenrechnung	93.3	74.5
Planungsansätze	91.1	78.2
Daten über Zweigstellen	84.4	78.9
Daten über inländischen Geld- und Kapitalmarkt	71.1	71.4
Daten über ausländische Geld- und Kapitalmärkte	55.6	59.5
Börsenkurse	62.2	59.9
Zugriff zu externen Datenbanken (Wirtschaftsdienste, Bilanzdaten von Nichtbanken, volkswirtschaftliche Prognosedaten etc.)	71.1	74.6
Zugriff zu externen Methodenbanken (Statistische Prognoseverfahren, Wertpapierplanung, etc.)	64.4	57.1

Quelle: Filzek (Büroautomation), S. 47

Die genannten konkreten Informationsbedürfnisse gehen zurück auf die in Teil Eins der vorliegenden Arbeit behandelten Elemente der bankbetrieblichen Führung. Wie dabei festgehalten wurde, dient ein Führungsinformationssystem der Planung, Steuerung und Kontrolle der bankbetrieblichen Aktivitäten und der Information über diese. Daraus ergibt sich, dass Führungsinformationssysteme helfen müssen, das Bankgeschäft nach Kriterien aufzuteilen wie

- Kunden, Regionen, Märkte,
- Sparten, Produkte, Dienstleistungen,
- Volumen, Umsätze, Stückzahlen,
- Rentabilität, Risiko, Liquidität,
- Markt- und Ergebnispotential, Marktanteile, Kundenquoten,
- Rentabilitätskennziffern, Margen, Deckungsbeiträge.[1]

Im folgenden Abschnitt gilt es nun, die Konsequenzen der inhaltlichen Aspekte dieser bankbetrieblichen Aktivitäten näher zu beleuchten.

---

1) Junker (Marketing), S. 237.

Inhaltliche Konzeption 173

C. Konsequenzen aus dem geschäftspolitischen Zielsystem

Die einzelnen Systemelemente einer Bank benötigen brauchbare Führungsgrössen. Demnach müssen die gefundenen Grundziele zur besseren Handhabung in geeigneter Weise operationalisiert werden. Dies geschieht durch die Bildung von untergeordneten, sogenannten Subzielen.

Subziele dürfen nicht in Konflikt zu den festgelegten Oberzielen einer Bank stehen, vielmehr sollten sie deren Erreichung bestmöglich fördern. EILENBERGER unterscheidet folgende Gruppen bankspezifischer Subziele[1]:

- Produktionswirtschaftliche Ziele,
- Unterstützungsziele,
- Instandhaltungsziele,
- Informationswirtschaftliche Subziele.

Durch diese Einteilung der Subziele wird deutlich, dass Führungsinformationssystemen eine wesentliche Rolle bei der Zielerreichung zukommt, sind sie doch als explizites Subziel genannt. Dazu bemerkt EILENBERGER: "Entsprechend des Stellenwertes der Informationen im Rahmen bankpolitischer Entscheidungsprozesse erfolgt die Spezialisierung der Oberziele – unter Berücksichtigung des Informationsbedarfs der jeweiligen Subsysteme – vor allem in Richtung auf Gewinnung geeigneter externer und interner Informationen, der zweckmässigen Auswahl von Informationsquellen, der Aufbereitung und Verarbeitung von Informationen sowie der zweckmässigen Ausgestaltung von Informationsnetzen und -systemen zum Nutzen der Entscheidungsträger"[2].

---

1) Eilenberger (Bankbetriebslehre), S. 354f.
2) Eilenberger (Bankbetriebslehre), S. 355.

Die drei bankpolitischen Grundziele, nämlich

- das Rentabilitätsziel als Hauptziel,
- das Liquiditätsziel und
- das Sicherheitsziel

müssen somit eine eigenständige Dimension im Konzept eines bankbetrieblichen Führungsinformationssystems bilden.

1. Spezielle aus dem Ertragsziel resultierende Anforderungen

Eine ergebnisorientierte Führungshilfe muss sicherstellen, dass die zur Verfügung gestellten Informationen auf jeder Stufe entscheidungsrelevant sind und die ausgewiesenen Einzelergebnisse in ihrer Summe dem Gesamtergebnis entsprechen[1].

Sie sollte erreichen, dass die verschiedenen, durch die geschäftlichen Aktivitäten verursachten Ergebnisveränderungen in der internen Erfolgsrechnung richtig wiedergespiegelt sind[2].

Die Aktivitäten der dezentralen Entscheidungsträger im Zinsbereich sollten durch den permanenten Vergleich mit den jeweils geltenden Geld- und Kapitalmarktzinsen gesteuert werden können, womit eine flexible Anpassung der Neugeschäftskonditionen an die laufende Zinsentwicklung stattfindet[3].

---

1) Schierenbeck (Bankmanagement), S. 49.
2) Gnoth (Kalkulation), S. 185.
3) Flesch et. al. (Marktzinsmethode), S. 357.

Im Rahmen eines geschlossenen Regelkreises der Führung (also der gefundenen Führungsphasen) sollen sich die Elemente der Preisstellung in der Kontrolle des Erreichten wiederfinden, ohne dass Erfolgswirkungen aus anderen Geschäften den Erfolgsbeitrag beeinträchtigen. Damit müssen Vor- und Nachkalkulation auf der gleichen methodischen Grundlage beruhen[1].

2. Spezielle aus dem Liquiditätsziel resultierende Anforderungen

Ein der Einhaltung des Liquiditätsziels dienendes Konzept muss folgenden (Sub-)Zielen dienen[2]:

- Erhaltung der Gesamtzahlungsbereitschaft,
- Erhaltung der Einzelzahlungsbereitschaft in lokaler Währung,
- Sicherung der Zahlungsbereitschaft in bestimmten ausländischen Währungen,
- Anlage von Liquiditätsüberschüssen,
- Vermeidung von Liquiditätsunterdeckung,
- Einhaltung der gesetzlichen Liquiditätsvorschriften,
- Erhaltung und Erhöhung des Standings gegenüber der Konkurrenz, um Geldgeschäfte auf den nationalen und internationalen Geldmärkten tätigen zu können.

---

1) Gnoth (Kalkulation), S. 185.
2) Wittgen/Eilenberger (Geldpolitik), S. 16; Zuber (Liquidität), S. 70f.

3. Spezielle aus dem Sicherheitsziel resultierende Anforderungen

Ein geeigneter Risikobegriff ist eine Voraussetzung für effizientes Risikomanagement. Ein solcher zweckmässiger Risikobegriff sollte nach KUGLER[1]

- die Schaffung eines Massstabes zur Beurteilung der Effizienz risikoanalytischer und -gestalterischer Handlungen ermöglichen;
- den Sprachgebrauch vereinheitlichen;
- ein möglichst breites Anwendungsspektrum aufweisen;
- zukunftsorientiert sein;
- Unsicherheitssituationen möglichst vollständig erfassen;
- auf Ebene von Wirtschaftssubjekten definierbar sein.

In Anlehnung an KUGLER lassen sich damit die folgenden Anforderungen an Instrumente zur Risikohandhabung aufstellen[2]:

- Kriterium der Zulässigkeit

    Damit ist gemeint, dass keine rechtlichen Einwände gegen die ableitbaren Risikogestaltungsmassnahmen bestehen.

- Kriterium der Verfügbarkeit

    Damit ist gemeint, dass ein geeignetes System bedarfsgerechte Risikogestaltungsmassnahmen aufzeigt.

---

1) Kugler (Risiken), S. 14f.
2) Kugler (Risiken), S. 289ff.

Inhaltliche Konzeption 177

◆ Kriterium der Flexibilität

Darunter ist zu verstehen, dass ein System zeitgerecht arbeitet und Möglichkeiten der Reversibilität getroffener Massnahmen ermöglicht und aufzeigt.

◆ Kriterium der Anwendungsbreite

Hierunter ist die Differenzierung nach Bezugsobjekten zu verstehen. Dabei wird zwischen individuellen, bei der Einzeltransaktion einsetzenden und strukturellen, bei der auf einzelne Geschäftsbereiche oder Gesamtbankebene abzielende Massnahmenoptionen zur Risikogestaltung unterschieden. Ziel eines effizienten Risikomanagements muss es demzufolge sein, Risiken ganzheitlich zu erfassen, also sowohl hinsichtlich ihrer Konsequenzen für Teilbereiche, wie für die Gesamtbank. Ebenfalls sollte der Anwendungsbereich unabhängig von aktuellen Markttendenzen Gültigkeit besitzen.

◆ Kriterium der Einheitlichkeit

Damit soll sichergestellt sein, dass sich die ganze Vielfalt bankbetrieblicher Risiken mit den betreffenden Instrumenten bewältigen lässt. So sollte das System, um ein Beispiel zu nennen, gleichermassen zum Management von Zinsänderungsrisiken, wie von Währungsrisiken einsetzbar sein.

Weitere Anforderungen sind die ökonomische Effizienz, die Kontrollierbarkeit, die Einfachheit eines Systems und dessen Kombinierbarkeit mit anderen bankbetrieblichen Zielen. Insbesondere dem letzten Aspekt ist im Interesse einer einheitlichen Methodik zur Erstellung der Basis der relevanten Führungsinformationen vermehrte Aufmerksamkeit zu widmen.

D. Konsequenzen aus der strategischen Geschäftsfeldkonzeption

Wie erwähnt, ist die Aufteilung einer Bank in strategische Geschäftsfelder ein auf bankpolitischer Ebene zu treffender Entscheid. Bevor auf die daraus erwachsenden Konsequenzen für die Gestaltung bankbetrieblicher Führungsinformationssysteme eingegangen wird, sollen die Grundlagen dieser Konzeption und ihre Uebertragung auf den Bankbetrieb beleuchtet werden.

Die Aufteilung in strategische Geschäftsfelder bringt drei Bereiche mit sich, die für das Bankmanagement führungstechnisch relevant sind. Diese bankpolitischen Bezugsobjekte sind gleichzusetzen mit einer weiteren konzeptionellen Dimension eines bankbetrieblichen Führungsinformationssystems. Es sind dies

- die anzubietenden Bankmarktleistungen,
- die zu bearbeitenden Märkte (Kunden, Regionen) und
- die zu wählenden Vertriebskanäle (Filialen, Betreuer usw.).

Abbildung 39 baut auf dieser Erkenntnis auf.

Abbildung 39: Aufspaltung des Gesamtergebnisses in aussagekräftige Teilergebnisse

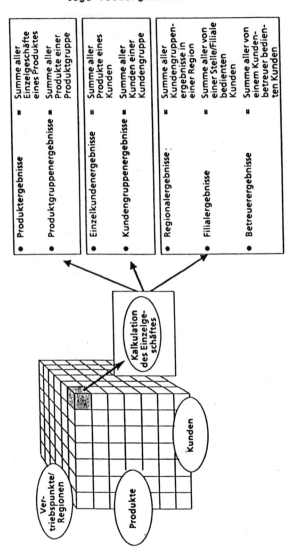

Quelle: Beck (Controlling)

Die Führung der Gesamtbank beinhaltet auch die Führung der Geschäftsfelder, d.h. das Ausrichten ihrer Aktivitäten auf die Ziele der Gesamtbank. In diesem Zusammenhang ist insbesondere darüber zu entscheiden, wie der Ressourceneinsatz in der Bank verteilt werden soll, also ob beispielsweise dem Filialnetz neue Ressourcen zuzuführen sind oder nicht, ob Filialen geschlossen werden sollen oder nicht, usw.

Uebergeordnetes Ziel der bankbetrieblichen Führung ist, wie erwähnt, die Optimierung des Gesamtergebnisses einer Bank. Dieses Gesamtergebnis setzt sich aber aus mehreren Teilergebnissen zusammen, von denen eines das betrachtete Geschäftsfeldergebnis ist (weitere Teilergebnisse wären u.a. das Eigenhandelsergebnis, das Risikoergebnis, usw.). Man kann das Geschäftsfeldergebnis auch als Teil des Marktergebnisses auffassen. Ziel der Führung ist die profitable Ausnutzung von gegebenen Marktmöglichkeiten durch geeignete Geschäftspolitik. Insbesondere unter dem Aspekt der Steuerung zu beantwortende Fragestellungen wären etwa: "Welche Regionen sind attraktiv und welche nicht?", "Auf welche Kunden soll sich die vorhandene oder neu aufzubauende Betreuungskapazität konzentrieren?" und vor allem "Welche Filialen/Betreuer tragen zu einem positiven Gesamtergebnis bei und welche nicht?". Eine wesentliche Konsequenz hieraus ist, dass der Beitrag des Geschäftes einer Filiale zum Ergebnis der Gesamtbank vor Abschluss dieses Geschäftes möglichst exakt bestimmbar sein muss.

Inhaltliche Konzeption

Demnach lassen sich folgende Anforderungen für die inhaltliche Konzeption des bankbetrieblichen Führungsinformationssystems aufstellen[1]:

- Es sollten für alle Rechenzwecke - Produkt-, Geschäftssparten-, Filial-, Kunden- und Kontenkalkulation - identisch methodische Grundlagen gelten.
- Die Analyse der einzelnen Erfolgsquellen sollte die preispolitische Verhaltensweise der mit eigener Entscheidungskompetenz ausgestatteten Geschäftsbereiche transparent machen.
- Darüberhinaus muss sie von allen Beteiligten akzeptiert werden, was voraussetzt, dass die in ihm enthaltene Systematik nachvollziehbar ist und eine leistungsgerechte Zuordnung der Teilerfolge auf die einzelnen Bezugsobjekte sichergestellt ist[2].

---

1) Flesch et. al. (Marktzinsmethode), S. 357.
2) Schierenbeck (Bankmanagement), S. 50.

IV. Bausteine bankbetrieblicher Führungsinformationssysteme
A. Grundlegendes zu den Bausteinen

Im folgenden sollen die aus den im vorangegangenen Kapitel aufgestellten Anforderungen resultierenden Bausteine für ein bankbetriebliches Führungsinformationssystem dargestellt werden.

Ein geeignetes, auf den beschriebenen Anforderungen aufbauendes Konzept bankbetrieblicher Führungsinformationssysteme besteht aus zwei interdependenten Teilen:[1)]

◆ Dem bankbetrieblichen Rechnungswesen und
◆ dem Berichtswesen.

Einem führungsorientierten Rechnungswesen kommt dabei die grösste Bedeutung innerhalb der Konzeption eines bankbetrieblichen Führungsinformationssystems zu. Es ist eine unabdingbare Voraussetzung für die Ermittlung jener Informationen, die zur Ausübung der Führungsaufgaben benötigt werden[2)]. Folgende Bestandteile des Bankrechnungswesens lassen sich unterscheiden:

◆ Die Finanz- oder Geschäftsbuchhaltung, die für die sogenannte Aussenrechnung, also die Bilanz sowie die Gewinn- und Verlustrechnung zuständig ist,
◆ die Kosten- und Erlösrechnung, aus der die sogenannte Innenrechnung, also die Kalkulation[3)] hervorgeht und
◆ die Betriebsstatistik als Ergänzung zu den beiden anderen Bestandteilen.

---

1) Schierenbeck (Bankmanagement), S. 12.
2) Siegwart (Konzepte), S. 118.
3) In der Bankwirtschaft werden die Begriffe Kostenrechnung und Kalkulation synonym verwendet. Siehe auch die Ausführungen unter Abschnitt 2.

Im folgenden interessiert vor allem das interne Rechnungswesen, verkörpert durch die beiden letzten Elemente, also die Kalkulation und die Betriebsstatistik, welche zusammen eine tragende Säule innerhalb des Führungsinformationssystems einnehmen[1], wobei die Finanzbuchhaltung natürlich hierfür gewisse Grundlagen bereitstellt.

Hinzu kommt das Berichtswesen. Es umfasst die Gesamtheit der Informationen, welche den Entscheidungsträgern zur Verfügung gestellt werden.[2] In ihm werden zum einen die Informationen aus dem Rechnungswesen entsprechend aufbereitet und zum anderen mit weiteren relevanten Daten verknüpft, wobei vor allem das bankbetriebliche Planungs- und Analysesystem eine wichtige Rolle spielt.

Ihm kommt eine Art Zwitterrolle innerhalb der hier dargestellten Konzeption zu, da es nicht nur Datenlieferant des Führungsinformationssystems ist, sondern natürlich auch zu den wichtigsten Informationsabnehmern zählt. Als Datenquelle geht es in zweifacher Weise in das bankbetriebliche Führungsinformationssystem ein:

- direkt, in seiner Eigenschaft als bankbetriebliches Planungs- und Kontrollsystem;
- indirekt, mit spezifischen problembezogenen Einzelanalysen.

---

1) Terrahe (Informationssysteme), S. 214.
2) Schierenbeck (Bankmanagement), S. 12.

B. Bankrechnungswesen als zentraler Baustein des bankbetrieblichen Führungsinformationssystems

1. Problematik einer exakten Quantifizierung der bankbetrieblichen Gestehungskosten

"Eine systematische Versorgung der am Unternehmensprozess Beteiligten ... mit aussagefähigen Ergebnisinformationen stellt hohe Anforderungen an das interne Rechnungswesen und fordert ein fundiertes System der Bankkalkulation, aus dem sich für alle Stufen der Organisation zeitnahe und verursachungsgerechte Informationen ableiten lassen."[1]

Die Hauptprobleme der Bankkalkulation liegen in der sachgerechten Aufspaltung der Gesamtbank-Ergebnisgrössen nach den sie verursachenden Erfolgsquellen. Von beonderer Bedeutung für die bankbetriebliche Kalkulation ist die in Teil Zwei behandelte These vom Dualismus der Bankleistung. Damit wird deutlich, dass eine Kalkulation der Bankdienstleistungen zumindest zwei Aspekte umfassen muss:

♦ den Wertaspekt, der durch die Elemente Betrag und Zeit charakterisiert ist und
♦ den Betriebsaspekt, der durch das Merkmal Stückzahl bestimmt wird.

Ein weiteres bankkostenmässig relevantes Aufgliederungskriterium ist die Frage der Bilanzwirksamkeit einer Bankmarktleistung. Eine bankbetriebliche Markteinzelleistung ist immer entweder bilanzwirksam (= zinsdifferentes Geschäft) oder bilanzneutral (= zinsindifferentes Geschäft). Die Marktleistung in Form eines Leistungsbündels kann jedoch aus einer Kombination von bilanzneutralen oder bilanzwirksamen Einzelleistungen bestehen.

Aus dem bisher Gesagten ergibt sich für die Kalkulation einer Markteinzelleistung das in Abbildung 40 dargestellte Bild.

---

1) Bootz (Banksteuerung), S. 21.

Abbildung 40: Aufteilung der bankbetrieblichen Einzelleistungen

	Wertleistung	Betriebsleistung
zinsdifferent = bilanzwirksam	1	2
zinsindifferent = bilanzneutral	3	4

Quelle: eigene Darstellung

Der Verdeutlichung dieses Schemas sollen einige Beispiele dienen:

Feld 1: - Geldvergabe bei einem Kredit
- Zinshergabe bei einer Spareinlage

Feld 2: - Beratungsleistung in Zusammenhang mit einer Kreditvergabe
- Bereitstellung der Räumlichkeiten für die Beratung im Zusammenhang mit einem Sparkonto

Feld 3: - Abschluss eines Swap-Geschäftes
- Emission von Aktien
- Durchführung einer Ueberweisung

Feld 4: - Zurverfügungstellung der EDV bei Ueberweisungen
- Beratung im Zusammenhang mit einem Dauerauftrag für ein Gehaltskonto

Entscheidend für die Kalkulation einer Marktleistung ist das Wissen um die in ihr enthaltenen Markteinzelleistungen und die hierfür zu erbringenden Leistungselemente. Die Kalkulation des Marktleistungsbündels ergäbe sich damit aus der Kalkulationssumme der Markteinzelleistungen, die wiederum aus spezifischen Leistungselementen bestehen. Für eine entscheidungsorientierte Kosten- und Erlösbewertung der geschäftspolitischen Kalkulationsobjekte muss daher am einzelnen Geschäftsabschluss eingesetzt werden. Ein Problem hierbei ist es, die einzelnen Leistungselemente innerhalb einer Marktleistung zu eliminieren und/oder hinsichtlich ihrer jeweiligen Kosten exakt zu quantifizieren.

2. Grundaufbau der Bankkostenrechnung

Von Interesse ist an dieser Stelle die begriffliche Abgrenzung von "Kostenrechnung" und "Bankkalkulation". Bankkalkulation bedeutet das "Aufbereiten und In-Beziehung-Setzen von leistungsbedingtem Werteverzehr (Kosten), Leistungsmengen und leistungsbedingtem Wertezuwachs (Erlös) zur Feststellung der Wirtschaftlichkeit, der Erfolgslage oder der Selbstkosten im Bankbetrieb"[1]. Der Kalkulationsbegriff wird für Banken also in einem sehr viel weiteren Sinne gebraucht, als allgemein üblich. Er beinhaltet aber nicht nur mehr als der Begriff "Stückrechnung". Bezieht man nämlich die Erlöse mit ein, so geht der bankbezogene auch weit über denjenigen Kalkulationsbegriff hinaus, der in der Allgemeinen Betriebswirtschaftslehre verwendet wird. Da die Bankkalkulation mit den drei Elementen Kosten, Leistung und Erlös arbeitet, kann sie unter dem Begriff "Kosten- und Erlösrechnung" zusammengefasst werden. Einen Ueberblick über die Elemente der Bankkalkulation vermittelt Abbildung 41.

---

1) Hagenmüller (Bankbetrieb), S. 661.

Abbildung 41: Elemente der Bankkalkulation im Ueberblick

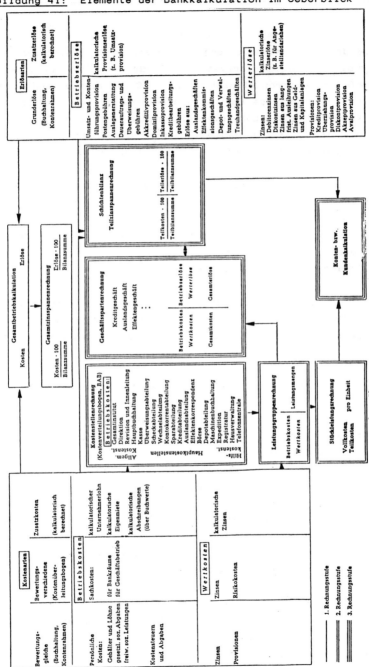

Quelle: Hagenmüller (Bankbetrieb), S. 110f.

Die der Bankkostenrechnung zugrundeliegende Dreiteilung geht auf das Rechnungsstufensystem von HAGENMUELLER[1] zurück. Während die Gesamtbetriebskalkulation und die Gesamtzinsspannenrechnung der Ermittlung des Betriebsergebnisses dienen, erfolgen die Kostenstellenrechnung, die Leistungsgruppenrechnung sowie die Stückleistungsrechnung als reine Kostenrechnungen mit dem Ziel der Kostenkontrolle und der Selbstkostenermittlung. In der dritten Stufe werden die Erfolgsbeiträge von Geschäftsstellen, Geschäftssparten sowie Konten- und Kundengruppen berechnet.

Diese Technik kann im Rahmen einer Ist- oder Sollrechnung Anwendung finden und durch Nutzung von Prinzipien der Deckungsbeitragsrechnung in ihrer Aussagefähigkeit verbessert werden[2]. Das Bankrechnungswesen wird so zu einem wirksamen Instrument der ertragsorientierten Unternehmensführung[3]. Seine Funktion der Vergangenheitsdokumentation verliert damit zunehmend an Bedeutung gegenüber der zukunftsorientierten Steuerungsfunktion.

3. Betriebsstatistik als wichtiges Bindeglied

Zur Erzielung sinnvoller Aussagen muss das Kalkulationssystem mit einer fundierten Betriebsstatistik verknüpft werden. Auf dieser bauen insbesondere Rechnungen zur Planung und Kontrolle der Wirtschaftlichkeit auf. Sie "umfasst zahlenmässige Auswertungen der Finanzbuchhaltung und der Kostenrechnung sowie eigenständige, vor allem stückzahlmässige Erhebungen über die bankbetrieblichen Leistungsprozesse."[4] Zu ihrem instrumentalen Bereich zählen die Personalstatistik, die Postenstatistik, die Kunden- und Kontenstatistik sowie die Statistiken über Wertbestände und Wertumsätze[5].

---

1) Hagenmüller (Bankbetrieb), S. 670ff.
2) Siehe zu diesem Themenbereich insbesondere Güde (Kalkulation)
3) Schierenbeck (Bankmanagement)
4) Hein (Bankbetriebslehre), S. 308.
5) Obst/Hintner (Geld), S. 631.

Die Personalstatistik gibt Auskunft über den funktionalen und örtlichen Personaleinsatz innerhalb der Bank. Sie ist vor allem deshalb von evidenter Bedeutung, da die Personalkosten den grössten Kostenblock im Betriebsbereich stellen.

"Die Postenstatistik hat die Aufgabe, alle Geschäftsvorfälle und Buchungen einer Periode zu erfassen"[1]. Sie enthält damit die notwendigen Mengenangaben über die in Anspruch genommenen Produkte. Je nach Stand der Datenbasis kann eine mögliche Vorgabe für die Weiterverwendung der Daten im Rahmen eines Führungsinformationssystems hier lauten, dass die im Rahmen einer sogenannten ABC-Analyse erfassten A-Produkte unmittelbar zählbar sein müssen, die B-Produkte innerhalb eines Jahres und die C-Produkte innerhalb von drei Jahren[2].

Aus der Kombination von Personaleinsatz und Postenstatistik lassen sich Leistungsmessungen vornehmen, die im Hinblick auf einen sinnvollen Personaleinsatz und eine Wirtschaftlichkeitskontrolle notwendig sind.

Innerhalb der Kunden- und Kontenstatistik werden die Kundenstammdaten gesammelt, die für eine kundengruppenspezifische Datenauswertung sowie für die Kunden- und Kontenkalkulation notwendig sind.

Schliesslich dient die Betriebsstatistik auch als Datenquelle für Zeitvergleiche und damit für Planrechnungen sowie zur Ermittlung institutsspezifischer Kennzahlen zur Beurteilung von Rentabilität und Produktivität[3].

---

1) Obst/Hintner (Geld), S. 632.
2) Antensteiner/Feuerstein (Stückkostenkalkulation), S. 260.
3) Obst/Hintner (Geld), S. 631.

4. Die Kalkulation der bankbetrieblichen Wertleistung

Die Teilzinsspannenrechnung versucht, die sich auf die Gesamtbank beziehenden Ergebnisse der Gesamtzinsspannenrechnung in Teilergebnisse aufzuspalten, um einen genaueren Einblick in das Zustandekommen der Bruttozinsspanne zu erhalten. Ihr Ziel ist es, letztlich festzustellen wie sich einzelne Geschäftsabschlüsse auf das Zinsergebnis einer Bank auswirken, um auf diese Weise ertragsstarke und verlustbringende Produkte oder Kundengruppen zu identifizieren. Erst die Kalkulationsfähigkeit der Einzelabschlüsse erlaubt eine gezielte Geschäftspolitik, die einzelne Geschäftsbereiche erfolgsorientiert zu steuern vermag.

Zur Durchführung dieser Aufgabe stehen neben einer autonomen Festlegung der Teilzinsspanne[1] zwei grundlegende Verfahren zur Verfügung:

◆ das traditionelle Verfahren zur Ermittlung von Teilzinsspannen auf der Basis von Schichtenbilanz- oder Poolmethode;

◆ das moderne Verfahren zur Ermittlung von Teilzinsspannen auf der Basis eines pretialen Verrechnungskonzeptes, das sogenannte Opportunitätszinskonzept oder (synonym) die Marktzinsmethode.

---

1) Hier wird (willkürlich) ein unabhängig von den betrieblichen Verhältnissen bestehender Zins als Verrechnungszins definiert. Beispiele wären etwa ein ausgewählter Geldmarktzins oder ein behördlich festgelegter Zins (Bsp. Diskontsatz). Zwar wäre dieser Satz ex ante bekannt, liesse sich also für Steuerungszwecke verwenden, er würde jedoch die strukturell unterschiedlichen Beiträge der Filialen zur Fristentransformation und damit auch zur Liquiditätssituation der Gesamtbank nicht widerspiegeln. Eine individuelle Strukturdifferenzierung der einzelnen Filialen sollte aber zwingender Bestandteil eines aussagefähigen Controllingsystems sein, weshalb auf dieses Konzept nicht weiter eingegangen wird.

a. Traditionelle Teilzinsspannenverrechnungsmethoden

Wichtigster Grundgedanke der traditionellen Teilzinsspannenverrechnungsmethoden ist die Verknüpfung zwischen beiden Seiten der Zinsertragsbilanz. Man vergleicht Aktiv- und Passivgeschäfte miteinander, wobei die Passivseite als Mittelherkunft und die Aktivseite als Mittelverwendung interpretiert wird (dieser Methode unterstellt eine Input-Output-Beziehung zwischen Passiv- und Aktivseite). Je nach Methode ordnet man den einzelnen Aktiva entweder die gesamte Passivseite, bzw. einzelnen Passivgeschäften die gesamte Aktivseite (man kann also in beide Richtungen zuordnen) zu (= Pool-Methode) oder es werden mit einzelnen Aktivgeschäften (bzw. Passivgeschäften) jeweils konkrete Geschäftsarten auf der Gegenseite der Zinsertragsbilanz verknüpft (= Schichtenbilanz-Methode).

Bei den traditionellen Methoden werden also Teilzinsspannen ermittelt als Differenz zwischen dem Zinsertrag einzelner Aktivpositionen und dem durchschnittlichen Zinsaufwand einzelner oder aller Passivpositionen (bzw. zwischen dem Zinsaufwand einzelner Passivpositionen und dem durchschnittlichen Zinsertrag einzelner oder aller Aktivpositionen).

Dabei kann man verschiedene Verfahren der Schichtung unterscheiden, von denen die liquiditätsorientierte Schichtung nach Fälligkeiten die gebräuchlichste darstellt[1].

---

1) Bühler (Schichtenbilanz), S. 420ff.

Aus der Vielzahl der kritischen Argumente gegen eine Verwendung dieser traditionellen Verfahren sollen hier nur einige wesentliche herausgegriffen werden.

◆ Es lassen sich keine eindeutigen Beziehungen zwischen der Mittelherkunft und der Mittelverwendung einer Bank nachweisen.

Die festgelegten Beziehungen zwischen Aktiv- und Passivgeschäften sind vielmehr willkürlich konstruiert[1] und können der bankbetrieblichen Wirklichkeit unter dem Blickwinkel der ertragsorientierten Führung nicht gerecht werden[2].

◆ Die Ergebnisse lassen sich nur gesamtinstitutsbezogen interpretieren.

In den traditionellen Verfahren werden Werte, die sich auf die Gesamtbank beziehen und für diese korrekt sind, auf einzelne Kalkulationsobjekte übertragen. Dieses Vorgehen ist vereinfachend und entspricht nicht den tatsächlichen Gegebenheiten.

◆ Die traditionellen Verfahren sind ausnahmslos "es-post" Verfahren.

Eine Schichtung oder Pooling ist immer erst im nachhinein möglich. Erfolgsorientierte Führung setzt jedoch die Verfügbarkeit von ex-ante Daten voraus[3]. Die auf Basis der Teilzinsspannenrechnung festgelegten Verrechnungszinssätze steuern somit nicht das Wertgeschäft, sie sind vielmehr dessen Ergebnis.

---

1) Ausnahmen hiervon bilden lediglich sogenannte durchlaufende Kredite und gesondert refinanzierte Direktkredite.
2) Flechsig (Kalkulation), S. 87.
3) Leichsenring (Kostenrechnung), S. 153ff.

- Die traditionellen Verfahren vermischen verschiedene Erfolgsquellen eines Zinsgeschäftes[1].

  Insbesondere fehlt eine Trennung zwischen Transformations- und Zinskonditionenbeitrag, die aber aus Steuerungsgründen notwendig ist.

- Die traditionellen Verfahren erlauben keine Kontrolle der getroffenen preispolitischen Entscheidungen.

  Dies ergibt sich aus der unzulässigen Durchschnittsbildung von ex-post Werten. Nichtbeeinflussbare Umdispositionen der Kunden führen zu veränderten Bilanzschichten, die jene der Konditionenfestlegung zugrundeliegenden Werte verändern[2].

b. Opportunitätszinskonzept als neuer Weg

Galt lange Zeit die Schichtenbilanz als "Stein der Weisen"[3], so ist sie mittlerweile zum "Anstoss der Weisen" geworden. Die unbefriedigende Aussagekraft der traditionellen Teilzinsspannenrechnungen hat die Bankpraxis veranlasst, nach einer Alternative zu suchen, die nicht, wie bislang üblich, lediglich die Schwächen der traditionellen Verfahren zu minimieren, sondern sie grundsätzlich zu beseitigen versucht.

---

1) Flechsig (Schichtenbilanz), S. 302.
2) Gnoth (Kalkulation), S. 185.
3) Bühler (Mindestmargen)

In der Folge dieser Bemühungen sind von der Bankpraxis in der jüngeren Literatur drei Konzepte vorgestellt worden, die materiell weitgehend identisch sind:

- das Wertsteuerungskonzept[1];
- das Opportunitätszinskonzept[2];
- das Alternative-Marktzinssatz-System[3], auch als "Marktzinsmethode" bezeichnet[4]

Die drei Ansätze wollen das Gesamtbank-Ergebnis unter dem übergeordneten Ziel der Ertragsorientierung steuern. Sie beruhen auf dem Prinzip der pretialen Lenkung von SCHMALENBACH[5] und unterstellen, dass ein System von Verrechnungszinsen diese Zielsetzung erst dann erfüllt, wenn die Auswirkungen jedes einzelnen Geschäftsabschlusses auf das Betriebsergebnis der Bank sichtbar gemacht werden können. Dies setzt drei Bedingungen voraus:

- Die Summe der Einzelergebnisse muss genau das Betriebsergebnis ergeben.
- Das Verrechnungskonzept muss für alle Teile der Erfolgsrechnung gleich sein (in der Praxis finden sich oftmals unterschiedliche Verrechnungszinsphilosophien für die einzelnen Kalkulationsobjekte).
- Der Verrechnungszinssatz muss den objektiven Wert jedes Geschäftsabschlusses wiedergeben.

---

1) Flechsig/Flesch (Wertsteuerung)
2) Droste et. al. (Ergebnisinformationen)
3) Schimmelmann/Hille (Banksteuerung)
4) Schierenbeck (Bankmanagement), S. 102ff.
5) Schmalenbach (Lenkung), S. 8f.

Kennzeichen der genannten Verfahren ist,

- der Versuch, einen realitätskonformen Verrechnungszins als aussagefähige Entscheidungsgrundlage im Zinsgeschäft zu definieren;
- die Aufteilung des Gesamtergebnisses in aussagekräftige Teilergebnisse;
- der Versuch, Mindestmargen auf Basis einer Vollkostenrechnung zu ermitteln;
- die Bankergebnisrechnung durch Erhöhung ihrer Aussagekraft zu einem wirksamen Steuerungsinstrument zu entwickeln[1].

Wesentlich am Opportunitätszinskonzept ist die Einbeziehung alternativer Erträge (Kosten) - eben den Opportunitätskosten (-erträgen) - einer Wertleistung. Dies geschieht durch die Beantwortung folgender Fragestellung: "Auf welche konkurrierende Anlagemöglichkeit/ Geldaufnahme wird zugunsten eines bestimmten Kreditgeschäftes/einer bestimmten Einlagenentgegennahme verzichtet?" Als Opportunitätszinssatz gilt dabei der Zins für alternative Geld- oder Kapitalmarktgeschäfte gleicher Qualität (hinsichtlich Volumen, Fristigkeit, Bonität) zum Zeitpunkt der Akquisition eines Kundengeschäftes.

So bemisst sich beispielsweise der Geschäftserfolgsbeitrag eines Kleinkredites nach der Differenz zwischen der Verzinsung des Kredites und der Rendite einer laufzeitgleichen Anlage am Geld- und Kapitalmarkt. Da bei Aktiv- und Passivgeschäften gleichermassen verfahren wird, ist es somit möglich, beide als unabhängige Erfolgsquellen zu betrachten. Daneben wird die Zentraldisposition als dritte Erfolgsquelle identifiziert[2]. Sie ist für das Transformationsergebnis verantwortlich, das sich unabhängig vom Kundengeschäft aus einer fristeninkon-

---

1) Droste et. al. (Ergebnisinformation), S. 314.
2) Flesch/Piaskowski/Sievi (Erfolgssteuerung), S. 359.

gruenten Anlage/Ausleihung ergibt. Daneben sind weitere Aufgaben:

◆ auf die Einhaltung der aktienrechtlichen Strukturnormen zu achten und
◆ im Sinne eines operativen Bilanzmanagements die Einhaltung geschäftspolitischer Ziele zu gewährleisten[1].

Auf alle Feinheiten des Opportunitätszinskonzeptes einzugehen, würde an dieser Stelle zu weit führen. Hier sei daher auf die entsprechende Literatur verwiesen[2].

Es soll aber auch nicht verschwiegen sein, dass sich hinsichtlich des Einsatzes des Opportunitätszinskonzeptes Kritik regt. So bemerkt SÜCHTING: "Die Marktzinsmethode bedeutet keineswegs den grossen Fortschritt, als den sie so oft hingestellt wird"[3].

Die Haupteinwände gegen das aufgezeigte Konzept lauten wie folgt:

◆ Für variabel verzinsliche Geschäfte lassen sich keine Opportunitäten ermitteln[4].

Eine theoretisch einwandfreie Lösung für dieses Problem existiert in der Tat nicht. Allerdings gibt es verschiedene Lösungsansätze, die das Problem zumindest praktisch zu lösen imstande sind[5].

---

1) Flesch/Piaskowski/Sievi (Erfolgssteuerung), S. 358.
2) Neben der bereits im Text angegebenen Literatur: Schierenbeck/Rolfes (Effektivzinsrechnung); Schierenbeck/Rolfes (Marktzinsmethode); Blattmann (Marktzinsmethode); Schierenbeck/Rolfes (Effektivzinskonzept)
3) Süchting (Verrechnungspreise), S. 207.
4) Paul (Lenkungssysteme), S. 94.
5) Schimmelmann/Hille (Banksteuerung), S. 56f.; Schierenbeck (Bankmanagement), S. 179ff.

- Die Methode setzt eine, in der Realität nicht gewährleistete Vollkommenheit der Märkte voraus.

  Dies ist in der Tat ein Einwand, der aus verschiedenen Gründen zutreffend erscheint:
  - nicht alle Banken haben direkten Zugang zu den Euromärkten;
  - nicht in allen Ländern bestehen vollwertige Geld- und Kapitalmärkte[1];
  - zwischen verschiedenen Märkten existieren Zinsdifferenzen, welche je nach gewählten Opportunitäten zu willkürlichen Zinsunterschieden führen.

- Die Zurechnungsproblematik bei der Mindestmargenrechnung bleibt bestehen.

  Ihre Lösung bedingt, neben einer verursachungsgerechten Ermittlung der Wertkosten, eine auf Vollkostenbasis zu erfolgende Zuordnung der Risiko-, Eigenkapital-, Liquiditäts- und Betriebskosten. Dies ist jedoch kein grundsätzlicher Einwand gegen das dargestellte Konzept, zumal hier laufend Ergänzungen erfolgen, die diese Probleme beseitigen helfen[2]. Richtig ist allerdings, dass man sich der "Vollkostenproblematik" bewusst wird.

- Durch das Opportunitätszinskonzept wird die institutsinterne Zuordnungsproblematik der Schichtenbilanz auf eine institutsexterne Zuordnungsproblematik verlagert[3].

  Auch dieser Kritikpunkt ist zwar sachlich richtig, vermag jedoch die durch das Konzept entstandene grundlegende Verbesserung der Kalkulation nicht in Frage zu stellen.

---

1) Hier wären Oesterreich und z.T. auch die Schweiz zu nennen.
2) Beispielsweise Hölscher (Risikokosten)
3) Paul (Lenkungssysteme), S. 107.

Die vorgebrachte Kritik vermag insgesamt nicht die Vorteile des Opportunitätszinskonzeptes gegenüber den traditionellen Verfahren zu mindern.

Nur das Opportunitätszinskonzept ermöglicht die Bereitstellung von methodisch gleichbasierten Informationen über die drei bankpolitischen Bezugsobjekte[1]).

Damit kann als Ergebnis festgehalten werden, dass sich mit dem Opportunitätszinskonzept ein Ansatz bietet, das Problem der Wertkostenberechnung verursachungsgemäss und vor allem steuerungsadäquat zu lösen.

5. Kalkulation der bankbetrieblichen Stück- oder Betriebsleistung

a. Problematik der Kalkulation der bankbetrieblichen Stück- oder Betriebsleistung

Noch 1978 schrieb TERRAHE, dass eine Betriebsabrechnung zur Erfassung der Leistungs- und Kosteneinheiten in Banken nicht gefragt sei[2]). Auch heute noch liegt eine wesentliche Ungenauigkeit in Bezug auf ein aussagefähiges Kalkulationssystem im Betriebsbereich der Banken begründet. Die auf das einzelne Geschäft entfallenden Betriebskosten sind weitgehend unbekannt, obwohl - gerade in einer Zeit durch zunehmenden Wettbewerb sinkender Zinsspannen - die Betriebskosten im Hinblick auf ein ertragsorientiertes Bankmanagement stärker an Bedeutung gewinnen[3]). Hinzu kommt die wachsende Erkenntnis, dass es gerade der Betriebsbereich sein kann, der für den Markterfolg einer Bank verantwortlich ist[4]).

---

1) Gnoth (Kalkulation), S. 187.
2) Terrahe (Kundenkalkulation), S. 685.
3) Antensteiner/Feuerstein (Stückkostenkalkulation), S. 259.
4) Seidel (Controlling), S. 662.

Für die Kalkulation des Betriebsbereiches lassen sich die
folgenden speziellen Ziele nennen:

- Die Ermittlung betriebsbezogener Kosten und Erlöse als
  Grundlage für die Erfolgsanalyse und Erfolgsplanung[1];
- Die Ermittlung betriebsbezogener Selbstkosten als Grundlage
  einer kostengerechten Preisgestaltung[2];
- Die Verbesserung der Wirtschaftlichkeit des Betriebsbereiches durch Planung und Kontrolle der Stückkosten
  und -leistungen[3].

Im Bereich der Betriebsleistungen stehen sich Stückkosten
(Betriebskosten) und Stückerlöse (Betriebserlöse) gegenüber.
Die Betriebskosten lassen sich folgendermassen aufgliedern[4]:

- Einzel- und Gemeinkosten;
- beschäftigungsabhängige und -unabhängige Kosten;
- beeinflussbare und nicht-beeinflussbare Kosten.

Betriebskosten in Banken sind typischerweise Gemeinkosten,
die nicht direkt zurechenbar sind[5]. Man kann sie weiterhin in
echte Gemeinkosten (z.B. Werbung für die Gesamtbank) und unechte
Gemeinkosten (z.B. Strom- und Heizungskosten) unterteilen.
Bei letzteren ist eine direkte Zuordnung aus technischen oder
wirtschaftlichen Gründen nicht möglich oder nicht sinnvoll[6].

Ein Beispiel mag dies verdeutlichen: So wäre es technisch
durchaus möglich, bei jeder Lampe innerhalb einer Bank einen
Stromzähler anzubringen und damit die Beleuchtungskosten
verursachungsgerecht zu verteilen. Im Hinblick auf den damit

---

1) Slevogt (Bankkalkulation), S. 87.
2) Slevogt (Bankpreise), S.11.
3) Klaus (Banken), S. 171.
4) Kommission (Fragen), S. 7.
5) Eilenberger (Bankbetriebslehre), S. 406.
6) Müller (Kalkulation), S. 207.

erzielbaren Nutzen erscheint der damit verbundene Aufwand jedoch unverhältnismässig.

Die Betriebskosten sind im Regelfall beschäftigungsunabhängig[1], d.h. kapazitäts- und somit eben nicht produktionsbedingte Stellenkosten[2]. Ein wichtiger Grund hierfür liegt darin, dass ca. 70% der Betriebskosten auf den Personalbereich entfallen[3].

Hinsichtlich der Differenzierung der bankbetrieblichen Stückleistung ergibt sich weiterhin die Aufspaltung nach Leistungen, die

- allein durch den Frontbereich erbracht werden;
- mit Unterstützung zentraler Stellen erbracht werden;
- alleine von der Zentrale erbracht werden, wobei dem Frontbereich die Rolle eines Vermittlers zukommt.

Sodann ergibt sich die zusätzliche Differenzierung nach

- Leistungen der Zentrale, die vom Frontbereich beeinflussbar sind und
- solchen, die nicht durch den Frontbereich beeinflussbar sind.

Als Folge hieraus können Erlösentstehung und Kostenverursachung organisatorisch und vor allem hinsichtlich der Ergebnisverantwortlichkeit auseinanderfallen.

Das Problem der richtigen Verrechnung der entstehenden Kosten stellt sich damit grundsätzlich aus zwei möglichen Blickwinkeln dar:

---

1) Jacob (Rechnungswesen), S. 419.
2) Slevogt (Bankpreispolitik), S. 321.
3) Klaus (Banken), S. 172.

- dem Aspekt der richtigen Erfassung und Bewertung der verursachten Kosten einerseits und
- dem Aspekt der richtigen Verrechnung dieser Kosten andererseits.

Die Gemeinkosten sind über zu bildende Schlüsselgrössen auf einzelne Bankleistungen zu verteilen. Während die exakt zurechenbaren Kosten (durch den Kostenträger Frontbereich verursachte Einzelkosten; bei Filialen sind dies beispielsweise primär Personal- und Gebäudekosten) ohne Probleme belastbar sind, stellt sich bei den Gemeinkosten vor allem die Frage nach einem geeigneten Aufschlüsselungskriterium. Eine Filiale mit einem hohen Umsatz pro Kunde hat bei gleichem Gesamtumsatz sicherlich eine andere Struktur als eine solche mit einem geringen Umsatz pro Kunde. So stellt sich die Frage, ob man Gemeinkosten überhaupt verrechnen soll und wenn ja, wie. Da in Banken für entsprechende Schlüssel keine objektiven Messgrössen vorhanden sind, ist ihre Verteilung stets angreifbar.

Auch die Stellenkosten in Banken lassen sich nicht problemlos auf die Kostenträger umrechnen, da sie eben aufgrund von Kapazitätsanforderungen, nicht aber aufgrund tatsächlicher Produktion anfallen. Um ein Beispiel zu nennen: Wie wollte man die Mietkosten für das Bankgebäude auf einen einzelnen am Schalter abgegebenen Ueberweisungsauftrag umrechnen?

Die Bestimmung und Verrechnung von Bearbeitungskosten für Bankprodukte ist demzufolge nicht unproblematisch. Auch bei dispositiven Arbeitsverrichtungen ist deren Leistungsmessung schwierig, vor allem dort, wo individuelle und damit relativ komplexe und zeitaufwendige Tätigkeiten durchgeführt werden. Als Beispiel hierfür sei der Bereich Anlageberatung genannt. Den Betriebskosten stehen Betriebserlöse gegenüber. Diese setzen sich in der Hauptsache aus Provisionen und Gebühren zusammen[1]. Indessen bestehen die meisten Bankmarktleistungen

---

1) Kilhey (Erfolg), S. 107.

wie beschrieben aus Leistungsbündeln. Somit handelt es sich bei den eingenommenen Erlösen im Regelfall ebenfalls um nicht direkt und eindeutig den Verursachern zurechenbare Elemente. Sie müssen folglich mittels eines Schlüssels auf die Verursacher verteilt werden, wobei eben jene Schlüsselbildung wiederum angreifbar ist.

b. Traditionelle Verfahren der Stückleistungskalkulation

In der Bankpraxis scheint die Vollkostenrechnung auf Ist- oder Normalkostenbasis zu dominieren[1]. Dabei handelt es sich um vergangenheitsorientierte Rechenverfahren, bei denen tatsächlich entstandene Betriebskosten (Ist-Kosten) oder im Durchschnitt angefallene Werte (Normal-Kosten) auf einzelne Kostenstellen innerhalb eines Bankbetriebes verteilt werden[2]. Dabei werden entweder anhand einer mehrschichtigen Kostenstellenrechnung die ermittelten Kosten auf einzelne Kostenstellen verteilt oder es werden Stückkosten mit Hilfe der aus dem industriellen Rechnungswesen stammenden Verfahren der Divisionskalkulation, Aequivalenzziffernrechnung oder Zuschlagskalkulation ermittelt[3].

Die kritischen Einwände gegen diese traditionellen Methoden konzentrieren sich im wesentlichen auf zwei Punkte:

---

1) Strothmann (Preispolitik), S. 32.
2) Schierenbeck (Bankmanagement), S. 193.
3) Schierenbeck (Bankmanagement), S. 193ff. und Kilhey (Erfolg), S. 108f.

- die Gemeinkostenschlüsselung mit den oben erwähnten inhärenten Problemen und
- die Fixkostenproportionalisierung, durch die neben den Nutzkosten auch allfällige Leerkosten auf die Leistungen verrechnet werden. Damit werden die Fixkosten unzulässigerweise proportionalisiert, "indem sie auf die pro Periode erstellten Leistungseinheiten verteilt werden, obwohl sie in keiner direkten oder bestimmten (Kausal-)Beziehung zu den einzelnen Kostenträgern stehen. Eine solche Verrechnung ... führt wegen der fehlerhaften Bezugsbasis zu Ergebnissen, die prinzipiell keine Entscheidungsrelevanz aufweisen"[1].

c. Moderne Verfahren der Stückleistungskalkulation

Im Hinblick auf eine kostenorientierte Preissetzung und auf aussagefähige Rentabilitätsanalysen ist weniger von Interesse, was eine Leistung in der Vergangenheit gekostet hat, sondern vielmehr, was sie in der Zukunft kosten wird, bzw. kosten darf. Ein hierfür geeignetes Instrumentarium bietet sich mit der Standardkostenrechnung an.

Dabei werden die direkten Stückkosten als Standardeinzelkosten erfasst und den einzelnen Geschäftsvorfällen zugeordnet. Es erfolgt eine Umrechnung der relativen Einzelkosten unter Berücksichtigung des Zeitbedarfs pro Leistungserstellung auf standardisierte Kostengrössen[2].

Man kann unterscheiden zwischen der starren, der flexiblen und der doppelt-flexiblen Standardkostenrechnung[3]. Bei der starren Form werden die Standardkosten für eine bestimmte Planbeschäftigung ermittelt. Weicht die effektive Beschäftigung

---

1) Schierenbeck (Bankmanagement), S. 199f.
2) Flechsig (Kalkulation), S. 175ff.
3) Müller (Kalkulation), S. 211ff.

davon ab, ergeben sich entsprechende Verzerrungen. Dieser Nachteil wird durch die flexible Standardkostenrechnung vermieden, indem Beschäftigungsschwankungen angemessen berücksichtigt werden. Bei der doppelt-flexiblen Form werden überdies noch Kosteneinflüsse infolge einer veränderten Auftragszusammensetzung erfasst.

Dieses Verfahren kommt insbesondere bei den vom Kostenträger beeinflussbaren Leistungen zur Anwendung. Dabei werden die innerbetrieblich erbrachten Leistungen am Beginn einer Abrechnungsperiode mit entsprechenden Verrechnungspreisen versehen, die sich idealerweise am Opportunitätsprinzip (d.h. nach dem Preis bei Fremdbezug), bzw. da, wo dies nicht möglich ist, am Grenzkostensatz der Zentrale (zuzüglich eines Gewinnzuschlages) orientieren sollten.

Bei den anfallenden nicht zurechenbaren Kosten (Gemeinkosten) sollte die Zuordnung anhand des Investitionsrisikoprinzips erfolgen[1]. Dabei werden die Overhead-Kosten proportional zu den ermittelten direkten Betriebkosten verrechnet. Die dahinterstehende Ueberlegung sieht wie folgt aus: Der Soll-Deckungsbeitrag eines Geschäftes richtet sich nach dem von der Bank getätigten Investitionsvolumen. Je mehr spezialisierte Sachmittel (vor allem EDV) und Mitarbeiter eine Bank in einem Geschäft gebunden hat, um so höher sind eventuelle Umschichtungskosten in ein anderes Geschäft. Es erscheint daher sinnvoll, einem Geschäftsfeld mit der höchsten Betriebskostenbindung und damit dem höchsten Umschichtungsrisiko auch den höchsten Gemeinkostenanteil aufzuerlegen.

Problematisch erscheint eine Gemeinkostenverrechnung allenfalls bei solchen Kosten und Leistungen, die nicht vom endgültigen Kostenträger - also dem Geschäftsfeld - beeinflussbar sind. Diese sollten als gesonderter Block in die Ergebnisrechnung eingehen, womit auf eine Verrechnung verzichtet würde.

---

1) Droste et al. (Ergebnisinformationen), S. 320.

C. Berichtswesen als zentraler Baustein des bankbetrieblichen Führungsinformationssystems

1. Verknüpfung durch das Planungs- und Analysesystem

a. Grundsätzliches zum Planungs- und Analysesystem

Planung wird allgemein als die heutige gedankliche Vorwegnahme von Ereignissen, die zukünftig und damit unsicher sind, bezeichnet. Es würde an dieser Stelle zu weit führen, ausführlich auf die Inhalte des bankbetrieblichen Planungs- und Analyseinstrumentariums einzugehen[1]. Im folgenden wird daher die Planung auf ihren Beitrag zur Bereitstellung von Daten für das bankbetriebliche Führungsinformationssystem hin untersucht.

Es lassen sich zum einen die operative Planung und Budgetierung und zum anderen die strategische Planung unterscheiden. Eine Abgrenzung zwischen beiden Planungsarten geht aus Abbildung 42 hervor. Demnach befasst sich die operative Planung eher mit "harten" Daten, wohingegen die strategische Planung eher mit sog. "weichen" Daten arbeitet. Während im Mittelpunkt der operativen Planung Grössen des Rechnungswesens (Kosten, Erlöse) stehen, orientiert sich die strategische Planung an Marktgrössen (Marktanteil).

Der Planung im Bankbetrieb werden folgende Funktionen zuerkannt:[2]

- die Informationsfunktion der Planung,
- die Zielsetzungsfunktion der Planung,
- die Massnahmenplanungsfunktion,
- die Steuerungs- und Kontrollfunktion der Planung,
- die Koordinationsfunktion und
- die Motivationsfunktion.

---

[1] Hier sei auf die entsprechende Literatur verwiesen: Für die operative Planung und Budgetierung: Fischer (Bankbudgetierung), Kolbeck (Planung). Auf die Grundlagen der strategischen Planung wird im vierten Teil der vorliegenden Arbeit eingegangen.
[2] Feyl (Bankbetrieb), S. 401f.

Abbildung 42: Abgrenzung zwischen strategischer und operativer Planung

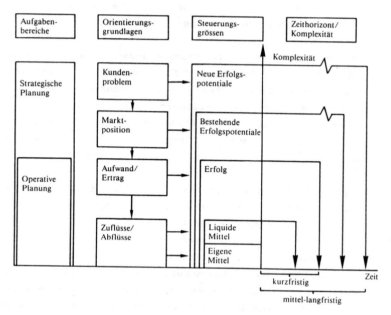

Quelle: In Anlehnung an Gälweiler (Marketingplanung), S. 11.

Für die hier besonders interessierende Informationsfunktion bedeutet dies

♦ die Information aller Abteilungen und Aussenstellen (planende Stellen) über die für die Planungsperiode erwartete Entwicklung (Prognose der wirtschaftlichen Umwelt) sowie über die Zielvorstellungen der Geschäftsleitung für den Planungszeitraum und

♦ die Information der Geschäftsleitung über die von den einzelnen Abteilungen bzw. Aussenstellen als möglich erachtete Geschäftsentwicklung (Zielerreichung) der Planungsperiode[1]).

---

1) Feyl (Bankbetrieb), S. 401.

b. Durch das Planungs- und Analysesystem bereitgestellte Daten

Wie im zweiten Teil der Arbeit ausgeführt, sind die Banken durch die Vielzahl ihrer externen Beziehungen in besonderem Masse von ihrer Umwelt, respektive den sich dort vollziehenden Entwicklungen abhängig[1]. Damit ergibt sich auch eine Abhängigkeit des Bankmanagements von Informationen über diese relevante Umwelt.

Hier setzt die Planung an, indem sie Aspekte dieser Umweltentwicklung aufbereitet und analysiert. Damit werden auch externe Daten für das Führungsinformationssystem verfügbar gemacht. Vor allem die konzeptionelle Verbindung externer und interner Daten kann hier als wesentliche Aufgabe genannt werden.

Da sich Planung - generell gesprochen - mit der Zukunft auseinandersetzt, können Planung und Prognose auch als Begriffspaar interpretiert werden[2]. Damit wird die Lieferung zukunftsbezogener Daten zu einer weiteren wesentlichen Aufgabe des Planungssystems innerhalb der Konzeption eines bankbetrieblichen Führungsinformationssystems. Insbesondere werden Soll-Werte produziert, die für spätere Vergleichs- und Abweichungsanalysen (Soll-/Ist-Vergleiche) die Grundlage bilden.

Während die operative Planung eher quantitative Daten produziert, werden durch die strategische Planung auch qualitative Daten bereitgestellt, respektive werden quantitative und qualitative Daten miteinander verbunden. Gleiches gilt für Spezialanalysen, die im Rahmen des Planungs- und Analysesystems durchgeführt werden.

---

1) Siehe hierzu Abschnitt ***
2) Feyl (Bankbetrieb), S. 399.

Abbildung 43 verdeutlicht die unterschiedlichen Informationskategorien, die im Zuge der Planung verwendet und produziert werden.

Abbildung 43: Informationsbezug der Planung

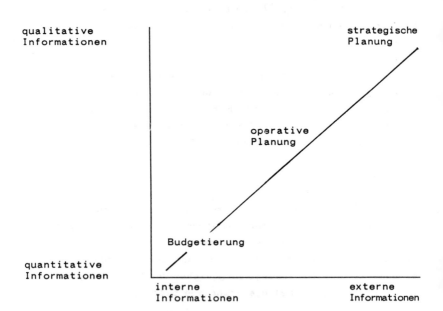

Dies macht deutlich, dass erst der Einzug des gesamten Planungs- und Analysesystems zu einer ausgeglichenen Datenbasis im Sinne der formulierten formalen Anforderungen an die Konzeption eines bankbetrieblichen Führungsinformationssystems führt.

c. **Wichtige Teilanalysen innerhalb des Planungs- und Analysesystems**

In Abbildung 44 werden mögliche informatorische Beziehungen zwischen einer Bank und den in ihrer Umwelt existierenden Institutionen aufgezeigt.

Abbildung 44: Der Informationsprozess zwischen Bank und Umwelt (Input-Throughput-Output)

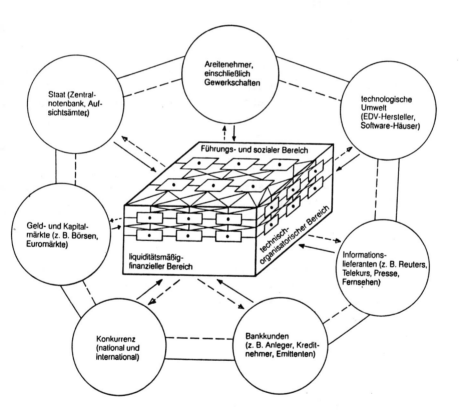

Quelle: Schuster (Informationsverarbeitung), S. 20.

Daten über diese Institutionen gilt es, mittels eines geeigneten Instrumentariums zu erfassen und hinsichtlich der erhältlichen bankrelevanten Informationen auszuwerten. Grundsätzlich lassen sich hierfür verschiedene bankbetrieblich relevante Umsysteme unterscheiden. In Anlehnung an das als Bezugsmodell für die vorliegende Arbeit dienende St. Galler Management Modell sollen die folgenden Umweltsphären einer Bank unterschieden werden:[1]

- die politisch-gesetzliche,
- die ökonomische,
- die technologische,
- die ökologische und
- die sozio-kulturelle Umweltsphäre.

Diese Sphären müssen aufgegliedert werden, so dass zur Informationsgewinnung geeignete Teilbereiche entstehen. Theoretisch ist dieses Problem unlösbar[2]. Vielmehr muss dies individuell, an den konkreten Bedürfnissen orientiert für eine einzelne Bank geschehen.

Folgenden Teilanalysen sind damit im Rahmen eines vollständigen Planungs- und Analysesystems einer Bank notwendig für die Produktion der benötigten Daten[3]:

- Bankanalyse

    In der Bankanalyse wird versucht, sämtliche innerbetrieblichen Aspekte zu analysieren. Dabei geht es insbesondere um vorhandene Ressourcenpotentiale und damit zusammenhängende Stärken und Schwächen.

---

1) Ulrich (Unternehmungspolitik), S. 66ff.
2) Ulrich (Unternehmungspolitik), S. 66.
3) in Anlehnung an Pümpin (Führung), S. 20ff und Schuster (Bank), wo sich auch ausführliche Checklisten zu den jeweiligen Analysen befinden.

- Umweltanalyse

  Sie untersucht ausgehend vom oben genannten Schema allgemeine Umwelttrends auf ihre Relevanz für die Bank. Diese können in Form einer Chancen- und Gefahrenanalyse exemplifiziert werden.

- Marktanalysen

  Diese versucht, zum einen quantitative Daten über Wachstum, Kapazität und Potential der relevanten Märkte in Erfahrung zu bringen. Zum anderen werden qualitative Faktoren, wie etwa die Bedürfnisstruktur der Kunden untersucht. Die gefundenen Daten können ebenfalls in einem Chancen-/Gefahren-Profil zusammengestellt werden.

- Konkurrenzanalyse

  Im Rahmen der Konkurrenzanalyse werden die wichtigen derzeitigen und potentiellen Konkurrenten sorgfältig analysiert. Hierdurch lassen sich Aussagen über relative Marktanteile gewinnen und ebenfalls Chancen und Gefahren ableiten.

- Strategische Einzelanalysen

  Ziele solcher Analysen sind die Untersuchung strategischer Geschäftseinheiten, die Erfassung strategischer Schlüsselprobleme und die Suche nach Marktlücken. Innerhalb derartiger Untersuchungen kommen verschiedene der oben genannten Untersuchungen in einem möglicherweise anderen Detaillierungsgrad zu Einsatz.

Um es nochmals deutlich zu machen: Es ist evident, dass das so skizzierte Planungs- und Analysesystem seinerseits eine Vielzahl von Informationen benötigt, die normalerweise durch das Führungsinformationssystem bereitgestellt werden. Insbesondere betrifft dies die durch das Rechnungswesen bereitgestellten Daten, die als Ist-Daten vielfach eine wichtige Grundlage für Planungsaktivitäten liefern. Die Ergebnisse der Analysen gehen jedoch ihrerseits wieder als Daten in das Führungsinformationssystem ein.

Das Planungs- und Analysesystem bedient sich dabei des Führungsinformationssystems und des in diesem enthaltenen Instrumentariums um Daten zu analysieren. Die aus dieser Analyse gewonnenen Informationen gehen wiederum als Daten in das Führungsinformationssystem ein. Es handelt sich somit um einen echten - in Abbildung 45 dargestellen - Informationskreislauf, in dem durch den Planungsprozess zusätzliche Informationen bereitgestellt werden. Hierdurch lassen sich insbesondere Alternativen aufzeigen, womit die Chance geboten wird, die bankbetriebliche Entscheidungssituation zu verbessern[1]).

---

1) Feyl (Bankbetrieb), S. 401.

Abbildung 45: Ambivalenz von Planung und Analyse in der Konzeption eines bankbetrieblichen Führungsinformationssystems

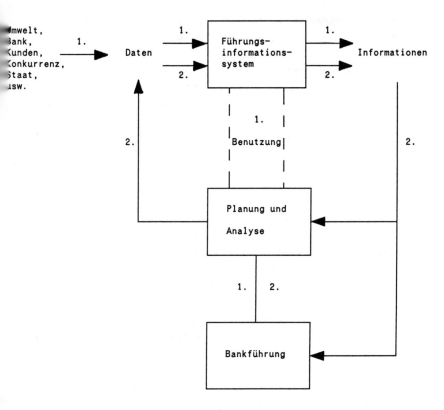

Dabei bedeutet   1. --> Planungs- und Analyseprozess
                 2. --> Ergebnisse des Planungs- und Analyseprozesses

Quelle: Eigene Darstellung

2. **Informationsbereitstellung durch das bankbetriebliche Führungsinformationssystem**

a. Aussagefähigkeit eines Führungsinformationssystems

Die Aussagefähigkeit eines Führungsinformationssystems hängt insbesondere von folgenden Faktoren ab:

- Auswahl der wesentlichen Informationen,
- Verdichtung der Einzelinformationen zu Informationsbündeln,
- geeignete Informationsbereitstellung und -darstellung

Während sich die beiden ersten Punkte nur durch eine individuelle Informationsbedarfsanalyse abklären lassen, können für die geeignete Bereitstellung und Darstellung der Führungsinformationen allgemeingültige Hinweise gegeben werden.

ZMUD zeigt in einer Uebersicht, wie die Informationsbereitstellung zu gestalten ist, um die Akzeptanz eines Führungsinformationssystems durch dessen Benutzer und den Einsatzerfolg eines solchen Systems zu begünstigen[1]. Er nennt die folgenden Faktoren:

- Gestaltung der Informationsbereitstellung
  - Möglichkeit der individuellen Gestaltung erhaltener Informationen,
  - Möglichkeit der Weiterverarbeitung erhaltener Informationen,
  - grafische Darstellung der Informationen,
  - Einfachheit der Informationsabfrage,
  - Möglichkeit des direkten Zugriffs auf benötigte Informationen,
  - schnelle Informationsbereitstellung durch das System,

---

1) Zmud (Success) und die dort angegebene Literatur.

♦ Inhalt der Informationsbereitstellung
- Möglichkeit von Entscheidungsvorschlägen durch das System,
- quantitative Angaben werden gegenüber qualitativen vervorzugt,
- Vorauswahl von Informationen durch das System (selektive Informationsbereitstellung).

Einschränkend muss allerdings erwähnt werden, dass die von ZMUD vorgestellten Forschungsergebnisse älteren Datums sind, was insbesondere die Aussagen über die generelle Akzeptanz eines computergestützten Führungsinformationssystems relativiert. Hinzu kommt, dass die Ergebnisse nicht bankspezifisch sind, was allerdings in diesem Zusammenhang von geringerer Bedeutung hinsichtlich ihrer Verwendbarkeit sein dürfte.

Damit lassen sich folgende grundsätzlichen Bedingungen für eine optimale Informationsbereitstellung identifizieren:

♦ Optimaler Kommunikationsumfang,
♦ Minimierung der Informationsflusszeit,
♦ Minimierung der Kommunikationswege,
♦ Minimierung der Störungseinflüsse und
♦ Elastizität der Kommunikationsstruktur[1])

b. Unterschiedliche Berichtstypen und Berichtsübermittlung

Abbildung 46 stellt unterschiedliche Systemtypen dar und zeigt sowohl ihren Funktionsumfang als auch ihre möglichen Einsatzgebiete auf.

---

1) Kramer (Information), S. 158ff.

Abbildung 46: Funktionen und Komplexität eines Führungsinformationssystems bei der Informationsbereitstellung

Niedrige Komplexität						------- Hohe Komplexität		
Auffinden einer Information	Analyse von Daten		Erstellen von Berichten	Beurteilen der Konsequenzen alternativer Entscheidungen	Vorschlagen von Entscheidungen	Treffen von Entscheidungen		Generell mögliche Funktionen
Dateisystem	Datenanalysesystem	Analyse- und Informationssystem	Finanzmodell	repräsentatives Modell	optimierendes Modell	vorschlagendes Modell		Systemtypen
Zugriff auf Daten	Ad-hoc-Datenanalyse einzelner Dateien	Ad-hoc-Analyse von Datenbanken, auch mit Hilfe kleiner Modelle	standardisierte Berechnung zukünftiger Resultate aufgrund finanzieller Definitionen	Abschätzung der Konsequenzen einzelner Aktionen	Berechnung einer optimalen Lösung eines kombinatorischen Problems	Errechnung eines Vorschlags		Funktionsumfang der Systeme
unregelmäßige Abfragen	periodische oder unregelmäßige Datenmanipulationen und -ausgaben	unregelmäßige Erstellung problembezogener Listen	periodische Abschätzung finanzieller Ergebnisse	periodische oder unregelmäßige Schätzung finanzieller oder anderer Ergebnisse alternativer Entscheidungen	periodische oder unregelmäßige Maximierung einer Zielfunktion unter einzuhaltenden Bedingungen	periodische oder tägliche Errechnung eines Entscheidungsvorschlags für eine strukturierte, regelmäßig auftretende Entscheidungssituation		Einsatzgebiete der Systeme
bedient und benutzt von Sachbearbeitern in Linie	bedient von Sachbearbeitern in Linie oder Analytiker im Stab, benutzt von Sachbearbeiter in Linie	bedient von Analytiker im Stab, benutzt von Planer oder Entscheider	bedient von Analytiker im Stab, lytiker im Stab, benutzt von Planer oder Entscheider	bedient von Analytiker im Stab, lytiker im Stab, benutzt von Entscheider	bedient von Sachbearbeiter in Linie, Analytiker im Stab, benutzt von Sachbearbeiter in Linie oder Entscheider	bedient von Sachbearbeiter in Linie nutzt von Sachbearbeitern in Linie		Bediener-/Benutzerkreise der Systeme

Quelle: Eigene Darstellung in Anlehnung an Zschaage (DSS), S. 108.

Zu prüfen ist zum einen, welche Funktionen ein System im Hinblick auf die Berichtsgenerierung aufweisen soll. Es werden die nachfolgend kurz skizzierten Berichtsarten unterschieden[1]:

◆ Standardberichte, Standardauswertungen

Dabei handelt es sich um starre Berichte mit fix vorprogrammierten Formen und Inhalten sowie festem Berichtsrhythmus. Der Empfänger muss daraus die für ihn relevanten Informationen selbst erkennen und auswählen. Ein Eingriff in die Berichtsgestaltung bzw. -methodik ist nicht möglich.

◆ Abweichungsberichte, Abweichungsanalysen

Hier erfolgt die Meldung von Ausnahmefällen in Abhängigkeit von vorgegebenen festen oder relativen kritischen Werten, auf die durch den Bericht auch die Aufmerksamkeit des Empfängers gelenkt werden soll. Berichte dieser Art sind der formale Ausdruck des Prinzips "Management by Exception". Diese Form wurde in Tests als besonders benutzeradäquat bewertet[2]. Sie ist vor allem zeitsparend, da nicht zuerst unwichtige von wichtigen Informationen getrennt werden müssen. Allerdings ist es unmöglich, alle Ausnahmesituationen richtig im voraus zu definieren. Damit kann diese Berichtsform nicht alleiniger Bestandteil eines Führungsinformationssystems sein.

---

1) Horvath (Controlling), S. 562f.
2) Judd/Paddock (Decision)

- **Bedarfsberichte, Ad hoc Analysen**

  Es sind dies flexible Berichte, sowohl vom Inhalt als auch vom Berichtsrhythmus her, die den jeweiligen Bedürfnissen angepasst werden können. Ihre Erstellung wird meist durch ein unmittelbares Informationsbedürfnis des Empfängers veranlasst.

  Dabei wird unterschieden zwischen der Möglichkeit einer reinen Datenabfrage und der Möglichkeit der Datenabfrage mit anschliessender Bearbeitungsmöglichkeit.

- **Frühwarnsysteme**[1]

  Durch Festlegung und Analyse von Warnpunkten sollen bestimmte Chancen- und Krisensituationen vorzeitig erkannt werden können. Mit ihrer Hilfe lassen sich insbesondere Abweichungen prognostizieren und so frühzeitig melden, dass noch Gegenmassnahmen ergriffen werden können.

---

1) Allgemein zu diesem Problemkreis: Kloss (Frühwarnsystem) sowie bankspezifisch: Dopler (Frühwarnsysteme).

Zur Generierung dieser Berichte kann man grundsätzlich Anfrage- und Dialogmodelle unterscheiden.[1] Es lassen sich folgende weitergehende Unterscheidungen treffen[2]:

- Reine Berichtssysteme, die Daten periodisch ausgeben.
- Berichtssysteme mit Ausnahmemeldungen, die zusätzlich Abweichungen von angegebenen Vergleichswerten besonders kennzeichnen.
- Reine Ausnahme-Berichtssysteme, die ausschlisslich Abweichungsmeldungen produzieren.
- Abfrage- bzw. Auskunftsysteme mit Standard-Abfragen, die bestimmte vorher festgelegte Informationsabfragen zulassen.
- Abfragesysteme mit freien Abfragen, die individuelle Recherchen ermöglichen.
- Dialogsysteme ohne Entscheidungsmodell, die zusätzlich Hilfestellung bei der Informationsrecherche bieten.
- Dialogsysteme mit funktionalem Entscheidungsmodell, sog. Herrensysteme, die zusätzlich Dispositions- und Optimierungsmodelle beinhalten, wobei der Mensch den Dialog führt.
- Dialogsysteme mit funktionalem Entscheidungsmodell, sog. Sklavensysteme, die zusätzlich Dispositions- und Optimierungsmodelle beinhalten, wobei die Maschine den Dialog führt und der Mensch nur bei bestimmten Situationen eingreifen muss.
- Dialogsysteme mit einem Unternehmens-Gesamtmodell, die zusätzlich nicht nur Teilbereiche einer Unternehmung abdecken, sondern eine integrative Gesamtschau ermöglichen.

Dazu ist anzumerken, dass je leistungsfähiger ein System gestaltet wird, desto höher ist natürlich auch seine immanente Komplexität und desto schwieriger ist im Normalfall auch seine Benutzung. Mit steigender Systemkomplexität ist damit auch vermehrt einer geeigneten Schulung der Benutzer Rechnung zu tragen.

---

1) Lutz (CIS), S. 18f.
2) Horvath (Controlling), S. 563.

Es gibt grundsätzlich zwei Möglichkeiten, Informationen bereitzustellen. Man kann Listen drucken und verteilen oder man kann Bildschirme zur Verfügung stellen, die durch dezentrale Drucker ergänzt werden können. Die oben skizzierten Systeme müssen nicht gezwungenermassen auch bildschirmgestützt sein. Sie können vielmehr noch immer rein papierbezogen sein.

Obwohl die Akzeptanz eines Bildschirms durch Manager unterschiedlich bewertet wird, lässt sich doch ein Trend hierzu erkennen[1]). Insbesondere sprechen folgende Argumente für eine derartige Lösung:

- Schnelligkeit: Die Informationen lassen sich zeitgerecht abrufen,
- Flexibilität: Die Informationen lassen sich interaktiv weiterverarbeiten,
- Direktheit: Die Informationen lassen sich direkt vom Benutzer abrufen,
- Selektionierbarkeit: Die Informationen lassen sich unmittelbar und gezielt auswählen,
- Aktualisierbarkeit: Es besteht die Möglichkeit, abgerufene Informationen unmittelbar zu ergänzen,
- Strukturierbarkeit: Die Informationen lassen sich vom Benutzer in die von ihm gewünschte Darstellungsform bringen,
- Analysemöglichkeit: Durch Möglichkeit, erhaltene Informationen direkt am Bildschirm zu analysieren, steigt auch das Vertrauen in diese Informationen und damit die Benutzung des Systems[2]),
- Beherrschbarkeit: Die Möglichkeiten der Beherrschbarkeit von Computersystemen durch den Benutzer wird ständig weiterentwickelt[3]).
- Integration: Die Möglichkeit der Integration von Daten-, Text-, Bild- und Sprachverarbeitung.[4])

---

1) Sawy (CEO), Rockart/Treacy (Chef)
2) Camillus/Lederer (Design), S. 35.
3) Hier sei nochmals auf die am Institut für Bankwirtschaft an der Hochschule St. Gallen in Arbeit befindliche Dissertation zum Thema "End-User-Computing in Banken" verwiesen.
4) Schuster (Informationsverarbeitung), S. 17.

Untersucht man solche bildschirmunterstützten Systeme hinsichtlich der technischen Möglichkeiten, welche sie bieten können, so lassen sich die folgenden Ansätze unterscheiden[1]:

- Monitor: Das System zeichnet täglich eine bestimmte Auswahl von Daten auf und produziert zeitlich fixierte Standardberichte.

- Exception: Das System produziert detailierte Abweichungsberichte anhand fester Bedingungsdefinitionen.

- Inquiry: Das System stellt eine Datenbasis zur Verfügung und ermöglicht flexible Abfragen, um individuelle Standard- und Abweichungsberichte zu erstellen.

- Analysis: Das System stellt umfangreiche Analysemöglichkeiten (Modelle, Simulationen, Optimierungen und statistische Routinen) und eine angemessene Datenbasis bereit, um Führungsentscheide zu unterstützen.

Im Sinne einer stufengerechten Informationsversorgung ist davon auszugehen, dass je höher die zu informierende Führungsstufe in der Bank angesiedelt ist, desto eher werden vom System umfangreiche Möglichkeiten der Datenverdichtung und -analyse erwartet. Infolge des damit steigenden Komplexitätsgrades des Systems wird dann allerdings vielfach die eigentliche Informationsbeschaffung nicht selbst vorgenommen, sondern - z.B. an einen Assistenten - delegiert. Dies hat allerdings negative Auswirkungen auf die Zeitgerechtigkeit der Informationsbereitstellung und zieht evtl. sogar eine Verzerrung der Informationen infolge der Vor-Aufbereitung nach sich.[2]

---

1) Alloway/Quillard (User), S. 30.
2) Zschaage (DSS), S. 107.

Bausteine

c. Entscheidungsfunktion des Systems

Im Zusammenhang mit der Konzeption bankbetrieblicher Führungsinformationssysteme stellt sich u.a. folgende Frage:

"What is the best point of articulation between the information system and the decision-maker? That is, where should the information system leave off and the decision-maker begin?"[1]

Mit anderen Worten, es erscheint wichtig, dass geregelt wird, inwieweit das System selbst Entscheidungsfunktionen übernehmen kann, respektive soll. Abbildung 47 zeigt hierfür ein Grundmodell, in dem die unterschiedlichen - das System betreffende - Annahmen aus Sicht des Benutzers dargelegt sind.

---

1) Mason (Concepts), S. 3.

Abbildung 47: Grundannahmen betreffend die Stufen eines Führungsinformationssystems

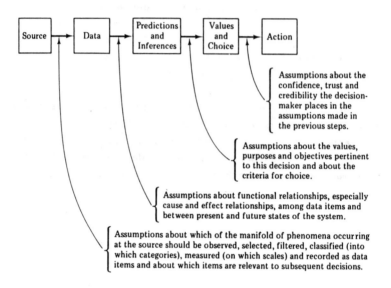

Quelle: Mason (Concepts), S. 13.

Auf diesem Grundmodell basierend, lassen sich vier aufeinander aufbauende Abgrenzungen zwischen verschiedenen Ausprägungen eines Systems unterscheiden (von einem solchen mit reinem Informationscharakter bis zu einem solchen mit echtem Entscheidungscharakter)[1]. Diese sollen im folgenden kurz dargestellt werden. Durch die Abbildungen zu den verschiedenen Konzepten werden insbesondere die Schnittstellen zwischen dem System und seinem Benutzer verdeutlicht.

---

1) Mason (Concepts), S. 2ff.

Bausteine   225

♦   Databank Approach: Bei diesem nimmt das System lediglich
    Daten auf, klassifiziert sie und speichert sie abrufbereit.
    Der Entscheidungsträger muss ausgehend von diesem Daten-
    pool die ihn interessierenden Daten abrufen und selbst
    zu Informationen aufbereiten (Abbildung 48).

    Abbildung 48:   Databank Approach

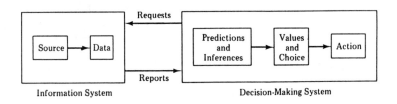

    Quelle: Mason (Concepts), S. 4.

♦   Predicitve Information Systems: Das System hält darüber-
    hinaus einen bestimmten Vorrat an Entscheidungsalterna-
    tiven im Sinne von "What-if --> If-then" Abfrageroutinen
    bereit, deren Ergebnisse für den Benutzer Informations-
    charakter besitzen (Abbildung 49).

    Abbildung 49:   Predicitve Information Systems

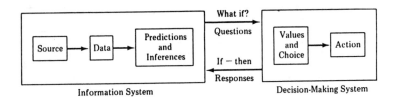

    Quelle: Mason (Concepts), S. 6.

- **Decision-Making Information Systems:** Bei diesen schlägt das System weitergehend bestimmte Handlungsalternativen für eine Entscheidungssituation vor (Abbildung 50).

  Abbildung 50: Decision-Making Information Systems

  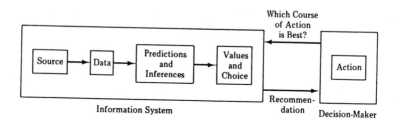

  Quelle: Mason (Concepts), S. 8.

- **Decision-Taking Information System:** Hier trifft das System selbständig bestimmte Entscheidungen und veranlasst damit Handlungen (Abbildung 51).

  Abbildung 51: Decision-Taking Information System

  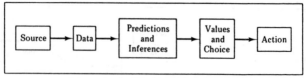

  Quelle: Mason (Concepts), S. 10.

Das entscheidende Abgrenzungskriterium für die vier Modelle dürfte die Problemkomplexität sein, mit anderen Worten, je komplexer das Problem ist, desto eher sollte der Benutzer in den Entscheidungsprozess integriert werden. Hingegen können Routineentscheidungen durch das System selbst vorgenommen werden.

d. Zusammenführung der Möglichkeiten der Informationsbereitstellung

Erst eine sinnvolle Kombination der gezeigten Gestaltungsalternativen ermöglicht den Aufbau eines funktionierenden Führungsinformationssystems zur Entscheidungs- und damit zur Führungsunterstützung. Abbildung 52 zeigt die in einem solchen System zu kombinierenden Elemente der Informationsbereitstellung.

<u>Abbildung 52:</u>   Elemente der Informationsbereitstellung in einem Führungsinformationssystem

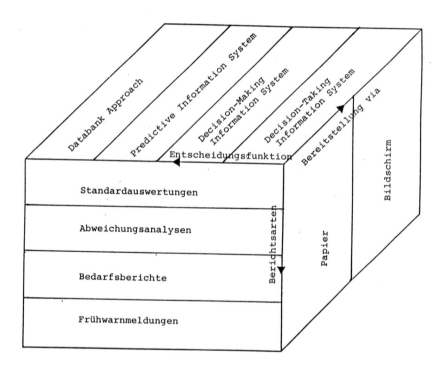

Quelle: Eigene Darstellung

V. Hinweise zur Realisierung bankbetrieblicher Führungsinformationssysteme

A. Erfolgsfaktoren bei der Einführung bankbetrieblicher Führungsinformationssysteme

Viele Faktoren spielen eine Rolle für den Erfolg bei der Einführung eines Führungsinformationssystems. Im folgenden werden die wichtigsten für das Gelingen eines solchen Projektes aufgeführt:

1. Notwendigkeit der Planung

Wie bereits an anderer Stelle erwähnt, belegen verschiedene empirische Studien, dass nur Banken, die ihre Technologie beherrschen und ausbauen, langfristige Kostenvorteile vor der Konkurrenz werden aufweisen können. Banken hingegen, die es versäumen, mit der technologischen Entwicklung mitzuhalten, werden Nachteile am Markt erleiden[1].

Die wirtschaftliche Umsetzung eines Führungsinformationssystems ist mit einem relativ hohen organisatorischen, personellen, finanziellen und zeitlichen Aufwand verbunden, der kurzfristig nicht zu bewältigen ist. Hinzu kommen mögliche Akzeptanzprobleme bei den späteren Nutzern des Systems[2]. Ohne eine geeignete Planung wird der Erfolgsfaktor Information eher zu einem unternehmerischen Risikofaktor[3]. Dies belegen auch entsprechende Umfragen bei verantwortlichen Informationsmanagern[4].

---

1) Arthur Andersen (Finanzplatz Schweiz), S. 87ff, Salomon Brothers (Technology)
2) Wagner (Informationsmanagement), S. 95f.
3) Wiedmayer (Geldinstitute), S. 17.
4) Hartog/Herbert (Survey), S. 351ff.

Folgende Risiken bestehen in diesem Zusammenhang:

- "Failure to obtain all, or even any, of the anticipated benefits.
- Costs of implementation that vastly exceed planned levels.
- Time for implementation that is much greater than expected.
- Technical performance of resulting systems that turns out to be significantly below estimate.
- Incompatibility of the system with the selected hardware and software."[1]

Um durch Informationsmanagement Wettbewerbsvorteile erzielen zu können, müssen folgende Voraussetzungen erfüllt sein:

- Ausrichtung der Informationsstrategie an den strategischen Zielen der Bank[2];
- Nutzenbeurteilung der Informationen hinsichtlich ihres Beitrages zur Zielerreichung[3];
- adäquate hierarchische Einordnung des Informationsmanagers.

Damit ergibt sich für das Führungsinformationssystem die umittelbare Notwendigkeit seiner Planung und Kontrolle[4]. Die Informations- und Kommunikationsstrategie ist als wesentlicher Bestandteil der allgemeinen Bankstrategie anzusehen und muss daher in den Prozess des strategischen Managements integriert werden. Vor allem müssen die langfristigen Auswirkungen auf die Kosten- und Ertragssituation ermittelt werden, welche durch die Datengewinnung, Informationsverarbeitung und Informationsnutzung entstehen[5]. "The key to managing risk is the organization's ability to learn from its experience in controlling the development process".[6]

---

1) McFarlan (Portfolio), S. 143.
2) Earle (Investment), S. 20.
3) Hierzu finden sich Checklisten bei: Rackoff et al. (Advantage)
4) Neuss (Informationen), S. 219.
5) Wagner (Informationsmanagement), S. 100.
6) Vitale (Risks), S. 333.

Abbildung 53 stellt Ziele und Zielerreichung bei der Planung von Führungsinformationssystemen einander gegenüber.

Grundsätzlich lassen sich bei der Realisierung eines bankbetrieblichen Führungsinformationssystems die folgenden Phasen unterscheiden[1]:

- Definitionsphase
- Konstruktionsphase
- Einführungsphase

Grundlagen für das Vorgehen ergeben sich prinzipiell aus allgemeinen Erkenntnissen über die Durchführung von betrieblichen Informatikprojekten, wie sie in der Literatur ausführlich beschrieben werden[2]. An dieser Stelle sollen daher nur einige unmittelbar die Entwicklung und Einführung von Führungsinformationssystemen betreffende konzeptionelle Gestaltungshinweise gegeben werden.

---

[1] Ahituv/Neumann (Development), S. 69.
[2] Siehe hierzu: Österle (Entwurf)

Abbildung 53: Ziele und Zielerreichung bei der Planung von Führungsinformationssystemen

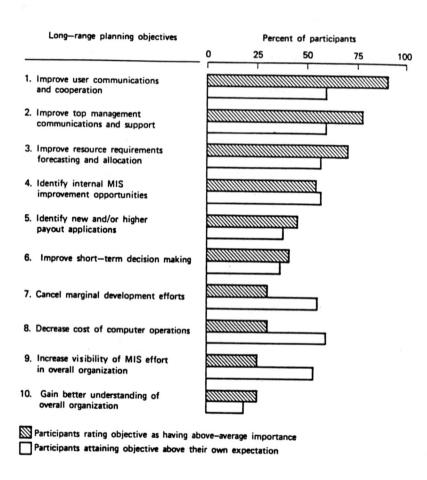

Quelle: McLean/Soden (Planning), S. 67.

Realisierung

Mögliche Probleme bei der Entwicklung und Einführung eines Führungsinformationssystems müssen dabei nicht immer einen rationalen Hintergrund haben[1]. Insbesondere können sich in diesem Zusammenhang folgende Führungsprobleme ergeben[2]:

- Bei der Entwicklung eines Führungsinformationssystems handelt es sich um einen komplexen, schlecht definierten und innovativen Vorgang, der durch das Management kreativ zu unterstützen ist.

- Im als arbeitsteilig zu charakterisierenden Entwicklungsprozess muss die Arbeit zahlreicher Spezialisten mit unterschiedlichem fachlichen Hintergrund koordiniert werden.

- Das Führungsinformationssystem muss in das bestehende Führungssystem eingegliedert werden. Eine Fülle struktureller aber auch personeller Gegebenheiten müssen daher bei der Entwicklung und Umsetzung berücksichtigt werden.

- Da die Einführung eines Führungsinformationssystems immer einen Wandel im bestehenden Führungssystem bedingt, muss mit teilweise erheblichen Anpassungswiderständen gerechnet werden.

- Entwicklungsprozesse sind innovative Prozesse, die aufgrund ihrer Eigendynamik nicht immer auf das ursprüngliche Ziel ausgerichtet sind. Es müssen daher laufend Impulse gegeben werden, um eine Zielerreichung zu gewährleisten. Hier ist insbesondere auf ein geeignetes Projektmanagement zu achten.

---

1) Senn (Principles), S. 22.
2) Kirsch (Probleme), S. 176f.

2. Unterstützung durch das Top Management

Die Ziele und das Vorgehen bei der Entwicklung eines Führungsinformationssystems sind von der Unternehmensleitung vollständig zu unterstützen. Die hohe Bedeutung dieser Top Management-Unterstützung kann nicht wichtig genug veranschlagt werden[1].

Eine solche Unterstützung muss allerdings mehr beinhalten als nur die Zuordnung von Ressourcen. Studien belegen, dass nur durch einen frühzeitigen, konsequenten und direkten Einbezug des Top Managements in die Entwicklung des Systems ein Projekterfolg zu gewährleisten ist[2].

Der Einbezug des Top Managements ist damit ein notwendiger, wenngleich nicht hinreichender Faktor für die erfolgreiche Entwicklung eines bankbetrieblichen Führungsinformationssystems.

Um dies zu erreichen, haben ROCKART/CRESCENZI das in Abbildung 54 dargestellte Drei-Phasen-Modell entwickelt[3].

---

1) Senn (Principles), S. 22, Riske/Gregersen (FIS), S. 160.
2) Alavi (DSS), S. 1.
3) Rockart/Crescenzi (Information).

Realisierung 235

Abbildung 54: Drei-Phasen-Modell für die Planung und Entwicklung eines Führungsinformationssystems

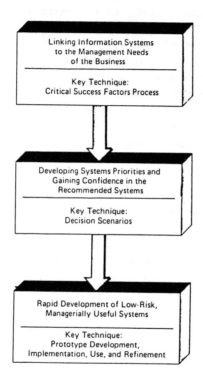

Quelle: Sprague/McNurlin (Information), S. 80.

Diese drei Phasen bauen auf den folgenden drei Konzepten auf:

- "Critical Success Factors: To engage management's attention and ensure that the systems meet the most critical business needs;
- Decision Scenarios: to demonstrate to management that the systems to be developed will aid materially in the decision-making process; and
- Prototyping: to allow management to quickly reap system results which are to be a part of the development process, and to minimize initial costs."[1)2)]

Durch Anwendung des Konzeptes werden zwei wichtige Vorteile erzielt:

- Zum einen wird das Top Management einer Bank in einer angemessenen Weise in den Planungsprozess des Führungsinformationssystems einbezogen und
- zum anderen wird die Aufmerksamkeit des Managements für das Führungsinformationssystem während des gesamten Entwicklungsprozesses gewährleistet.[3)]

---

1) Rockart/Crescenzi (Information), S. 3f.
2) Die Methode der Critical Success Factors wurde an anderer Stelle bereits erläutert. Beim Erstellen von Decision Scenarios wird versucht, das Entscheidungsverhalten aufgrund bestimmter Situationsparameter zu erfassen und zu strukturieren. Prototyping ist eine Methode zur Entwicklung computergestützter Informationssysteme. Dabei wird schrittweise ein Modell entwickelt (Prototyp), von den späteren Benutzern geprüft, um anhand deren Hinweise überarbeitet, ergänzt und schliesslich vollendet zu werden.
3) Rockart/Crescenzi (Information), S. 3.

3. Frühzeitiger Einbezug der Benutzer

Dieser Punkt ist wohl der wichtigste für das Gelingen eines jeden Projektes. Der Aufbau eines Führungsinformationsystems bedeutet einen sich über Jahre hinziehenden Lernprozess innerhalb der Organisation[1]. Wichtig erscheint daher, dass die Benutzer des Systems entsprechend frühzeitig geschult werden, um mit dem System produktiv arbeiten zu können. Die Fähigkeiten der Benutzer sind ein wesentlicher möglicher Erfolgs- oder Misserfolgsfaktor für den Einsatz von Führungsinformationssystemen[2].

Aber nicht nur die Schulung der Benutzer ist von Bedeutung. Entsprechende empirische Studien haben eindeutig belegt, dass eine erfolgreiche Systemimplementierung nur durch einen vollständigen Einbezug der Benutzer in das Projekt möglich ist[3].

---

[1] Koreimann (Thesen), S. 238.
[2] Sadek/Tomeski (Approaches).
[3] Baronas/Louis (Restoring); Brabander/Edström (Development); Cerullo (Information); Hirschheim (User); Hirschheim (Participative); Jenkins/Naumann/Wetherbe (Investigation); Robey/Farrow (User); Tait/Vessey (User);

Der Einbezug von Benutzern bereits in die Entwicklungsphase

- bewirkt realistische Erwartungen in Bezug auf die Möglichkeiten, welche das System bietet,
- ermöglicht das frühzeitige "Aushandeln" des System-Designs,
- bewirkt eine stärkere Identifizierung der Benutzer mit "ihrem" System,
- vermindert die Widerstände gegen durch das System verursachte Aenderungen,
- erreicht ein "commitment" der Benutzer zugunsten des Systems und erhöht zudem die Qualität des Systems durch
  - die bessere und genauere Evaluierung der Informationsbedürfnisse,
  - die Bereitstellung von Wissen über die durch das System zu unterstützende Organisation,
  - die Vermeidung der Entwicklung unnötiger, unwichtiger oder nicht akzeptabler Systemeigenschaften,
  - die weitgehende Vermeidung kostspieliger und zeitintensiver späterer Systemmodifikationen,
  - eine Verbesserung des Benutzerverständnisses für das System[1].

4. Richtige Zusammensetzung des Projektteams

Hierbei stellt sich u.a. die Frage, inwieweit zusätzlich zu den eigenen Mitarbeitern externe Berater eingesetzt werden sollen.

Die Vorteile eines Einsatzes eigener Mitarbeiter liegen in deren besonderer Motivation. Insbesondere kann durch die Nutzung des intern vorhandenen Wissens die Realitätsnähe eines Lösungsansatzes verbessert werden. Von entscheidender Bedeutung ist jedoch die damit verbundene Sicherung der Akzeptanz des späteren Projektergebnisses.

---

1) Baronas/Louis (Restoring), S.112f und die dort angegebene Literatur.

Dem gegenüber steht der relativ hohe Zeitbedarf eines Strategieprojektes, der zwangläufig mit dem Tagesgeschäft kollidiert. Auch die Kenntnis der Mitarbeiter in Bezug auf Inhalte und Verfahren bei der Durchführung von Projekten ist oft unzureichend.

Als Ausweg aus der beschriebenen Problematik bietet sich der Beizug externer Berater an. Es kann hier jedoch nur darum gehen, Berater mit in das Projektteam zu intergrieren. Es würde insbesondere der Anforderung nach Einbezug des Benutzers völlig widersprechen, wenn ein Informationsprojekt ausschliesslich von Externen bearbeitet würde. Ziel muss eine gleichwertige Beteiligung von Geschäftsleitung, Kadermitarbeitern und Beratern sein. Dabei kann es zu folgender Aufgabenteilung kommen:

- Die Geschäftsleitung ist für grundsätzliche Entscheide zuständig, ist aber stets über den Fortgang des Projektes informiert.
- Die Kadermitarbeiter helfen insbesondere bei der Analysephase, bei der Suche nach alternativen Lösungen und bei der Implementierung.
- Die Berater sind vornehmlich für Methodik, Koordination, Zielsetzung und Kontrolle des Projektes verantwortlich.

Wichtig ist auch die Know How Verteilung im Projektteam. Hierbei gilt es, neben den notwendigen Informatik-Experten auch Mitarbeiter aus der Linie, als spätere Systembenutzer und Mitarbeiter aus den Stäben als Experten für konzeptionelle Fragen (Rechnungswesen, Planung etc.) mit in die Entwicklungsarbeit einzubeziehen[1].

---

1) Wagner (Informationsmanagement), S.100.

5. Klare Projektverantwortlichkeit und -kontrolle

Die Verantwortung für die Einführung des Führungsinformationssystems muss klar definiert sein. Dies bedeutet zum einen eine klare Zielvorgabe an das Projektteam, d.h. die Aufgabenstellung muss klar definiert und abgegrenzt werden. Es muss zudem eine klare Zeitvorgabe erfolgen, innerhalb derer das Projekt abzuwickeln ist.[1]

Dabei ist zum anderen auf die Einhaltung der Projektorganisation zu achten, insbesondere darauf, dass es sich nicht verselbständigt.

Damit verbunden ist die Wahl der richtigen Projekt-Organisation. Die Projekt-Organisation kann die primäre Organisationsstruktur des Bankbetriebs auf jeder hierarchischen Ebene überlagern. Bei zunehmender Bedeutung der Projekte sind von unten nach oben entsprechend mehr Ebenen involviert. Führungsinformationssystem-Projekte sind ein typisches Beispiel hierfür.

---

[1] Ginzberg (Implementation), S. 54f.

Es stehen grundsätzlich drei Varianten der Projektorganisation zur Verfügung[1]:

- Stabs-Projekt-Organisation:

    Bei dieser Organisationsform ist der Projektleiter als Stabsstelle ohne Weisungsbefugnis in die Hierarchie eingefügt.

- Reine Projekt-Organisation:

    Hierbei hat der Projektleiter volle Kompetenzen im Rahmen des Projektes; die entsprechenden Mitarbeiter unterstehen ihm.

- Matrix-Projekt-Organisation:

    In der Matrix-Projekt-Organisation wird die Entscheidungskompetenz zwischen Projekt- und Fachbereichsleiter aufgeteilt.

Im vorliegenden Fall sollte - angesichts der hohen Bedeutung des Projektes - entweder die reine Projekt-Organisation oder eine geeignete Matrix-Projekt-Organisation zum Einsatz kommen.

6. Unterteilung des Projektes in einzelne in sich geschlossene Phasen

Wie bereits angedeutet, kann ein so komplexes Vorhaben wie die Einführung eines bankbetrieblichen Führungsinformationssystems nicht in einem grossen Schritt erfolgen. Vielmehr empfiehlt sich ein modularer Aufbau des Systems, wobei die einzelnen Module in verschiedenen Projektabschnitten realisiert werden. Diese einzelnen Abschnitte müssen aus "aufeinander abgestimmten,

---

[1] Schmidt (Bankbetrieb), S.180 ff.

konkreten, jeweils überprüfbaren Einzelschritten und Einzelprojekten in einer geplanten Reihenfolge bestehen"[1]).

7. Situativ-kooperative Führung

Der Prozess der strategischen Planung ist ein kreativer. Neben dem allgemeinen Zeitrahmen können sinnvollerweise nur geringe Aktionsparameter vor Projektbeginn gesetzt werden. Auftretende Führungsprobleme, die sich typischerweise im zwischenmenschlichen Bereich bewegen, können erst dann angegangen werden, wenn sie bekannt werden.

Die daraus folgende Konfliktbewältigung erfordert ein Eingehen sinnvoller Kompromisse. Hier ist vor allem das Verhältnis Aufwand/Erfolg zu nennen. Das Machbare muss im Vordergrund stehen.

---

[1] Wagner (Informationsmanagement), S. 100.

8. "Pflege" des Führungsinformationssystems

Auch hinsichtlich der "Pflege" des Führungsinformationssystems lassen sich bestimmte Regeln finden. Grundsätzlich bietet sich hier ein identisches Vorgehen an. Einige spezielle Punkte sollen unter folgenden Stichworten erwähnt werden:

- "regelmässige Prüfung der Problemangemessenheit einzelner Berichtseinheiten durch Kollegien oder interdisziplinäre Teams,
- Partizipation der Nutzer bei grösseren Ueberarbeitungen standardisierter Berichte im Rahmen von Projektarbeit,
- frühzeitige Information über beabsichtigte Aenderungen und Anpassung der Berichterstattung;
- systematisches Einschalten von Meinungsführern bei geplanten Aenderungen,
- antizipative und nicht reaktive Anpassungsmassnahmen bei sichtbarem Wandel der Informationsansprüche bzw. bei der Aufnahme neuer Berichtsgrössen in die Berichterstattung (Beispiel: Produkt-Neueinführungen)"[1].

---

1) Seidel/Wirtz (Banken-Controlling), S. 385.

B. **Institutionelle Eingliederung bankbetrieblicher Führungsinformationssysteme**

1. **Eingliederung in das bankbetriebliche Controlling**

Als funktionaler aufbauorganisatorischer Rahmen für das Führungsinformationssystem bietet sich grundsätzlich das System des bankbetrieblichen Controlling an. In der deutschen Literatur lassen sich nach KAESER drei unterschiedliche begriffliche Ansätze für das allgemeine Controlling[1] herauskristallisieren:

- Controlling verstanden als Managementfunktion. Der Controller ist eine Hilfsinstanz der Führung;
- Controlling verstanden als Führungshilfe. Der Controller ist der Träger der Führung;
- Controlling verstanden als Konzept (oder Subsystem) der Unternehmungsführung[2].

Betrachtet man weiterhin die Aufgaben des Controlling, so lassen sich auch hier drei Ansätze unterscheiden, nämlich

- der rechnungswesenorientierte Ansatz,
- der informationsorientierte Ansatz und
- der führungssystemorientierte Ansatz.[3]

SCHIERENBECK unterscheidet in seinem Ansatz die in Abbildung 55 dargestellten zwei Dimensionen des Bankcontrolling, nämlich

- die materielle oder inhaltliche und
- die formale Dimension[4].

---

[1] Siehe auch allgemein zu den aktuellen Entwicklungen im Bereich Controlling: Probst/Schmitz-Dräger (Controlling).
[2] Kaeser (Controlling), S. 11 und die dort angegebene Literatur.
[3] Schmidt (Controlling), S. 5.
[4] Schierenbeck (Bankmanagement), S. 1ff.

Abbildung 55: Die Dimensionen des Bankcontrolling

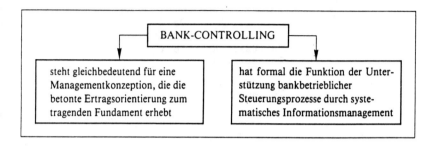

Quelle: Schierenbeck (Bankmanagement), S. 2.

Materiell bedeutet Controlling die kybernetische ertrags- und sicherheitsorientierte Steuerung einer Bank. Im Mittelpunkt der inhaltlichen Dimension steht die Koordinations- und Informationsfunktion als Unterstützung der Planung, Organisation, Führung und Kontrolle[1]. Andere Aufteilungen unterscheiden eine formale Funktionsdimension (Moderation von Informations- und Kommunikationsmanagement) und eine inhaltliche Funktionsdimension (Moderation von Gewinn- und Sicherheitsmanagement)[2].

Aus der funktionalen Sichtweise des Controllings ergeben sich die folgenden zwei Dimensionen der Controllingaktivitäten,

- die Zeitbezogenheit und
- die Aufgabenbezogenheit des Controllings.

---

1) Schierenbeck (Bankmanagement), S. 1.
2) Seidel/Wirtz (Banken-Controlling), S. 384.

Abbildung 56 führt diese beiden Elemente zusammen.

Abbildung 56: Funktionale Inhalte des Bankcontrollings

Aufgaben des Controllings	Zeitbezogenheit des Controllings	
	Vergangenheit	Zukunft
Portfolio-	-Kontrolle	-Planung -Steuerung
Bilanz-	-Kontrolle	-Planung -Steuerung
Budget-	-Kontrolle	-Planung -Steuerung

Quelle: Eigene Darstellung in Anlehnung an Schierenbeck (Bankmanagement), S. 18; Kaeser (Controlling), S. 40; Heseler (Controlling), S. 39ff; Hauschildt (Controller), S. 29ff.

Unter der Zeitbezogenheit lassen sich die Führungsfunktionen nach Vergangenheits- und Zukunftsbezug unterteilen. Während die Kontrolle primär vergangenheitsorientiert ist, sind Planung und Steuerung auf die Zukunft ausgerichtet[1].

Die einzelnen Aufgabenfelder werden wie folgt interpretiert: Portfolio-Management beinhaltet die Entwicklung von Marktstrategien zur Sicherung der Wettbewerbsposition, Bilanzstrukturmanagement die risiko- und liquiditätspolitische Optimierung der Bilanzstruktur und Budgetmanagement schliesslich die Feinsteuerung der Bankrentabilität und -liquidität[2].

Unabhängig von der konkreten Aufgabendefinition ist die organisatorische Seite des Controllings durch die Verzahnung von Rechnungswesen und Planungsrechnung gekennzeichnet[3].

Nach SCHIERENBECK stellt ein steuerungsadäquates Führungsinformationssystem einen Kernbestandteil innerhalb der controlling-adäquaten Infrastruktur einer Bank dar (vgl. Abbildung 57)[4].

---

1) Siehe S. ** der vorliegenden Arbeit.
2) Schierenbeck (Bankmanagement), S. 18ff.
3) Wielens (Controlling), S. 1149.
4) Schierenbeck (Bankmanagement), S. 7ff.

Abbildung 57: Die vier Bausteine einer controlling-adäquaten Infrastruktur in Banken

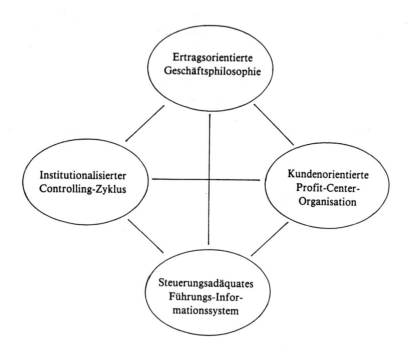

Quelle: Schierenbeck (Bankmanagement), S. 7.

Damit wird dem Controlling die Verantwortung beim Aufbau, bei der Weiterentwicklung und Betreuung eines Führungsinformationssystems als eine Hauptaufgabe zuerkannt[1]. Controlling kann somit institutionell als eine Art Informationszentrum verstanden werden, das relevante Daten erfasst, zu Informationen aufbereitet und diese weiterleitet, um die Aktivitäten der einzelnen Geschäftseinheiten im Hinblick auf die Gesamtbankziele zu

---

1) Seidel/Wirtz (Banken-Controlling), S. 384.

koordinieren und aufeinander abzustimmen[1]). Die Versorgung des Managements mit führungsorientierten Informationen ist eine Hauptaufgabe des Controlling[2]).

Controlling sollte dabei grundsätzlich als Führungsaufgabe angesehen werden[3]). Uebergeordnetes Element des Bankcontrolling ist nach SCHIERENBECK die Verankerung einer ertragsorientierten Geschäftsphilosophie, die das Bankergebnis konsequent in den Mittelpunkt der bankbetrieblichen Führung stellt[4]). Der Controller hilft - als Co-Pilot oder Navigator - mit, neue Ertragspotentiale zu entwickeln, alte abzusichern und die Kosten- und Informationsexplosion einzugrenzen[5]). Bankcontrolling ist somit mehr als nur Bankkontrolle.

Als weiteres wichtiges Element sieht er den organisatorischen Rahmen, mit dessen Hilfe die ertragsorientierte Geschäftsphilosophie am Markt umgesetzt werden kann. Dabei bietet sich die dezentrale Profit-Center-Struktur an[6]). Hinter dem Begriff des "institutionalisierten Controlling-Zyklusses" verbirgt sich die Grundvorstellung eines kybernetischen Führungsmodells, wie es auch der vorliegenden Arbeit zugrunde liegt[7])
Dabei ist der Controller auf die Zusammenarbeit mit anderen Bereichen innerhalb der Bank angewiesen, wobei die Bereiche Informatik und Organisation besonders hervorzuheben sind, fällt ihnen doch bei der technischen Umsetzung eines Führungsinformationssystems eine nicht unbeträchtliche Rolle zu.

---

1) Hauschildt (Controller), S. 17.
2) Siegwart (Controlling), S. 100.
3) Siegwart (Führungsaufgabe), S. 274.
4) Schierenbeck (Bankmanagement), S. 7f.
5) Wielens (Controlling), S. 1148.
6) Schierenbeck (Bankmanagement), S. 9.
7) Schierenbeck (Bankmanagement), S. 10f.

2. Integration, Zentralisation oder Dezentralisation der Verantwortlichkeit für das Führungsinformationssystem

Für die strukturelle organisatorische Verankerung der Zuständigkeit für ein bankbetriebliches Führungsinformationssystem ergeben sich drei grundlegende Alternativen:

- Verankerung in dezentralen operativen Einheiten;
- Verankerung in den zentralen Diensten;
- Verankerung in der zentralen Gesamtbankleitung.

Daraus ergibt sich insbesondere die Frage nach dem Grad der Zentralisierung/Dezentralisierung einer bankbetrieblichen Controllingkonzeption. Historich gesehen haben die Banken eine Vielzahl ihrer Informationsaktivitäten zentralisiert. Die generelle Führung einer Bank war, insbesondere hinsichtlich Fragen der Managementkompetenzen und Kostenkontrolle, stark zentralistisch geprägt. Die Tendenz zu mehr Kundennähe bringt den Zwang zur weitgehenden Dezentralisierung mit sich. Damit einher geht die Etablierung von Profit-Centern in Banken.

Die Wahl des geeigneten Zentralisationsgrades stellt grundsätzlich eine problematische Aufgabe dar, müssen doch einerseits – um einem integrierenden Charakter des Controllings Rechnung zu tragen – möglichst viele seiner Aufgaben zentralisiert werden, muss jedoch andererseits aus Gründen der Motivation, Fachwissen und Erfahrung der einzelnen Linienmanager mit in ein System einbezogen werden können[1].

Für marktbezogene Entscheidungen müssen klare Richtlinien vor Ort vorhanden sein, um auf die Kundenwünsche flexibel und effektiv reagieren zu können. Ein Führungsinformationssystem muss daher auf die Anforderungen einer dezentralen Führung hin

---

1) Schüller (Aufgaben), S. 559f.

ausgelegt sein[1]. Für die dezentrale und damit gegen eine zentrale Lösung sprechen im wesentlichen folgende Argumente:

- Das Fallwissen ist vor Ort am stärksten ausgeprägt,
- die relevanten Informationen sind oft dort vorhanden, wo die entsprechenden Entscheide getroffen werden müssen (Bsp. Informationen über die Risikosituation eines Kreditnehmers),
- kurze und leistungsfähige Kommunikationswege erhöhen die Flexibilität auf Umweltveränderungen zu reagieren,
- aufgrund der in den operativen Einheiten auftretenden ähnlichen Probleme und Aufgabenstellungen haben die damit zusammenhängenden Informationen vielfach repetitiven Charakter, was deren Prognostizierbarkeit für die bestimmte Instanz erhöht,
- im Sinne des zunehmenden Autonomiegedankens des Managements und damit zusammenhängend im Interesse eines zu realisierenden Profit Center Denkens erscheint eine konzeptionelle Dezentralisierung als einzig sinnvolle Lösung,
- durch eine breitere Streuung von Kompetenz und Verantwortung wird die Motivation und Leistung der Mitarbeiter gefördert,
- im Falle eines Systemproblems wirken sich zentrale Lösungen unmittelbar auf die Gesamtbank aus.

Auf der anderen Seite erlaubt es dem Top Management nur eine effiziente Integration der Informationen, die Entscheidungen ihrer untergeordneten Instanzen richtig zu analysieren und hinsichtlich ihrer Verträglichkeit mit der Gesamtbankpolitik zu überprüfen[2]. Gegen eine dezentrale und damit für eine zentrale Lösung lassen sich im wesentlichen folgende Argumente ins Feld führen:

---

1) Salomon Brothers (Technology), S. 45.
2) Salomon Brothers (Technology), S. 45.

- Erschwerte Koordination von Information und Kommunikation innerhalb der Gesamtbank.
- Unterschiedliche Informationsgrundsätze in den verschiedenen operativen Einheiten führen zu unterschiedlichen Handlungsweisen.
- Insbesondere strategische Problemstellungen verlangen eine integrierte Gesamtschau der Bank.
- Komplexe Beziehungssituationen (Bsp. Konzern als Firmenkunde) können ebenfalls nur aus einer derartigen Perspektive beurteilt werden.
- Einheitliche und konsistente Informationen für die Gesamtbank können nur unter einer zentralen Organisationseinheit gewährleistet werden. Dezentrale Lösungen beinhalten die Gefahr der Datenredundanz.
- Das Fachwissen ist in den Zentralbereichen am stärksten ausgeprägt.
- Die Steuerung der Bank unter Ertrags-, Liquiditäts- und Risikoaspekten ist eine zentrale Managementaufgabe.

Das Postulat einer optimalen Informationsversorgung kann nur erfüllt werden, "wenn der Informationsfluss keine Einbahnstrasse ist, sondern sowohl von oben nach unten als auch von unten nach oben funktioniert".[1] Als Konsequenz daraus ergibt sich, dass die Konzeption eines bankbetrieblichen Controllings aus Sichtweise des Führungsinformationssystems sowohl zentrale als auch dezentrale Aspekte beinhalten muss[2]. Abbildung 58 verdeutlicht die Aufgabenverteilung in Bezug auf das Sammeln, Weiterleiten und Benutzen von Informationen.

---

1) Faulhaber (Informationsarchitektur), S. 24.
2) Terrahe (Informationssysteme), S. 215.

Realisierung 253

Abbildung 58: Zentrale und dezentrale Informationsrollen

	Unmittelbar geschäftsbezogene Informationen	Gesamtmarktbezogene Informationen
Datensammlung	dezentrale Linienaufgabe	zentrale Stabsaufgabe
Informationsverarbeitung und -weitergabe	dezentrale Linien- und zentrale Stabsaufgabe	zentrale Stabsaufgabe
Informationsverwendung	dezentrale Linienaufgabe	zentrale Linien- und Stabsaufgabe

Quelle: Eigene Darstellung in Anlehnung an: Ghoshal/Kim (Systems), S. 55

Hinzu kommt noch ein Einbezug des Top Managements in die Konzeption des Führungsinformationssystems, für den vor allem folgende Gründe sprechen:

♦ Hohe strategische Bedeutung des Führungsinformationssystems für die Gesamtbank.
♦ Anerkennung und Unterstützung der Konzeption eines Führungsinformationssystems als integrativer Teil der Geschäftspolitik.
♦ Formulierung und Durchsetzung einheitlicher Informationsgrundsätze für die Gesamtbank.

In der Gesamtkonzeption eines Führungsinformationssystems kommen dem Top Management damit insbesondere folgende Aufgaben zu:

- Führung des zentralen Bereichs Informationsmanagement,
- Mitwirkung bei der Konzeption des Führungsinformationssystems,
- Verantwortung für die Informationspolitik der Gesamtbank,
- Verabschiedung institutseinheitlicher Informationsgrundsätze (siehe hierzu beispielhaft Abbildung 59)

Abbildung 59: Mögliche Informationsgrundsätze einer Bank

- Die Informationen sollen auf den Empfänger zugeschnitten sein.
- Das Berichtswesen soll einen formal einheitlichen Aufbau besitzen.
- Berichterstattungstermine sind festzulegen.
- Informationen sollen nicht isoliert dargestellt werden, sondern durch Vergleichszahlen relativiert werden.
- Berichtswürdiges ist auszuwählen.
- Es werden nur relevante Informationen aufgeführt.
- Ueberblick und Detail sind in der Darstellung deutlich voneinander zu trennen.
- Aussergewöhnliche Sachverhalte sind in Berichten besonders hervorzuheben.
- Graphische Darstellungen übertreffen tabellarische Darstellungen an Aussagekraft.
- Die Berichtsinstrumente sind nicht dauernd zu ändern (Konstanz des Berichtswesens).

Quelle: Eigene Darstellung anhand verschiedener Gespräche mit Vertretern der Bankpraxis

Die zentrale Verantwortung für das Führungsinformationssystem läge bei einer entsprechenden zentralen Controllingabteilung. Ihr kämen hinsichtlich des Führungsinformationssystems insbesondere folgende Aufgaben zu:

- Koordination der Informations- und Kommunikationsaktivitäten auf Gesamtbankebene,
- Erarbeitung der generellen, institutsspezifischen Konzeption des Führungsinformationssystems,
- Aufbau und Unterhalt des Führungsinformationssystems,
- Auf- und Ausbau einer zentralen Daten- und Informationsbasis.
- Sammeln bestimmter Daten.
- Aufstellen zentraler Vorgaben für die dezentrale Datensammlung.
- Datenaufbereitung und Informationsbereitstellung.
- Unterstützung der operativen Einheiten und der zentralen Fach- und Führungseinheiten sowie der Unternehmensleitung durch Anbieten von anforderungsgerecht aufbereiteten Informationen.
- Ausbildung und Motivation der Benutzer des Führungsinformationssystems,
- Informatorische Unterstützung bei der Durchführung von Spezialanalysen.

Den dezentralen Einheiten fallen folgende Aufgaben zu:

- Sammeln von Daten nach entsprechenden zentralen Vorgaben.
- Informationsverarbeitung und -analyse entsprechend der individuellen Entscheidungssituation.
- Verantwortung für die bereitgestellten Daten und die Verwendung der abgerufenen Informationen.
- Beachtung der zentralen Informationsgrundsätze.
- Mitwirken bei der bedarfsgerechten Weiterentwicklung des Führungsinformationssystems.

Zusammenfassung des dritten Teils

Im dritten Teil der vorliegenden Arbeit wurde schrittweise die Konzeption eines bankbetrieblichen Führungsinformationssystems entwickelt und vorgestellt.

In einem ersten Schritt wurden dazu verschiedene - in der Literatur diskutierte - Ansätze hinsichtlich der konzeptionellen Gestaltung von betrieblichen Informationssystemen analysiert. Die wichtigsten sind mit den Begriffen "Managementinformationssystem" (MIS) und "Entscheidungsunterstützungssystem" (EUS, bzw. DSS) verbunden. Die Grundkonzeption des Führungsinformationssystems vereinigt diese unterschiedlichen Typen und Ansätze in sich bzw. baut auf ihnen auf. Ein Führungsinformationssystem dient demnach der Erfassung, Speicherung und Verarbeitung relevanter Daten zu Führungsinformationen, die den Systembenutzern zur Verfügung gestellt werden.

In einem zweiten Schritt wurde die formale Konzeption eines bankbetrieblichen Führungsinformationssystems entworfen. Dabei wurde deutlich, dass Banken mit solchen Führungsinformationen am besten bedient sind, die die Informationsbedürfnisse der Benutzer in geeigneter Weise befriedigen und dabei die Informationen in anwenderfreundlicher Form bereitstellen[1]. Neben diesem wohl wichtigsten Grundsatz der Benutzeradäquanz sind es vor allem die Grundsätze der Kompatibilität, der konzeptionellen Vollständigkeit, der Konsistenz sowie der Sicherheit und Wirtschaftlichkeit, welche die formale Konzeption eines Führungsinformationssystems prägen.

In einem dritten Schritt wurde die inhaltliche Konzeption eines bankbetrieblichen Führungsinformationssystems entwickelt. Es wurde dabei ein geeignetes Verfahren zur Informationsbedarfsanalyse vorgestellt, das die Auswahl und die Bewertung des Informationsbedarfs sowie die Ermittlung der Kommunikations-

---

[1] Cole (Information), S. 107.

ströme in einer Bank ermöglicht. Die speziellen Informationsbedürfnisse des Bankmanagements wurden aufgrund empirischer Befunde ermittelt und ausgehend von den Inhalten der bankbetrieblichen Führung verifiziert.

Für die Gesamtkonzeption eines bankbetrieblichen Führungsinformationssystems ergeben sich damit zwei zentrale Bausteine.

Der erste besteht in einem geeigneten Rechnungswesen, wobei gezeigt wurde, dass dieses auf dem Opportunitätszinskonzept im Wertebereich und einer Standardkostenrechnung im Betriebsbereich aufbauen muss. Der zweite besteht einerseits in einem geschlossenen Planungs- und Analysesystem und andererseits in dem Berichtswesen als Mittel der geeigneten Informationsbereitstellung.

Die verschiedenen Bausteine innerhalb des bankbetrieblichen Führungsinformationssystems müssen insbesondere für die notwendige Informationsvielfalt sorgen. Während das Rechnungswesen vor allem vergangenheitsorientierte interne, quantitative Informationen enthält, kommen dem Planungs- und Analysesystem folgende Aufgaben zu:

- Einbezug externer Informationen,
- Verbindung externer und interner Informationen,
- Einbezug zukunftsbezogener Informationen (Soll-Werte),
- Lieferung von Vergleichsanalysen (Soll-/Ist-Vergleiche),
- Einbezug qualitativer Informationen,
- Verbindung quantitativer und qualitativer Informationen.

Aus Abbildung 60 ist im Ueberblick ersichtlich, welche Informationen durch welchen Baustein bereitgestellt werden.

Zusammenfassung Teil Drei   259

<u>Abbildung 60:</u>   Durch das bankbetriebliche Führungsinformations-
system gelieferte Informationen

Lieferung folgender Informationen Quelle	quali- tative Information	quanti- tative Information	externe Information	interne Information	vergangen- heitsbezo- gene Infor- mation	zukunfts- bezogene Information
Rechnungswesen	−	+	−	+	+	−
operative Planung	−	+	(+)	+	−	+
strategische Planung	+	−	+	(+)	−	+

Dabei bedeutet: + --> werden schwerpunktmässig durch die fragliche Quelle bereitgestellt
(+) --> werden mit Einschränkungen durch die fragliche Quelle bereitgestellt
 − --> werden im Normalfall nicht durch die fragliche Quelle bereitgestellt

Quelle: Eigene Darstellung

Abbildung 61: Die Konzeption des bankbetrieblichen Führungsinformationssystems im Ueberblick

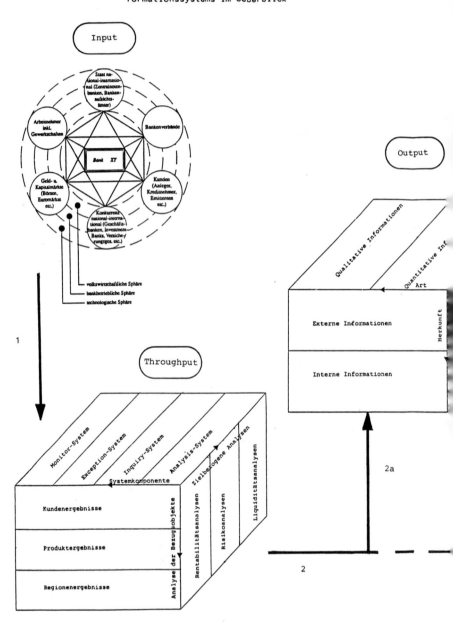

Quelle: Eigene Darstellung unter Verwendung von Schuster (Bank)

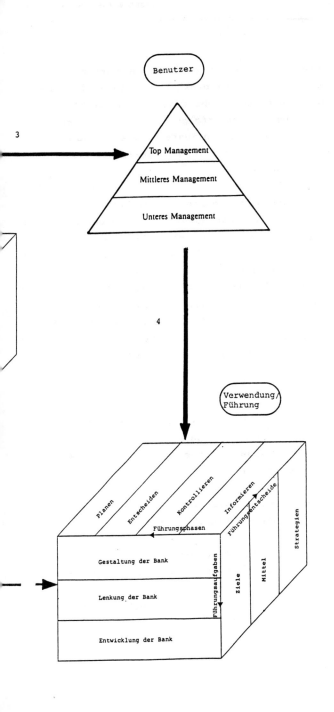

Ebenfalls in diesem Teil wurde auf die Voraussetzungen zur erfolgreichen Konzeption eines bankbetrieblichen Führungsinformationssystems und dessen Einbindung in die Struktur einer Bank eingegangen. Dabei wurden Erfolgsfaktoren für die Entwicklung und Einführung eines solchen Systems genannt und es wurde mit dem bankbetrieblichen Controlling eine geeignete institutionelle Verankerung gefunden.

In Abbildung 61 ist die Gesamtkonzeption des bankbetrieblichen Führungsinformationssystems dargestellt. Im Rahmen des Inputs werden Daten aus der Bank und ihrer relevanten Umwelt gesammelt und in das System eingeleitet (1). Dort erfolgt die Verarbeitung (Throughput) zu relevanten Führungsinformationen. Diese werden weitergeleitet (2). Zum einen werden die erhaltenen verschiedenen Informationskategorien (2a) dem Management (Benutzer) als Output zur Verfügung gestellt (3). Dieses wiederum benutzt sie für die anstehenden Führungsaufgaben (4). Zum anderen können vordefinierte Routinefälle direkt vom System erledigt werden (2b).

Ein solcherart konzipiertes System ist transparent, einheitlich, auf einer objektiven Grundlage aufbauend und damit grundsätzlich geeignet, zielgerichtetes Handeln im Bankbetrieb wirkungsvoll zu unterstützen.

Durch die Aufteilung nach bankpolitisch relevanten Bezugsobjekten ermöglicht es die Beantwortung der folgenden Fragen:

- Wo ist ein Erfolg erzielt worden (Zentrale, Filialen)?
- Wodurch wurde dieser Erfolg erreicht (Sparten- und Leistungsbereiche)?
- Woher kommt der Erfolg (Kunden, Kundengruppen)?

Es ermöglicht aber nicht nur vergangenheitsorientierte Kontrolle von Geschäften, sondern hilft mit, Fragen zu beantworten wie:

- Wie gross ist das Ergebnispotential einer bestimmten Kundengruppe, eines bestimmten Produktes oder in einem bestimmten Markt?
- Wo liegen bei einzelnen Produkt- oder Kundengruppen die Break-Even-Werte?
- Wie stark ist der Einfluss auf das Ergebnis von
  - Margen- und Volumenänderungen,
  - von Fristen- und Währungstransformation,
  - von Eigengeschäft und Kundengeschäft?[1]

Weiterhin lassen sich mit seiner Hilfe

- Preisuntergrenzen für Kredite finden,
- unter Vergleich der Eigenkapitalrenditen Rentabilitätsvergleiche durchführen,
- Richtwerte für die Konditionenpolitik aufstellen,
- preislich eng konditionierte Geschäfte auf ihren Gewinnbeitrag überprüfen[2].

Bereits aus diesen Beispielen wird deutlich, dass nicht nur erfolgreiches Kostenmanagement und Controlling ein effizientes und aussagekräftiges internes Informationssystem voraussetzen. Mit seiner Hilfe erhalten die Geschäftsleitungen der Banken aussagekräftige Daten, um in jeder Führungsphase – stufengerecht für das Management – richtige und zielgerichtete taktische, operative und strategische Entscheidungen fällen zu können. Insbesondere werden es geeignete Führungsinformationssysteme in Zukunft ermöglichen, die Risikopositionen und die Performance einer Bank exakt und zeitgerecht für das Management darzustellen[3]. Auch die Formulierung einer Geschäftsstrategie

---

1) Juncker (Marketing), S. 237.
2) Gnoth (Kalkulation II), S. 261.
3) Arthur Andersen (Finanzplatz Schweiz), S. 87.

für eine Bank ist ohne die Unterstützung durch geeignete Informationssysteme undenkbar geworden. Auf eben jene damit erkennbaren weiteren strategischen Implikationen soll im folgenden vierten Teil näher eingegangen werden.

Teil Vier:

Strategische Relevanz
bankbetrieblicher Führungsinformationssysteme

"Management information systems are necessary to foster the effective planning and implementation of business strategies."

Kessner (Planning), S. 41.

Vorbemerkungen zum vierten Teil

Information erhält erst dann ihren Sinn, "wenn sie vom Menschen zielgerichtet eingesetzt wird"[1] Nachdem im bisherigen Verlauf der vorliegenden Arbeit die besondere Abhängigkeit der Banken von Informationen aufgezeigt und eine Konzeption bankbetrieblicher Führungsinformationssysteme entwickelt wurde, geht es im nun folgenden vierten Teil um die Frage nach der strategischen Bedeutung eines solchen Systems.

Im <u>ersten Kapitel</u> wird untersucht, welcher Stellenwert Führungsinformationssystemen von der bankbetrieblichen Praxis zuerkannt wird.

Im <u>zweiten Kapitel</u> wird der Inhalt und die Bedeutung der strategischen Führung für den Erfolg einer Bank diskutiert.

Im <u>dritten Kapitel</u> wird - u.a. anhand konkreter Einsatzmöglichkeiten - untersucht, ob Führungsinformationssysteme einen Beitrag zur strategischen Positionierung einer Bank und damit zu ihrem langfristigen Erfolg leisten können.

---

1) Gernet (Unternehmung), S. 17.

I. Führungsinformationssysteme aus Sicht der bankbetrieblichen Praxis

A. Vorbemerkung zur Auswahl der Quellen

Auch in der Praxis setzt sich die Auffassung einer zunehmenden Bedeutung bankbetrieblicher Führungsinformationssysteme immer mehr durch. Dies belegen verschiedene aktuelle - gösstenteils sehr breit angelegte - empirische Erhebungen, deren - für die vorliegende Arbeit relevanten - Teilergebnisse hier in kürzester Form dargestellt und kommentiert werden. Es handelt sich dabei ausnahmslos um bankbezogene Untersuchungen, die sich mit der Analyse der Strukturen des Bankenmarktes und den daraus erwachsenden Konsequenzen für die Zukunft des Bankgeschäftes und des Bankmanagements auseinandersetzen.

Es wird auf die folgenden Untersuchungen Bezug genommen:

- Die Primärerhebung der Beratungsfirma KLYNVELD PEAT MARWICK GOERDELER[1];
- die Delphi-Studien der Beratungsfirma ARTHUR ANDERSEN[2];
- die Studien der Beratungsfirma TOUCHE ROSS INTERNATIONAL[3];
- PRIEWASSER: "Banken im Jahre 2000"[4];
- DAVIS: "Excellence in Banking"[5];
- ZIMMERMANN: "Erfolgreichen Banken auf der Spur"[6];
- die Marktuntersuchung des IHA INSTITUTS FÜR MARKTANALYSEN[7].

---

1) KPMG (Global Capital Markets I), KPMG (Global Capital Markets II)
2) Arthur Andersen (Finanzplatz Schweiz)
3) Touche Ross (Technology), Touche Ross (Performance)
4) Priewasser (Banken)
5) Davis (Excellence)
6) Zimmermann (Banken)
7) IHA (Informatik-Strategie)

B. Die Untersuchungen der Beratungsfirma KPMG[1])

Um den Jahreswechsel 1987/88 herum führte die Beratungsfirma Klynveld Peat Marwick Goerdeler (KPMG) mündliche Befragungen in 15 Ländern mit mehr als 150 Top-Managern aus der internationalen Finanzindustrie durch. Dabei wichtige Themen und Probleme der internationalen Kapitalmärkte aus Sicht der an diesen Märkten Tätigen erfasst und beschrieben werden.

Folgende bankseitigen Faktoren wurden dabei allgemein als wichtig erkannt:

- Risikomanagement,
- Aus- und Weiterbildung der Mitarbeiter,
- Technologiemanagement;
- Grösse, gemessen am Kapital und an der Plazierungskraft[2]).

Im Hinblick auf die Verantwortung des Chairmans wurden ausserdem folgende Managementaspekte als bedeutsam identifiziert:

- Nach möglichen Partnern Ausschau halten; auf mögliche Uebernahmeaktionen gefasst sein;
- kritische Ressourcen geeignet steuern;
- Die Kundenbeziehungen zielorientiert steuern;
- die richtigen Informationen erhalten und nutzen[3]).

Zum Themenkomplex Führungsinformationssyteme wurden verschiedene weitergehende Präzisierungen vorgenommen. Lediglich 26% der Führungskräfte waren mit den erhaltenen Informationen bezüglich Qualität und Schnelligkeit zufrieden. 67% der Befragten gaben an, dass ihre Bank überhaupt noch nicht begonnen habe oder allenfalls am Anfang stünde, ein entsprechendes Führungsin-

---

[1] Die folgenden Ausführungen beziehen sich auf: KPMG (Global Capital Markets I), KPMG (Global Capital Markets II)
[2] KPMG (Global Capital Markets I), S. 4f.
[3] KPMG (Global Capital Markets I), S. 6.

formationssystem zu entwickeln[1]). Führungskräfte benötigen folglich bessere und zeitgerechtere Informationen, um ihre Aufgaben wahrnehmen zu können.

Weiterhin konnte festgestellt werden, dass die Mehrzahl der bestehenden Systeme einseitig auf den operativen Bereich ausgelegt sind und strategische und taktische Entscheidungen nur unzureichend unterstützt werden (Abbildung 62).

<u>Abbildung 62:</u> Antworten auf die Frage "Which needs do you think your MIS serves adequately?"

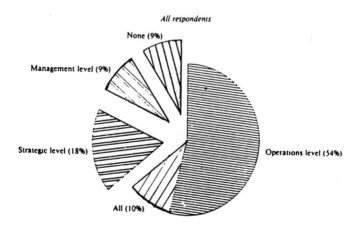

Quelle: KPMG (Global Capital Markets II), S. 89.

Bei der Suche nach den Ursachen für die schlechte Qualität der existierenden Führungsinformationssysteme wurde als Haupt-

---

1) KPMG (Global Capital Markets I), S. 48.

problem der Mangel an geeignetem Personal für deren Entwicklung festgestellt[1]). Weitere Faktoren können Abbildung 60 entnommen werden.

Abbildung 60: Antworten auf die Frage "What have been the constraining factors in developing MIS systems to meet your requirements?"

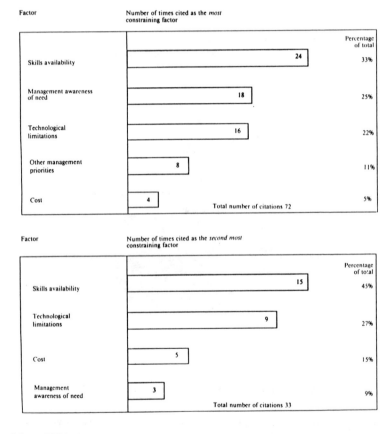

Quelle: KPMG (Global Capital Markets II), S. 90.

---

1) KPMG (Global Capital Markets I), S. 48f.

Demnach ist das verantwortliche Management nicht immer in ausreichendem Masse von der Notwendigkeit eines funktionierenden Führungsinformationssystems überzeugt. Nur wenige Führungskräfte haben erkannt, dass sie selbst klare Vorgaben bezüglich der von ihnen benötigten Informationen machen müssen[1]. Allerdings konnte ebenfalls festgestellt werden, dass in den erfolgreichen Instituten das Top Management selbst an der Iniitierung und Durchführung von Informationsprojekten beteiligt war.

---

1) KPMG (Global Capital Markets I), S. 49.

C. Die Untersuchungen der Beratungsfirma Arthur Andersen[1]

Arthur Andersen ist eine der weltweit grössten Wirtschaftsprüfungs- und -beratungsgesellschaften mit über 210 Büros in 50 Ländern. Sie führte in den letzten Jahren mehrere sehr breit und umfassend angelegte internationale und nationale Delphi-Studien zur Entwicklung des Bankwesens durch.

In der 1985 - auf die USA begrenzten - Erhebung stand das Thema Managementinformationen noch nicht im Mittelpunkt des Interesses. Allenfalls indirekt, nachdem folgende drei "Top Success Factors" identifiziert wurden:

- Effective Management,
- Attracting and Retaining High Quality Personnel und
- Cost Containment[2].

In der 1986 durchgeführten Studie wurde vor dem Hintergrund des Wandels an den internationalen Finanzmärkten die Entwicklung des europäischen Bankgeschäftes untersucht[3]. Als ein wichtiges Teilergebnis wurde hier die Bedeutung geeigneter Führungsinformationssysteme zur Unterstützung des Managements festgehalten.

---

1) Arthur Andersen (Finanzplatz Schweiz), Arthur Andersen (Change), Arthur Andersen (Issues), Arthur Andersen (Markets).
2) Arthur Andersen (Issues), S. 59.
3) Arthur Andersen (Change)

Im einzelnen wurden folgende Erfolgsfaktoren für das europäische
Bankgeschäft der nächsten zehn Jahre identifiziert:

- Qualität des Managements,
- Marketing,
- Qualität der Managementinformation,
- Einführung hochentwickelter Technologie,
- innovative Produkt- und Leistungsentwicklung,
- wettbewerbsfähige Kostensituation,
- Risikomanagement,
- angemessene Kapitaldecke.

Führungsinformationssysteme stehen in ihrer Bedeutung für erfolgreiche Bankführung an Platz drei dieser Liste. Indirekt sind sie noch in weiteren genannten Faktoren enthalten. Fast alle Erfolgsfaktoren setzen zur Realisierung die Existenz eines funktionierenden Führungsinformationssystems implizit voraus. So wird z.B. die Bedeutung von Führungsinformationssystemen für ein effektives Risikomanagement von mehr als 70% der auskunftgebenden Personen besonders hervorgehoben[1].

Um auch den unterschiedlichen nationalen Gegebenheiten gerecht werden zu können, erfolgten zusätzlich verschiedene nationale Befragungen. Deren Ergebnisse gleichen im wesentlichen denjenigen der gesamteuropäischen Untersuchung, weisen aber länderspezifische Akzentverschiebungen auf.

So wurden die Experten der jeweiligen Länder aufgefordert, die europaweit identifizierten Erfolgsfaktoren nach Wichtigkeit zu reihen[2]. Führungsinformationssysteme, resp. die Qualität der Managementinformation wurden hierbei von den Experten folgender Länder als besonders bedeutender Erfolgsfaktor betont[3]:

---

1) Halvax (Veränderungen), S. 457.
2) Die Rangfolge entspricht der Bedeutung des Erfolgsfaktors im Verhältnis zu den anderen Faktoren, wobei der Faktor mit der grössten Bedeutung den ersten Rang einnimmt.
3) Arthur Andersen (Change), S. 65.

- als zweitwichtigster Faktor: Deutschland;
- als drittwichtigster Faktor: Belgien, Dänemark, Frankreich und Irland;
- als viertwichtigster Faktor: Italien, Schweden und Spanien;
- als fünftwichtigster Faktor: Norwegen

Als wichtig wurde eine eingehende Untersuchung der Profitabilität einer Bank angesehen. Hierbei wurde vor allem eine ausführliche Analyse der unterschiedlichen Ertragsquellen als wünschenswert erachtet[1].

Innerhalb der - auch 1986 realisierten - schweizerischen Studie erfolgte ebenfalls eine Reihung der wichtigsten Erfolgsfaktoren für das schweizerische Bankwesen der nächsten zehn Jahre:

- Qualität des Managements,
- Marketing,
- innovative Produkt- und Dienstleistungsentwicklung,
- Einführung fortschrittlicher Technologie,
- konkurrenzfähige Kostenstruktur,
- Qualität der Managementinformation,
- Risikomanagement
- Schwergewicht auf strategische Planung[2].

Der Begriff Managementinformation wurde hierbei explizit an sechster Stelle genannt. Implizit ist er natürlich bereits in den anderen Faktoren enthalten, da sie in ihrer Realisierung u.a. auch von einem effizienten Führungsinformationssystem abhängig sind. So werden im Rahmen einer konkurrenzfähigen Kostenstruktur insbesondere detaillierte Ertragsanalysen über Produkte, Dienstleistungen, Profit Centers sowie über Kunden als wesentlich erachtet[3].

---

1) Arthur Andersen (Change), S. 59.
2) Arthur Andersen (Finanzplatz Schweiz), S. 106.
3) Arthur Andersen (Finanzplatz Schweiz), S. 100.

Die letzte von Arthur Andersen erarbeitete Studie stammt aus dem Jahr 1989. Hier wurden die oben beschriebenen Erkenntnisse weitgehend bestätigt. Die Entwicklung und Verwendung von Führungsinformationssystemen wurde wiederum als vordringliche Aufgabe für die Banken angesehen[1]. Adäquate Systeme wurden als essentiell angesehen, um Risiken zu kontrollieren und die Qualität von Führungsinformationen sicherzustellen[2].

Zusammengefasst haben die Arthur Andersen Studien ergeben, dass unter den europäischen Bankfachleuten ein Konsens darüber herrscht, dass gutes Management, gezieltes Marketing und die Verfügbarkeit aussagefähiger Führungsinformationen wesentliche Faktoren bei der Bewältigung der sich in den nächsten zehn Jahren stellenden Probleme sein werden. "The surveys ... suggest that the marketing function, in connection with informations systems, is likely to receive the largest investment ... in the future."[3]

Sie lassen insbesondere keinen Zweifel daran, dass Führungsinformationssysteme eine zentrale Rolle bei der Unterstützung des Bankmanagements leisten können und müssen[4]. Die durch effiziente Führungsinformationssysteme gelieferten Informationen dienen dabei nicht nur operativen Zwecken, sondern ebenfalls als Grundlage der strategischen Planung. Nur durch solche Systeme kann sichergestellt werden, dass das Management verlässliche und zeitnahe Daten erhält und damit in die Lage versetzt wird, bessere Entscheidungen zu treffen[5]. Qualität und Leistungsfähigkeit der Führungsmittel werden die Wettbewerbsposition und den Zielerreichungsgrad einer Bank wesentlich beeinflussen[6].

---

1) Arthur Andersen (Markets), S. 67.
2) Arthur Andersen (Markets), S. xvi.
3) Brooks (Marketing), S. 52.
4) Arthur Andersen (Change), S. 60.
5) Arthur Andersen (Finanzplatz Schweiz), S. 101.
6) Arthur Andersen (Finanzplatz Schweiz), S. 112.

D. Die Studien der Beratungsfirma Touche Ross International[1]

Die Beratungsfirma Touche Ross International führte in den Jahren 1985 und 1987 zwei Studien über die Zukunft des internationalen Finanzwesens durch. Dabei wurden Top Manager in mehreren Ländern interviewt. Insbesondere wurden Fragen der strategischen Einbindung von Informationstechnologien in die Banken eruiert.

In der 1985 durchgeführten Studie wurde allgemein festgestellt, dass die Bankiers der Informationsverarbeitung in Banken eine grosse Bedeutung - korrespondierend mit einem hohen Investitionsvolumen - zuerkennen, jedoch mit den konkreten Anwendungsergebnissen unzufrieden sind[2].

Die 1987 durchgeführte Befragung ergab ein leicht modifiziertes Bild. Insbesondere wurde bei erfolgreichen Banken die Bedeutung einer Koppelung der Informationstechnologien an die allgemeine Strategie festgestellt[3]. Dabei wurde weiterhin festgestellt, dass diese Institute neue Technologien vor dem Einsatz zuerst einer gründlichen Prüfung auf deren Auswirkungen und Kompatibilität auf ihr Geschäftssystem unterziehen. Faktoren wie Benutzereinbezug und dezentrale aber integrative Systemgestaltung sind ebenfalls vor allem bei erfolgreichen Banken zu beobachten.

Allerdings äusserten sich selbst relativ erfolgreiche Institute insbesondere über ihr Angebot an Managementinformationen unzufrieden, obwohl deren grundsätzliche strategische Relevanz eindeutig bejaht wurde[4].

---

1) Die folgenden Ausführungen beziehen sich auf: Touche Ross (Technology), Touche Ross (Performance)
2) Touche Ross (Technology), S. 1ff.
3) Touche Ross (Performance), S. 45f.
4) Touche Ross (Performance), S. 19 und 49.

In diesem Bereich sahen die führenden Banken für die Zukunft vor allem folgende Faktoren als bedeutsam an[1]:

- Verfügbarkeit von Daten über Risikopositionen,
- Verfügbarkeit von Messgrössen über den quantitativen und qualitativen Erfolg und
- die Kommunikation dieser Informationen innerhalb der Gesamtbank.

Sollten solche Informationen nicht verfügbar gemacht werden können, bestünde nicht nur die Gefahr, strategische Wettbewerbsvorteile zu verlieren sondern sogar das Risiko einer ernsthaften Krise der gesamten Institution.

---

[1] Touche Ross (Performance), S. 20.

E. Die Prognosestudie von Priewasser[1]

Im Rahmen seines Projektes "Banken im Jahre 2000" bezweckt PRIEWASSER, "die Umweltbedingungen, die Geschäftspolitik sowie die Wachstumsperspektiven der deutschen Kreditinstitute in den 80er und 90er Jahren hinsichtlich der quantitativen und qualitativen Dimensionen näher darzulegen"[2]. Er bedient sich dabei des Mittels einer Expertenbefragung in mehreren Runden.

PRIEWASSER prognostiziert allgemein eine verstärkte Konkurrenz im Bankenmarkt, die die Banken zu einer Abkehr vom rein quantitativen Wachstumsdenken und damit zu einem stärkeren Ausrichten am Rentabilitätsziel veranlasst. Insbesondere die Kundenpolitik wird selektiver ausgerichtet sein[3].

Als Konsequenz dieser Entwicklung wird eine zunehmende Dezentralisierung der Entscheidungssysteme erwartet. Die Bedeutung von Frühwarnsystemen, sowie rechnungswesenorientierter Planungs-, Entscheidungs- und Kontrollsysteme - also von Führungsinformationssystemen - wird zunehmen[4]. Die Beschaffung, Veränderung, Speicherung und Weiterleitung von Informationen wird sich in der Prognoseperiode in stark zunehmendem Umfang auf elektronischem Weg vollziehen.

---

1) Die folgenden Ausführungen beziehen sich auf: Priewasser (Banken)
2) Priewasser (Banken), S. 17.
3) Priewasser (Banken), S. 105ff.
4) Priewasser (Banken), S. 118ff.

Zur effektiven Steuerung dieser Informationsströme ist festzustellen,

- wer
- mit welchen Informationen
- wann
- wie (Detaillierungsgrad; Art der Präsentation: Text, Tabelle, Graphik)

zu versorgen ist.[1]

Der zukünftige Standard der Informationsverarbeitung innerhalb einer Bank eröffnet "neue, zum Teil bahnbrechende Erfolgs- und Rationalisierungspotentiale. Die erfolgreiche Nutzung dieser Möglichkeiten wird von erheblichem Einfluss auf die zukünftige Marktposition der Banken sein".[2]

---

1) Priewasser (Banken), S. 136.
2) Priewasser (Information), S. 16.

F. Faktoren erfolgreicher Bankführung[1]

Die allgemeine Untersuchung von PETERS/WATERMANN[2] über die Ursachen für Unternehmenserfolg nahm DAVIS zum Anlass, seinerseits eine spezielle Analyse erfolgreicher Banken durchzuführen[3]. Im Rahmen dieses Projektes führte er Interviews mit Führungskräften aus 15 ausgewählten international tätigen Grossbanken, darunter auch mehrere Institute aus dem deutschsprachigen Raum[4].

Als Ergebnis nennt DAVIS die folgenden zehn Charakteristika erfolgreicher Banken[5]:

- An open culture,
- Strong shared values,
- Profit performance as a value,
- A customer-driven orientation,
- Willingness to invest in new products,
- Strong and consistent leadership,
- Commitment to recruit the best people,
- Investment in training and career development,
- A matrix-based management information system,
- A strong and balanced credit prozess.

Das Führungsinformationssystem im Sinne von DAVIS sollte sowohl kunden- als auch produktbezogene Informationen bereitstellen können.

---

1) Die folgenden Ausführungen beziehen sich auf: Davis (Excellence)
2) Peters/Waterman (Excellence)
3) Davis (Excellence)
4) Bayerische Vereinsbank AG, Deutsche Bank AG, Schweizerische Bankgesellschaft und Schweizerischer Bankverein.
5) Davis (Excellence), S. 117ff.

DAVIS stellt aufgrund seiner Beobachtungen fest, dass die erfolgreichen Banken am Auf- und Ausbau solcher Systeme arbeiten[1]. Ziel dieser Systeme ist es, geeignete Informationen über die verschiedenen Geschäftsfelder zu liefern, wobei die Ertragsorientierung im Vordergrund steht. Insbesondere für eine effiziente kundenorientierte Marktstrategie sieht er Führungsinformationssysteme als unabdingbare Voraussetzung zum Erfolg.

Die Untersuchung von DAVIS hält somit als ein explizites Ergebnis fest, dass Banken auf die Entwicklung und den Einsatz leistungsfähiger Führungsinformationssysteme angewiesen sind, um erfolgreich am Markt operieren zu können.

---

[1] Davis (Execellence), S. 124f.

G. Charakteristika erfolgreicher Banken in der Schweiz[1])

Im Rahmen einer Dissertation an der Universität Bern setzte sich ZIMMERMANN[2]) mit der Frage auseinander, welches die für den schweizerischen Bankenmarkt relevanten Rahmenbedingungen sind, wie sich bestimmte Erfolgskennziffern ausgewählter Banken entwickelt haben und welche Zusammenhänge hierbei gegebenenfalls festgestellt werden können. Dazu wurden u.a. verschiedene Experteninterviews geführt. Ein Ergebnis der Arbeit besteht in der Ableitung der folgenden unterschiedlichen Gruppen verschiedener Erfolgsfaktoren, die in der Arbeit entsprechend unterteilt und kommentiert werden[3]):

- Geschäftspolitik,
- Führung/Personal,
- Verkauf der Dienstleistungen,
- Betrieb,
- Diverses.

Explizit sind Führungsinformationssysteme hierin nicht als Erfolgsfaktor enthalten. In verschiedenen Bereichen ergibt sich ihre Relevanz jedoch implizit auch in der Untersuchung von ZIMMERMANN. So nennt er als generelle Erfolgsfaktoren für die Zukunft u.a. die Ertragsorientierung, permanente Kosten-/Nutzenanalysen sowie den managementbezogenen Informatikeinsatz[4]).

---

1) Die folgenden Ausführungen beziehen sich auf: Zimmermann (Banken)
2) Zimmermann (Banken)
3) Zimmermann (Banken), S. 254ff.
4) Zimmermann (Banken), S. 338.

H. Marktuntersuchung des IHA Instituts für Marktanalysen[1]

Im Rahmen einer Untersuchung über die Informatik-Strategie schweizerischer Banken wurden Gespräche bei 127 Instituten geführt. Dabei ging es insbesondere um den geplanten Einsatz von Hard- und Software. Auf die Studie wird deshalb an dieser Stelle Bezug genommen, da sie aktuelle Erkenntnisse auch hinsichtlich der Einschätzung von Führungsinformationssystemen vermittelt.

Demnach lässt sich feststellen, dass in diesem Bereich ein erheblicher genereller Nachholbedarf bei und von den Banken gesehen wird. In der Studie werden die folgenden Bereiche besonders herausgestellt:

- Kosten- und Erlösrechnung,
- Führungskennzahlen sowie
- Asset und Liability Management.

In diesen Bereichen ist zum einen die Zufriedenheit mit den Systemen unterdurchschnittlich ausgeprägt, zum anderen wird hier der grösste Anteil zukünftiger Applikationen geplant.

Man kann daraus erkennen, dass in schweizerischen Banken dem Einsatz von geeigneten Führungsinformationssystemen eine hohe Priorität zuerkannt wird.

---

1) Die folgenden Ausführungen beziehen sich auf: IHA (Informatik-Strategie)

II. **Aufgaben und Ziele der strategischen Führung in Banken**

A. **Wesen und Inhalt der strategischen Führung in Banken**

Angesichts der grundlegenden Bedeutung des im zweiten Teil der vorliegenden Arbeit skizzierten Wandels im Bankgeschäft genügt eine alleinige operative Umgestaltung der bankbetrieblichen Führung nicht. Banken sind vielmehr auf einen forcierten Einbezug des strategischen Managements in ihre Führung angewiesen. Wechselnde Umweltbeziehungen, Vielfältigkeit der Wechselbeziehungen zwischen Umwelt und Unternehmung und notwendige interne Ressourcenkonfiguration sind wichtige Faktoren, die die Notwendigkeit der strategischen Führung und Planung zwingend begründen[1]. "Grund dafür ist, dass wir in ein Zeitalter der Diskontinuitäten eingetreten sind, in dem kontinuierliche, trendmässige Entwicklungsmuster zur Ausnahme, statt zur Regel werden und in dem sich die Vergangenheit daher auch nicht mehr bedenkenlos in die Zukunft extrapolieren lässt"[2].

Abbildung 64 verdeutlicht die Entwicklung des strategischen Managements. Stand bis Ende der sechziger Jahre die langfristige Planung im Vordergrund, so folgte in den siebziger Jahren die strategische Planung, aus der sich schliesslich die strategische Führung herauskristallisierte. Damit hat sich das - dem industriellen Bereich entstammende - Konzept über die letzten Jahre auch im Dienstleistungsbereich mehr und mehr durchgesetzt.

---

1) Ansoff/Hayes (Introduction), S. 12.
2) Steinmann (Eingliederung), S. 178.

Strategische Führung

Abbildung 64: Evolution des strategischen Managements

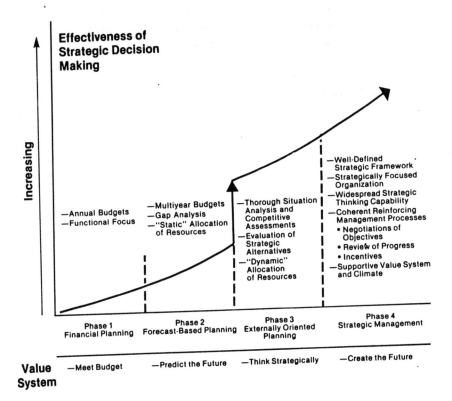

Quelle: Gardner (Planning), S. 9.

Strategische Führung befasst sich mit der Sicherung der Unternehmungszukunft und der Auseinandersetzung mit deren vielfältigen Beziehungen zur Umwelt. Sie umfasst die Formulierung und Implementierung von Plänen sowie die Durchführung von Aktivitäten, die für eine Unternehmung als Ganzes von vitaler, durchdringender oder beständiger Bedeutung sind. Im Mittelpunkt steht dabei die Schaffung und Erhaltung von Erfolgspotentialen[1]. Strategisches Management reflektiert die Fähigkeit einer Unternehmung, das intern und extern verursachte Kräftespiel auszubalancieren und Ressourcen dermassen einzusetzen, dass die gesteckten Ziele realisiert werden können[2].

Abbildung 65 verdeutlicht mithilfe des "Four Factor Diagrams" die damit verbundenen Inhalte des strategischen Managements.

---

1) Gälweiler (SGE), S. 257.
2) Rowe/Mason/Dickel (Management), S. 2.

Abbildung 65: The Four Factor Diagram - Inhalte der Strategischen Führung

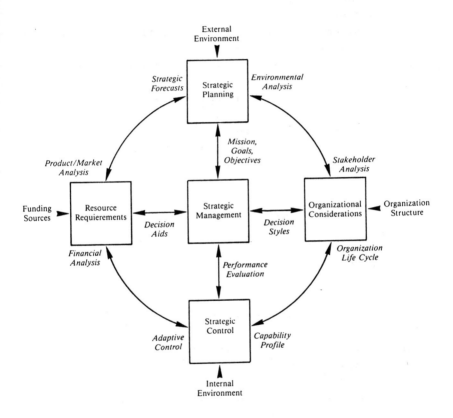

Quelle: Rowe/Mason/Dickel (Management), S. 3.

Strategisches Denken impliziert insbesondere eine Antwort des Managements auf folgende Fragen:

- In welchem Geschäft sind wir tätig? Was für eine Bank sind wir?
- In welchem Geschäft können wir tätig werden? Was können wir für eine Bank sein?
- In welchem Geschäft wollen wir tätig sein? Was für eine Bank wollen wir sein?
- Wie können wir die Bank werden, die wir sein wollen?.
- Welches sind unsere Kunden?
- Welches sollten unsere Kunden sein?
- Wie erreichen wir, dass unsere Wunschkunden auch unsere tatsächlichen Kunden sind.

Zur Beantwortung dieser Fragen sind Untersuchungen erforderlich betreffend

- das Kunden-, Produkte- und Vertriebsportfolio;
- die damit verknüpfte Bildung von strategischen Geschäftsfeldern und
- die notwendigen Ressourcen.

Bei diesen Untersuchungen kann das Führungsinformationssystem unterstützend wirken.

Folgende Faktoren treten zur weitergehenden Charakterisierung des strategischen Managements hinzu:

- Strategisches Management ist eine Führungsaufgabe

Beim strategischen Management handelt es sich um eine elementare Führungsaufgabe. Es ist eine Linienaufgabe, welche beginnend von der obersten Führungsebene, stufengerecht auf eine Mehrzahl von Institutionen verteilt sein kann. Sie kann nicht an Stäbe delegiert werden. Stäbe nehmen - als Spezialisten - lediglich Unterstützungsaufgaben wahr, wie beispielsweise die Durchführung von Marktanalysen, Verfolgung relevanter Umwelttrends, EDV-Unterstützung etc.

◆ Strategisches Management betrifft die ganze Bank

Man kann zwar innerhalb des strategischen Managements für einzelne Bereiche strategisch planen, die strategische Führung hingegen betrifft stets die Gesamtbank. Eine Konsequenz dieser Feststellung ist, dass zur erfolgreichen Realisierung der strategischen Führung das Konsensprinzip eine zentrale Rolle einnimmt und damit nur im Team sinnvoll realisiert werden kann.

◆ Strategisches Management ist aktionsorientiert

Im Mittelpunkt der strategischen Ueberlegungen stehen nicht - wie im operativen Management - zeitraumbezogene Soll- und Istgrössen, sondern zielorientierte Aktivitäten, die das Verhalten, die Werte und Normen in einer Bank prägen sollen.

◆ Strategisches Management muss realisiert werden

Damit ist gemeint, dass neben der notwendigen Denkhaltung auch entsprechende institutionelle Leistungen zu erbringen sind.

B. Strategische Planung als Mittelpunkt der strategischen Führung

Als Mittel der Realisierung bedarf das strategische Management daher der strategischen Planung. Diese stellt den wesentlichen instrumentalen Teil des strategischen Managements dar. "Effective strategic planning is a participative, well-focused, internationally driven management process for shaping the bank's future and managing the results".[1]

Gegenüber der operativen Planung setzt sich die strategische Planung - wie im dritten Teil bereits angesprochen - vor allem mit qualitativen statt mit quantitativen Grössen auseinander. Damit einher geht die Feststellung, dass - in einem weiteren Gegensatz zur operativen Planung - selten objektiv richtige Werte vorliegen. Hiermit verbunden ist die Erkenntnis, dass es eine objektiv richtige Strategie folglich nie geben kann, sondern nur eine solche, die nach intensiver Prüfung ihrer Chancen und Risiken letztlich Konsens gefunden hat[2]. Sie unterliegt dabei den subjektiven Einschätzungen und Annahmen, die ihr zugrunde gelegt werden. Das bedeutet aber nicht, dass die strategische Planung im "luftleeren Raum" arbeitet. Vielmehr beruht sie in vielen Dingen auf dem operativen Management, mit dem sie in enger Wechselbeziehung steht. Da Strategien in der Regel zeitlich nicht begrenzt sind und ein relativ hohes Abstraktionsniveau aufweisen, müssen sie in der operativen Planung inhaltlich und zeitlich konkretisiert werden.

Damit wird insbesondere folgendes deutlich:

---

1) Kauss (Banks), S. 19.
2) Steinmann (Eingliederung), S. 181.

- Strategische Planung ist komplex;
- strategische Planung orientiert sich an Marktgrössen (Kunden, Produkte, Regionen);
- strategische Planung zielt auf den Aufbau von Geschäftspotentialen;
- strategische Planung sichert langfristiges Ueberleben, nicht kurzfristige Effizienz.

Die beste Strategie bleibt jedoch ohne Effekt, wenn sie nicht umgesetzt wird. Und gerade hier scheint es vielfach zu hapern, wie der folgende Satz belegt: "Management Consultants and strategic planners share a dirty little secret - 95 per cent of all strategies fail to get implemented"[1].

Gerade für Banken ist aber die erfolgreiche Implementierung einer Strategie immens wichtig, wie die folgenden Thesen belegen[2]:

- Grundsätzlich sind fortbestehende Wettbewerbsvorteile aufgrund der besonderen Eigenschaften der Bankleistung nur schwer zu entwickeln.
- Einmal erreichte Wettbewerbsvorteile sind - aufgrund der relativ leichten Kopierbarkeit der Bankleistungen - selten von Dauer.
- Banken sind aus der historischen Perspektive von Stabilität und Stetigkeit heraus ziemlich schlechte Implementierer. Die Notwendigkeit gezielter und flexibler Bankführung bestand lange Zeit nicht.
- Aufgrund der rasant fortschreitenden fundamentalen Entwicklungen im Markt für Finanzdienstleistungen ist derjenige im Vorteil, der schneller und besser implementiert als die Konkurrenz. Der eigentliche Wettbewerbsvorteil kann also gerade in der Fähigkeit zur Implementierung liegen.

---

1) Walter Kiechel, zitiert bei: Schlenzka (Strategie), S. 303.
2) in Anlehnung an Schlenzka (Strategie), S. 314.

Einen aktuellen und genauen Ueberblick zur Verbreitung der strategischen Planung in Banken des deutschsprachigen Raums gibt MOORMANN[1]. Demnach haben die meisten auskunftgebenden Banken eine strategische Planung implementiert, wobei der zeitliche Erfahrungshorizont im Umgang mit diesem Instrument durchschnittlich ca. acht Jahre beträgt. Die meisten Banken planen sowohl qualitativ als auch quantitativ, wobei die erstere Form leicht überwiegt. Einbezogen in den Planungsprozess ist - nach dieser Umfrage - vor allem das oberste Management und die zentrale Planungsabteilung. Abbildung 66 zeigt die in der Praxis verbreiteten Methoden und Verfahren in der strategischen Bankplanung. Dabei wird in vier Gruppen unterschieden (Informationssammlung, Informationsaufbereitung, Informationsbewertung, Ideenfindung).

---

[1] Moormann (Geschäftsbanken)

Strategische Führung 293

Abbildung 66: Methoden und Verfahren in der strategischen Bankplanung

a) Informationssammlung

Instrument	regelmäßig abs.	%	selten abs.	%	nie abs.	%
Analyse historischer Unternehmensdaten	38	82,6	8	17,4	0	0,0
Dokumentenanalyse (Statistiken, Zeitschriften)	37	80,4	6	13,1	3	6,5
Analysen von Marktforschungsinstituten	27	58,7	16	34,8	3	6,5
Expertengespräche	23	50,0	17	37,0	6	13,0
Eigene Fragebogen	15	32,6	22	47,8	9	19,6
Checklisten	15	32,6	13	28,3	18	39,1
Delphi-Methode	4	8,7	13	28,3	29	63,0

b) Informationsaufbereitung

Instrument	regelmäßig abs.	%	selten abs.	%	nie abs.	%
Statistische Auswertungsmethoden	32	69,6	9	19,6	5	10,8
Andere Prognosemethoden	15	32,6	15	32,6	16	34,8
Simulationsmodelle:						
– deterministisch	9	19,6	13	28,3	24	52,1
– stochastisch	4	8,7	9	19,6	33	71,7
OR-Methoden	4	8,7	10	21,7	32	69,6

c) Informationsbewertung

Instrument	regelmäßig abs.	%	selten abs.	%	nie abs.	%
Stärken-Schwächen-Analyse	37	80,4	5	10,9	4	8,7
Kosten-Nutzen-Analyse	31	67,4	10	21,7	5	10,9
Chancen-Gefahren-Analyse	26	56,6	10	21,7	10	21,7
Portfolio-Analyse	15	32,6	20	43,5	11	23,8
Mathematische Entscheidungsmodelle	3	6,5	16	34,8	27	58,7

d) Ideenfindung

Instrument	regelmäßig abs.	%	selten abs.	%	nie abs.	%
Marktanalysen	39	84,8	6	13,0	1	2,2
Brainstorming	33	71,7	10	21,7	3	6,6
Expertengespräche	21	45,7	17	37,0	8	17,3
Szenario-Technik	19	41,3	15	32,6	12	26,1
Methode 635	0	0,0	4	8,7	42	91,3

Quelle: Moormann (Geschäftsbanken), S. 312.

III. Wettbewerbsvorteile durch Einsatz bankbetrieblicher Führungsinformationssysteme

A. Erringung von Wettbewerbsvorteilen als Ziel der strategischen Führung

1. Generische Grundstrategien in Banken

"Strategy must ... be defined ... as an endeavor by a corporation to differentiate itself positively from its competitors, using its relatively corporate strengths to better satisfy customer needs"[1].

Erst die bewusste Auswahl von Strategien und deren Einsatz ergänzt und vervollständigt die dargestellte Palette bankbetrieblicher Veränderungen. Die wesentlichen Elemente einer jeden marktbezogenen Strategie sind:

- die Kunden (customer);
- die eigene Unternehmnung (company) und
- die Konkurrenzsituation (competition).

Diesen Zusammenhang der "strategic 3Cs" beschreibt Abbildung 67.

---

[1] Ohmae (Triangle), S. 10.

Abbildung 67: The Strategic Triangle

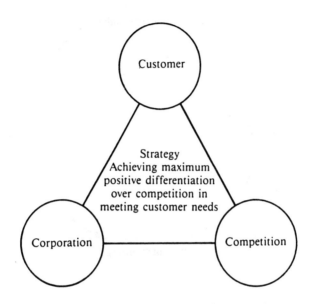

Quelle: Ohmae (Triangle), S. 9f.

Im Rahmen der strategischen Planung gilt es damit, diesen Faktoren gerecht zu werden. Damit ergibt sich das in Abbildung 68 visualisierte Vorgehen bei der strategischen Planung.

Abbildung 68: Vorgehensweise bei der strategischen Planung

Quelle: Eigene Darstellung

Ziel einer Strategie ist es, die erstellten Leistungen am Markt zu verkaufen. Dies kann jedoch nur geschehen, wenn beim Käufer ein - tatsächlicher oder imaginärer - Nutzen durch die Inanspruchnahme der Leistung befriedigt wird. Dieser Nutzen, den eine Unternehmung mit ihren Produkten kreiert, wird gemessen am Preis, den die Kunden für dieses Produkt zu zahlen bereit sind. Ein Geschäft ist für eine Unternehmung dann ertragsbringend, wenn der Nutzen, der ihm vom Markt zuerkannt wird, die Herstellungskosten übersteigt.

Beim Qualifizieren einer Bankleistung nach Wert, Preis und Kosten gilt ursächlich, dass ihr Wert die Obergrenze und die Kosten die Untergrenze für ihren Preis festlegen[1].

---

1) Weiss (Technologie-Einsatz), S. 8.

Aus dieser Ueberlegung und dem oben skizzierten strategischen Grundzusammenhang ergeben sich für eine Bank - gleich wie für einen Industriebetrieb - die folgenden drei grundsätzlichen strategischen Varianten, die zielgruppenspezifisch zu differenzieren sind[1] (Abbildung 69)

- die Strategie der Kostenführerschaft,
- die Differenzierungsstrategie und
- die Strategie der Fokussierung.

Abbildung 69: Drei generische Strategien

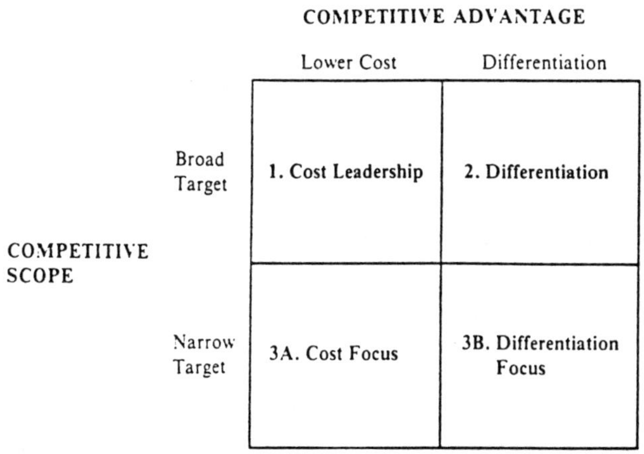

COMPETITIVE ADVANTAGE

		Lower Cost	Differentiation
COMPETITIVE SCOPE	Broad Target	1. Cost Leadership	2. Differentiation
	Narrow Target	3A. Cost Focus	3B. Differentiation Focus

Quelle: Porter (Advantage), S. 12.

---

1) Porter (Strategy), S. 34ff. und Weiss (Technologie-Einsatz), S. 8.

Da die Strategien der Kostenführerschaft und der Differenzierung jeweils einen grundlegend anderen Ansatz zur Erzielung dauerhafter Wettbewerbsvorteile darstellen, dürfen sie nur alternativ implementiert werden, um nicht in eine unattraktive Mittelposition zu geraten. Ebenfalls schliessen sich normalerweise die Varianten "Kostenführerschaft" und "Differenzierung" gegenüber denjenigen der "Fokussierung" gegenseitig aus[1].

2. Strategie der Kostenführerschaft

"Cost leadership is perhaps the clearest of the three gerneric strategies"[2]. Ziel dieser Strategie ist die Erlangung der Kostenführerschaft in einer Branche, d.h. eine Bank versucht, die eigenen Kosten unter die der Konkurrenz zu senken und damit über eine grössere Preisflexibilität zu verfügen. Wichtig dabei ist, dass es immer nur einen Kostenführer in einer Branche geben kann. "Everyone else is a follower and is therefore at a disadvantage"[3].

Typischerweise lässt sich eine solche Position durch die Realisierung von "Economies of Scale" erreichen. Dies ist bei Banken insbesondere bei problemlosen Massenprodukten möglich.

Allerdings dürfen Differenzierungsaspekte bei dieser Strategie nicht völlig ausser acht gelassen werden. Die eigenen Produkte müssen ein mit Konkurrenzprodukten vergleichbares Nutzenniveau für den Kunden beinhalten.

---

1) Porter (Advantage), S. 16ff.
2) Porter (Advantage), S.12.
3) Friedman (Information), S. 45.

3. Strategie der Differenzierung

Bei der Differenzierungsstrategie geht es einer Bank darum, sich ihren Kunden gegenüber als einzigartig (unique) in ihrer Branche darzustellen. Sie versucht sich somit als Service Leader im Markt zu positionieren. Dies wird durch die Ansammlung von Eigenschaften erreicht, die die Kunden als wichtig für ihre Kaufentscheidung ansehen und für die sie einen Aufpreis (Prämie) gegenüber dem Konkurrenzpreis zu zahlen bereit sind. Vor allem für Banken wird die Differenzierungsstrategie vielfach als eigentliche Schlüsselstrategie zum Erfolg angesehen[1].

Man bezeichnet die Differenzierungsstrategie auch als Strategie des überlegenen Nutzens, da die Bank versucht, den Nutzen ihrer Produkte für den Kunden zu maximieren. Die Differenzierung kann sich dabei sowohl direkt auf die Produkte und ihre Eigenschaften beziehen als auch auf die Art ihres Absatzes.

Die Bank hat dann diese Strategie erfolgreich beschritten, wenn es ihr gelingt, die durch die Differenzierung entstandenen Zusatzkosten am Markt mittels höherer Preise abzudecken.

Um sich erfolgreich mit einer Differenzierungsstrategie am Markt durchzusetzen, muss eine Bank also:

- auf Wertvorstellungen der Käufer eingehen,
- auf die daraus resultierende Nachfrage mit einzigartigen (uniquely) Marktleistungen antworten,
- Spitzenpreise verlangen und durchsetzen[2]

Im Gegensatz zur Strategie der Kostenführerschaft kann es mehr als eine erfolgreiche Differenzierungsstrategie geben, vorausgesetzt, es gibt entsprechende Eigenschaften, die von den Kunden akzeptiert werden.

---

[1] Metzger et al. (Banking), S. 33.
[2] Friedman (Information), S. 45.

4. Strategie der Fokussierung

Die Strategie der Fokussierung zielt darauf ab, einen Wettbewerbsvorteil nicht im Gesamtmarkt, sondern in einem ausgesuchten Teilmarkt zu erzielen (Nischenbesetzung). Dies geschieht durch exklusives Anbieten der Marktleistung an eine ausgesuchte Kundengruppe.

Dabei kann entweder eine Kostenfokussierung oder eine Differenzierungsfokussierung erfolgen. Entscheidend ist die Begrenzung auf einen Teilmarkt.

Im Bankenbereich bieten sich solche Strategien z.B. im Geschäft mit vermögender Privatkundschaft an. Ein kleines Privatbankhaus kann hier durchaus erfolgreich eine Nische exklusiv beliefern. Für Universalbanken - wie sie als Grundlage der vorliegenden Arbeit dienen - ist diese Strategie jedoch nicht möglich, da sie ja gerade diese Universalität ausschliesst.

Die Strategie der Fokussierung ist nicht zu verwechseln oder gar gleichzusetzen mit dem Begriff der Segmentierung. Letztere ist natürlich auch für Universalbanken eine unabdingbare Voraussetzung für den Markterfolg.

B. **Strategische Einsatzmöglichkeiten bankbetrieblicher Führungsinformationssysteme**

Es lassen sich grundsätzlich drei Möglichkeiten des strategischen Einsatzes von Führungsinformationssystemen unterscheiden:

- Sie können als Hilfsmittel bei der Strategieentwicklung eingesetzt werden (Strategische Systeme),
- sie können selbst Gegenstand der strategischen Planung sein (Strategische Systemplanung) oder
- ihr Einsatz kann auf die Erringung von Wettbewerbsvorteilen abzielen (wettbewerbsstrategische Systeme).[1]

Die Ambivalenz von Führungsinformationssystemen in Bezug auf die Planung und Analyse wurde bereits im zweiten Teil angedeutet. Es erscheint auch unmittelbar einleuchtend, dass Führungsinformationssysteme eine wertvolle Hilfe bei der Gewinnung, Aufbereitung und Auswertung strategisch relevanter Informationen bieten können.[2]

Ebenfalls wurde bereits auf die Notwendigkeit der langfristigen Planung des Führungsinformationssystems selbst und auf dessen Ausrichtung auf die Bankstrategie verwiesen. Auch die Notwendigkeit einer strategischen Informatikplanung wurde im Zusammenhang mit der Darstellung des bankbetrieblichen Informationsmanagements erwähnt.

Im folgenden sollen daher wettbewerbsstrategische Einsatzmöglichkeiten bankbetrieblicher Führungsinformationssysteme untersucht werden, also die Frage abgeklärt werden, inwieweit durch ihren Einsatz Wettbewerbsvorteile am Markt erreicht werden können.

---

1) Overlack (Informationstechnologie), S. 31f. und die dort angegebene Literatur.
2) Weber (Wettbewerbsvorteil), S. 52 und die dort angegebene Literatur.

Bei der Realisierung der genannten generischen Grundstrategien können Führungsinformationssysteme einen direkten oder indirekten Beitrag leisten, indem sie helfen,

- die Effizienz der Bank zu steigern und/oder die Kosten der Bank zu senken,
- den Wert oder Nutzen des Dienstleistungsangebotes für den Kunden zu steigern,
- die Fokussierung auf die "richtigen" Kunden zu unterstützen[1].

Abbildung 70 verdeutlicht diese Möglichkeiten innerhalb des strategischen Dreiecks Bank-Kunde-Wettbewerber.

Abbildung 70: Strategische Einsatzmöglichkeiten bankbetrieblicher Führungsinformationssysteme

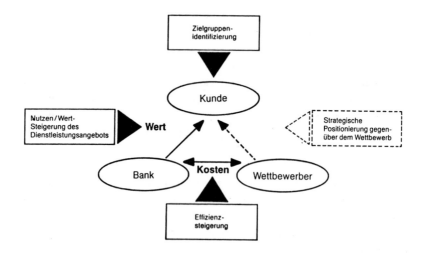

Quelle: Weiss (Technologie-Einsatz), S. 10.

---

1) Weiss (Technologie-Einsatz), S. 10.

Bei der konkreten Strategiegestaltung muss sich das Management einer Bank den im zweiten Teil der vorliegenden Arbeit gezeigten Herausforderungen stellen und ihnen aktiv begegnen, um am Markt erfolgreich bestehen zu können. Aus der Vielzahl von möglichen und notwendigen Anpassungsmassnahmen sollen im folgenden die wichtigsten herausgegriffen werden und auf die Möglichkeit der Unterstützung durch Führungsinformationssysteme hin untersucht werden. Diese in Abbildung 71 dargestellten strategischen Verhaltensweisen sind natürlich nicht losgelöst voneinander wirksam, sondern kommen erst durch ihr Zusammenspiel zum vollständigen Tragen. Die hier vorgenommene Aufteilung hat daher im wesentlichen analytische Gründe.

Abbildung 71: Strategische Verhaltensweisen der Banken

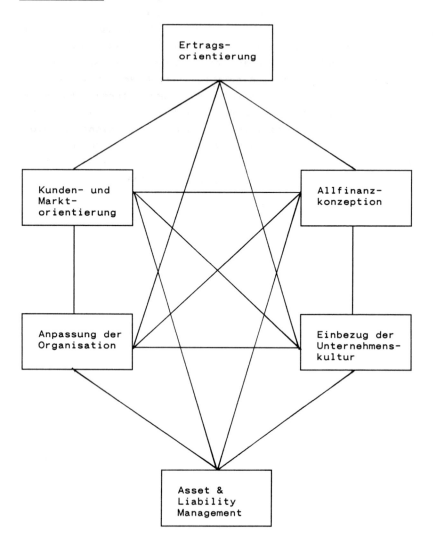

Quelle: Eigene Darstellung

1. Notwendigkeit der Ertragsorientierung[1]

Dominierte lange Zeit das Volumendenken in den Banken, so haben diese nun erkannt, dass angesichts des zunehmenden Wettbewerbs und der ansteigenden Risiken im Bankgeschäft nur der Ertrag im Mittelpunkt der bankbetrieblichen Führungsaktivitäten stehen kann. Eine so verstandene Ertragsorientierung bedeutet, dass das Bankergebnis konsequent in den Mittelpunkt der geschäftspolitischen Ueberlegungen gestellt werden muss.

Dies beinhaltet ein auf allen Ebenen greifendes ertragsorientiertes Zielsystem, ein ertragsabhängiges Entlohnungs- und Beurteilungssystem für Führungskräfte und ein ertragsorientiertes Beurteilungssystem zur Messung der Attraktivität von Kundenbeziehungen und Märkten. Eine wesentliche Grundlage dieser Faktoren basiert auf einem integrierten Führungsinformationssystem.[2]

Wie im zweiten Teil der vorliegenden Arbeit erwähnt, steht der Wettbewerb um sogenannte Schlüsselkunden im Mittelpunkt der marktbezogenen Aktivitäten einer Bank, die zur strategisch anvisierten Zielkundschaft einer Bank gehören, wobei unterstellt wird, dass diese Kundenbeziehungen einen positiven Beitrag zum Gesamtergebnis liefern.

Erst die gezielte Betrachtung von einzelnen Kunden ermöglicht es, gezielte Typologien aufzuzeigen. Bei einer solchen Analyse zeigt es sich, dass die Banken häufig unter die sogenannte 80:20 Regel fallen. Dies bedeutet, dass nur ein kleiner Teil ihrer Kundschaft einen positiven Ergebnisbeitrag liefert, während der überwiegende Teil nur marginal zum Ergebnis beiträgt

---

1) Juncker (Marketing), S. 236f.; Schierenbeck (Bankmanagement), S. 7f.; Schimmelmann (Steuerung), S. 289ff.; van Hooven (Standort), S. 481ff.
2) Schierenbeck (Bankmanagement), S. 7ff.

oder dieses sogar aufzehrt[1]). Abbildung 72 zeigt eine solche Analyse.

Abbildung 72: Deckungsbeitragsorientierte Kundensegmentierung mittels eines Führungsinformationssystems

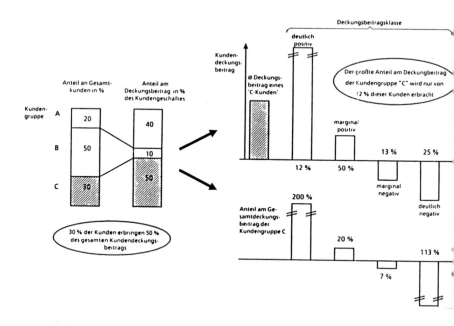

Quelle: Schüller (Kundenkalkulation), S. 14.

Speziell im Mengengeschäft ist - als Folge der grossen Kundenzahl - nur schwer eine Transparenz über Kunden, die mit ihnen abgeschlossenen Geschäfte und deren Profitabilität zu erreichen. Dies kann zu einer Vernachlässigung profitabler Kunden führen.[2]) So rechnet man in diesem Bereich damit, dass neunzig

---
1) Schüller (Kundenkalkulation), S. 15.
2) Pauluhn (Marketing), S. 43.

Prozent der Ergebnisse von nur vier Prozent der Kunden getragen werden und dass insgesamt lediglich 28 Prozent der Kunden überhaupt einen positiven Ergebnisbeitrag erbringen[1].

Aber auch bei Firmen- und grossen Privatkunden spielt die Transparenz über deren Potentiale eine Rolle, um Betreuungs- und Beratungskapazitäten zu ermitteln sowie einen Ueberblick über Sonderkonditionen, Werbeaktionen u.ä. sicherzustellen.[2]

Hier können Führungsinformationssysteme Abhilfe leisten. Märkte können besser abgegrenzt, Marktgrössen (Marktanteil, -wachstum, -potential) können mit ihrer Hilfe besser errechnet und auf ihre Rentabilität überprüft werden. Durch bessere Analyse der Kundengruppen können die Märkte besser segmentiert werden. Insgesamt kann eine Bank ihre eigene Marktposition mit Hilfe aussagekräftiger Informationen besser einschätzen und damit gezieltere Marktbearbeitungsstrategien entwickeln[3].

Auch zur Unterstützung eines eigentlichen Relationshipmanagements im internationalen Firmenkundengeschäft ist eine Bank auf aussagekräftige Führungsinformationssysteme angewiesen, die einen zeitgerechten und vollständigen Ueberblick über Umfang, Entwicklung und Profitabilität der Kundenbeziehung ermöglichen.[4]

Führungsinformationssysteme verbessern die Ausschöpfung vorhandener Erfolgspotentiale in den einzelnen Geschäftsfeldern einer Bank.[5] Ueber sogenannte "kleinräumige Marktausschöpfungs-Kennziffern" erhält eine Bank wertvolle Informationen über ihre Stellung in einer bestimmten Region respektive bei einer bestimmten Kundengruppe[6].

---

1) Schlenzka (Ertragspotentiale), S. 41.
2) Pauluhn (Marketing), S. 43.
3) Schüller (Kundenkalkulation), S. 13.
4) Pauluhn (Marketing), S. 43.
5) Meyer zu Selhausen (Informationssysteme), S. 82.
6) Franck (Ermittlung)

Ausgehend von der Möglichkeit einer exakten Kundenrentabilitätsanalyse ermöglicht diese die Konzentration auf ertragsstarke Kunden- resp. Kundensegmente. "Die Kenntnis der Kunden-Rentabilität gibt Aufschluss über das Potential der Ertragsverbesserungen - sei es in Form von zusätzlichem Geschäft, sei es in der Ermittlung möglicher Kostenreduzierungen bei solchen Kundengruppen, deren Ergebnisbeitrag bisher gering oder negativ ist."[1]

Ein gutes Beispiel für die praktische Umsetzung dieser Ueberlegungen liefert die Republic National Bank of New York, eine führende amerikanische Vermögensverwaltungsbank.[2] Sie führt - mit Unterstützung des Top Managements - grundsätzlich eine Profitabilitätsanalyse jeder ihrer Kundenbeziehungen durch. Die Bank nimmt diese Analysen zum Ausgangspunkt, eine Kundenbeziehung zu kündigen respektive zu intensivieren. Darüberhinaus kann auch festgestellt werden, welche Produkte stärker vermarktet werden müssen usw. Die Durchsetzung dieser Marketingphilosophie obliegt den Kundenbetreuern, die auch ermächtigt sind, den Kunden über das Ergebnis der Profitabilitätsstudie zu informieren. Nach Aussage der Verantwortlichen würde die Mehrzahl der Kunden dieses Vorgehen verstehen.

Führungsinformationssysteme können somit helfen, die Wirtschaftlichkeit der Leistungserstellung zu verbessern[3]. Sie machen die Ertragsquellen und ihre Entwicklung sichtbar und damit plan- und steuerbar. "Ein Mehr an gezielten kunden- und marktbezogenen Informationen verringert (zudem, Anm. d.V.) das unternehmerische Risiko"[4] und steigert damit den Ertrag.

---

1) Weiss (Einflüsse), S. 194.
2) Lewis (Rich enough), S. 30.
3) Meyer zu Selhausen (Informationssysteme), S. 82.
4) Müller (Information), S. 30.

2. Konsequente Markt- und Kundenorientierung[1]

Die erhöhte Wettbewerbsintensität führt zur unmittelbaren Notwendigkeit einer verstärkten Markt-, d.h. Kundenorientierung. Die Forderung nach einer verstärkten Kundenorientierung dominiert - unter der Prämisse der Ertragsorientierung - die weiteren Anpassungen innerhalb des Bankmanagements. Sie hat insbesondere weitreichende Konsequenzen hinsichtlich der zu wählenden Struktur, der Führungssysteme aber auch der Kultur einer Bank. Zu beobachten ist vor allem eine noch stärkere Marketingorientierung, wobei anzumerken ist, dass eine reine Beschränkung auf marketingpolitische Aktivitäten für einzelne Kundengruppen hierbei nicht genügt.

Die Bedürfnisse der Bankkunden haben sich ebenfalls geändert. Von den Banken werden keine Produktangebote mehr erwartet, sondern massgeschneiderte Problemlösungskonzepte. Die Kunden erwarten von ihren Banken nicht blossen Verkauf einer Dienstleistung, die Beratung im Zuge des Verkaufs gewinnt vielmehr an Bedeutung. Hinzu kommt eine durch die zunehmende Konkurrenz begünstigte starke Preiselastizität der Nachfrage nach derartigen Dienstleistungen. Diese zwingt die Banken einerseits zu einem effizienteren Marketing und andererseits zu einer kostengünstigeren und vor allem bedürfnisgerechteren Produktion.

Die Orientierung am Kunden und an dessen Bedürfnissen zwingt die Banken, einerseits eine individuelle Beratungsdienstleistung anzubieten, andererseits erwächst aus dem Konkurrenzdruck die Notwendigkeit standardisiert zu produzieren, um preislich im Markt mithalten zu können. "Basis für eine optimale Kommunikation mit den Kunden ist eine funktionierende, auf die Bedürfnisse der einzelnen Mitarbeiter bezogene Informationsversorgung"[2]. Im Zuge der internen Rationalisierung und damit

---

1) Büschgen (Banken), S. 403ff.; van Hooven (Standort), S. 477ff., Juncker (Marketing), S. 225ff.; Kaven (Trends), S. 253ff.; Priewasser (Banken), S. 113ff.; Turner (Challenges), S. 68ff.; Zenoff (Perspectives), S. 3ff.
2) Küppers (Information), S. 31.

kostengünstigeren Produktion der Banken wird demzufolge der Einbezug geeigneter Führungsinformationssysteme angebots- wie nachfrageseitig weiter an Bedeutung gewinnen.

Ein geeignetes Führungsinformationssystem eröffnet vor allem folgende Möglichkeiten:[1]

- Einzelne Kundenbeziehungen können im Rückblick und in Vorausschau besser beurteilt werden,
- der Wert neuer Verbindungen lässt sich besser abschätzen,
- die Rentabilität bestimmter Kundengruppen lässt sich ermitteln und
- damit die Bedeutung von bestimmten Kundengruppen richtig einschätzen.

Bei einer empirischen Erhebung in Bankfilialen konnte hierzu festgestellt werden, dass einerseits die Qualität der bankbetrieblichen Führungsinformationssysteme eher schlecht ist, dass aber andererseits geeignete Systeme zur Marktanalyse dringend benötigt würden, um die Geschäftsphilosophie einer konsequenten Markt- und Kundenorientierung umsetzen zu können[2].

Im Vordergrund der Kundenorientierung muss eine Steigerung des Kundennutzens stehen. "Bei der Jagd nach neuen Kunden und Marktanteilen wird ein Institut umso erfolgreicher sein, je schneller es am Markt agieren kann."[3] Die durch den Einsatz von Führungsinformationssystemen gewonnene Zeitersparnis bei der Informationsverarbeitung kann dem Kunden durch eine Verbesserung der Servicequantität und damit auch der Servicequalität zugute kommen.

Die Verbesserung der Servicequalität ermöglicht ein Führungsinformationssystem insbesondere durch folgende Eigenschaften:[4]

---

1) Junker (Firmenkundengeschäft), S. 53.
2) Bühler/Hrncir (Informationsbedarf), S. 114f.
3) Adler (Marktchancen), S. 19.
4) McNabb/Trefler (Service), S. 46.

- eine allgemeine Verbesserung der Arbeitsabläufe,
- die Messung der Kundenerwartung und -zufriedenheit,
- die Unterstützung des organisatorischen Lernprozesses in einer Bank,
- Hilfestellung bei der Setzung von Prioritäten in der Kundenbetreuung,
- die Ermöglichung einer konsistenten Kundenbetreuung,
- die Unterstützung auch der externen Kommunikation und damit
- die Unterstützung einer generellen Kundenorientierung.

Erfolgt nun eine Verknüpfung der Kalkulationsdaten mit den demographischen Kundendaten, lassen sich völlig neue Perspektiven für das Marketing ableiten (Abbildung 73).

Abbildung 73: Verknüpfung von Kalkulation und Kundendaten

Merkmal	Kunden mit hohem Deckungsbeitrag	Kunden mit negativem Deckungsbeitrag
Alter	mittel	jung / mittel
Einkommen	hoch	durchschnittlich
Bildung	...	...
Anzahl der Bankverbindungen	1	2
Produktausnutzung	groß	klein
Volumen	hoch	gering

- Wo sind die größten Unterschiede zwischen Kunden mit einem hohen bzw. niedrigen Deckungsbeitrag?
- Wieviele potentielle Kunden mit hohem Deckungsbeitrag befinden sich im Marktgebiet?
- Welches Marketing-Mix ist erforderlich, um ertragsmäßig schwache in starke Kunden umzuwandeln?

Quelle: Schüller (Kundenkalkulation), S. 14.

Aus derart gewonnenen Informationen lässt sich der Kundenstamm neu analysieren.

- Es lässt sich prüfen, wie hoch die Ausschöpfung einer bestehenden Kundenverbindung anhand des gewonnenen Profils ist. Die so ermittelten Kunden können gezielter angegangen werden.
- Es lässt sich ermitteln, wie hoch die Anzahl der Nichtkunden in einem bestimmten Marktgebiet ist und mit welcher Wahrscheinlichkeit sich diese als Kunden gewinnen lassen.
- Man kann Möglichkeiten analysieren, wie defizitäre Kundenverbindungen profitabel umgestaltet werden können.

Durch die Analyse der Produktinanspruchnahme lassen sich spezifische Nutzenvorstellungen der Kunden ermitteln. Durch die anschliessende Analyse des Leistungsangebotes lassen sich hinsichtlich der Preispolitik neue Erkenntnisse gewinnen. Es können[1]

- Produkte geschaffen werden, die bei gleichem oder ähnlichem Kundennutzen höhere Margen generieren,
- Leistungsbündel kreiert werden, die auch die Verrechnung von Bündelpreisen erlauben,
- andere Preissysteme gefunden werden, die auf die Produktinanspruchnahme durch den Kunden und damit auf sein Nutzenkalkül besser abgestimmt sind.

---

1) Schüller (Kundenkalkulation), S. 16.

Aus der Realisierung eines effizienten Führungsinformationssystems ergeben sich damit die folgenden strategischen Aktionsvorteile:

- Eine bessere und schnellere Erkennung von Tendenzen im Markt;
- in der Folge eine Verringerung der Anpassungs- und Reaktionszeit auf derartige Marktveränderungen und damit
- die Möglichkeit der Realisierung eines Marktvorsprungs durch Information.

In der Folge lassen sich durch Führungsinformationssysteme insbesondere folgende Nutzensteigerungseffekte für den Kunden erreichen[1]:

- Verbesserung der Produkt- und Kundenberatungsqualität,
- Vollständigkeit und Termintreue des Service,
- Flexibilität beim Eingehen auf Kundenwünsche,
- adäquate, zeitnahe Produktinnovation bzw. -adaption,
- Verbesserung des After-Sales-Service,
- Beschleunigung der Auftragsabwicklung,
- Verringerung der Auftragsdurchlaufzeit,
- Verbesserung der Auskunftsbereitschaft.

3. Trend zum Allfinanzkonzern[2]

Um dem Zwang zur verstärkten Kundenorientierung einerseits und den zunehmenden Ertragsproblemen im angestammten Geschäft andererseits entgegentreten zu können, setzen viele Banken auf die "Allfinanzidee". Darunter versteht man eine Diversifikationsstrategie, die zum Ziel hat, Produkte zur Abdeckung aller möglichen Kundenbedürfnisse in Finanzangelegenheiten unter

---

1) Wiedmayer (Geldinstitute), S. 12.
2) Koch (Kooperation), S. 313ff.; Seiffert (Services), S. 63ff.; Strothmann (Attraktivität); Süchting (Chancen), S. 4ff.; Süchting (Ueberlegungen).

einem Dach anzubieten. Im wesentlichen betrifft dies Versicherungsdienstleistungen, Bausparangebote und Unternehmensberatungsaktivitäten.

Ziel ist, den Kundennutzen durch diese Angebotserweiterung und die dahinterstehende Philosophie ("Alles aus einer Hand") zu erhöhen. Die Allfinanzstrategie ist damit eine typische Differenzierungsstrategie.

Die Verwirklichung des Allfinanzkonzeptes stellt die bestehende Konzeption bankbetrieblicher Führungsinformationssysteme vor neue Herausforderungen. Durch den Einbezug ehemals bankfremder Elemente wie etwa Versicherungen, Bausparen oder Beratungsaktivitäten ändert sich nicht nur die Datenbasis eines Führungsinformationssystems, viel gewichtiger erscheint das Problem der Integration. Allfinanzberatung macht ja nur dann einen Sinn, wenn notwendige Informationen über einen Kunden oder eine Kundengruppe integrativ zusammengetragen werden können. Auch die Gesamtsteuerung eines solchen Finanzkonglomerats setzt ein integriertes Gesamtsystem voraus.

An dieser Stelle kann keine Patentlösung für diese Problematik geliefert werden. Es kann allerdings darauf verwiesen werden, dass gerade die Allfinanzstrategie der Unterstützung durch geeignete Informationen bedarf. Geeignete Führungsinformationssysteme können hierbei insbesondere:[1]

- Daten existierender und potentieller Kunden sowie Marktanalysen, Kenntnis über Kundenwünsche und künftiges Nachfrageverhalten enthalten, um Aufschluss über die Gebrauchs- und Signalkriterien zu erhalten und eine sinnvolle Zielgruppensegmentierung zu ermöglichen;
- eine Ueberprüfung von Kosten und Nutzen der zu wählenden Strategien gewährleisten;
- einen Soll-Ist-Vergleich und die Koordination von Planung und Kontrolle realisieren helfen;
- über die Bewegungen der Konkurrenz informieren;
- externe und interne Informationen über die Märkte und ihre Entwicklung zusammenführen.

4. Anpassung bestehender Organisationsstrukturen[2]

Art und Umfang des Informationsbedarfs einer Bank sind eine Funktion u.a. der Organisationsstruktur und des Führungssystems[3]. Eine zukunftsorientierte Organisationsstruktur muss diesem Sachverhalt somit Rechnung tragen und in der Lage sein, die bankbetriebliche Führung in allen ihren dargestellten Elementen in geeigneter Weise zu unterstützen.

---

1) Volk (Services), S. 79f.
2) Ellermeier (Bankorganisation), S. 185ff.; Lippold (Individualisierung), S. 139ff.; Schierenbeck (Bankmanagement), S. 9f.; Wielens (Bankorganisation), S. 61ff.
3) Mertin (Erfolgsmessung), S. 1085.

Sie muss insbesondere

- die Effektivität des Führungsprozesses verbessern;
- die Effizienz des Führungsprozesses erhöhen;
- die Kommunikation und die Zusammenarbeit zwischen den Entscheidungsinstanzen erleichtern;
- die Dynamik des Führungsprozesses fördern;
- den Führungsprozess flexibilisieren;
- die Produktivität der Führung steigern.

Um dieses zu gewährleisten, müssen zweckmässige Organisationsstrukturen den unterschiedlichsten Anforderungen genügen. Als Folge der stärkeren Markt- und Kundenorientierung und insbesondere der Verbreitung des Allfinanzkonzeptes ist eine Dezentralisierung der Bankorganisation anzustreben. Im Mittelpunkt stehen dabei der Aufbau kleinerer selbständiger - aber integrierter - Organisationseinheiten und eine parallel dazu sich vollziehende Tendenz zur Dezentralisierung von Kompetenzen und Verantwortung[1]. Dabei sollte sich die Strukturorganisation einer Bank vorrangig an den Kundenbedürfnissen orientieren. WIELENS bietet hierfür drei unterschiedliche Modelle an:[2]

- Die reine kundengruppenorientierte Organisation, in der verschiedene für bestimmte Kundengruppen zuständige Einheiten gebildet werden (Bsp. Privat- und Firmenkunden mit entsprechenden weiteren Untergliederungen),
- die matrixorientierte kundengruppenbezogene Organisation, bei der eine Kombination von Kundengruppen und Produktgruppen angestrebt wird und
- die kundenproblemorientierte Spartenorganisation, bei der Spezialisten aus bestimmten Produktbereichen, die der Kunde schwerpunktmässig nachfragt, die Betreuung übernehmen.

---

1) Kaven (Trends), S. 258; Schierenbeck (Bankmanagement) S. 9f.
2) Wielens (Bankorganisation), S. 72ff.

Alle diese Varianten setzen eine Unterstützung durch geeignete Informationsbereitstellung voraus. Eine dezentrale und damit eigenverantwortliche Geschäftssteuerung verlangt daher ein funktionsfähiges, flexibles und benutzerfreundliches Führungsinformationssystem, sind doch ertragsorientierte geschäftspolitische Entscheidungen nur so gut wie die ihnen zugrunde liegenden Informationen.[1]).

In einer Untersuchung unter Top Managern in den USA über die "Key Issues" im Bereich der Verwendung von Führungsinformationssystemen wurden die folgenden drei Bereiche als wichtigste Faktoren eingeschätzt:

- Strategic Planning;
- Competitive Advantage;
- Organizational Learning.[2])

Gerade im Hinblick auf die Neuordnung bestehender Organisationsstrukturen gewinnt der dritte Aspekt zunehmend an Bedeutung, hängt der Erfolg einer Bank doch u.a. davon ab, inwieweit es gelingt, die Führung einer Bank konsistent zu gestalten.[3]) Vor allem bei einer dezentralen Führung können hier schnell Probleme entstehen.

---

1) Bühler/Hrncir (Informationsbedarf), S. 107ff.
2) Brancheau/Wetherbe (Key Issues), S. 27ff.
3) Rau (Diversity), S. 66.

Erst der Aufbau eines funktionierenden Systems zur Entscheidungs- und damit zur Führungsunterstützung ermöglicht die Schaffung einheitlicher Entscheidungsgrundlagen in einer Bank, die zudem frei sind von subjektiven und emotionalen Einflüssen. Nur damit kann die Konsistenz der in einer Bank getroffenen Entscheide gesichert werden, was schliesslich zu einer Steigerung der Entscheidungsproduktivität führt, d.h. das Bankmanagement kann öfter bessere Entscheidungen treffen.

Besonderes Augenmerk ist der Entscheidungsqualität zu widmen. Ihre Verbesserung wird insbesondere erreicht durch

◆   einen vereinfachten Zugang zu relevanten Informationen;
◆   eine schnellere und effizientere Analyse der Entscheidungssituation;
◆   die Möglichkeit der Evaluation von relevanten Entscheidungsalternativen.

Mit Hilfe eines Führungsinformationssystems können Mitarbeiter schneller an neue Aufgaben herangeführt werden. Wenn die zu bearbeitenden Quellen oder die in eine Entscheidung einfliessenden Daten zahlreich und verschieden sind, übernehmen Führungsinformationssysteme auch mühselige Sucharbeit nach den richtigen Informationen. Hierdurch verringert sich die Bearbeitungszeit pro Entscheidung und die Produktivität steigt. Gerade diese Steigerung der Produktivität einer Bank ist ein wichtiger Faktor bei der Erzielung von Geschäftserfolgen[1].

Aus der beschriebenen Analyse der bankspezifisch angebotenen Produktepalette lassen sich Hinweise zur Straffung des Sortiments ableiten. Dadurch kann ebenfalls eine Konzentration auf stückkostengünstige Produkte erfolgen. Die Rationalisierung von Arbeitsabläufen ermöglicht weitere Kosteneinsparungen. Insgesamt kann so die Wirtschaftlichkeit einer Bank beträchtlich gesteigert werden.

---

1) Metzger et al. (Banking), S. 33.

Ein Führungsinformationssystem hilft mit, die Erreichung der Zielsetzungen des Bankmanagements zu unterstützen. Durch eine kontinuierliche Nutzung des Systems können einzelne Entscheidungen auf ihren Beitrag zur Zielerreichung hin überprüft und verfeinert werden. Darüberhinaus wird es dem Management ermöglicht, Problemstellungen exakter zu definieren. Da ein Führungsinformationssystem nur mit mehr oder weniger klar formulierten Problemstellungen arbeiten kann, ist das Management allerdings auch zu einer exakteren Problemdefinition gezwungen. Dies bedingt eine intensivere Auseinandersetzung mit auftretenden Problemsituationen. Die Formulierung des Problems, die Einordnung der Problemstellung in die Zielsetzung der Bank und die Voraussetzungen für die Problemlösung erfahren durch ein Führungsinformationssystem eine stärkere Gemeinsamkeit und damit Vereinheitlichung in der Handhabung[1].

Damit können Führungsinformationssysteme im Hinblick auf die Unterstützung der organisatorischen Effizienz einer Bank insbesondere

- die Objektivität des Führungs- und Entscheidungsprozesses erhöhen[2];
- die Effektivität des Führungsprozesses und damit die Qualität einer Entscheidung verbessern;
- die Effizienz des Führungsprozesses erhöhen und damit den zeitlichen Verzug einer Entscheidung vermindern und die damit verbundenen Kosten minimieren;
- die Kommunikation und die Zusammenarbeit zwischen den Entscheidungsinstanzen verbessern;
- den Lernprozess der Führungsinstanzen beim Treffen von Entscheidungen unterstützen und
- die Transparenz des Führungs- und Entscheidungsprozesses verbessern.

---

1) Elm (MIS), S. 101.
2) Probst/Valicek (Systems), S. 190.

5. Asset & Liability Management

In einer Zeit - infolge zunehmender Konkurrenz - schrumpfender Margen hat eine kostengünstige Refinanzierung für die Banken strategische Bedeutung erlangt. Hinzu kommt der Anstieg der durch das Bankgeschäft bedingten Risiken, wobei vor allem

- das Ausfallrisiko,
- das Zinsänderungsrisiko und
- das Währungsrisiko

zu nennen sind.

Asset & Liability Management - auch Bilanzstrukturmanagement genannt - umfasst ein "Konzept zur integrativen Rentabilitätsausweis- und Risikosteuerung eines Kreditinstitutes"[1]. Dabei geht es um die "zielgerichtete Gestaltung der Bankabschlüsse inklusive der dazu erforderlichen unternehmerischen Entscheidungen unter Ausnützung des Spielraums, den Gesetzesvorschriften, Verordnungen und ordnungsgemässe Buchführung gewährleisten".[2]

Insbesondere geht es um "die umfassende Evaluierung der gesamten aktuellen und potentiellen einlage- und nicht einlagebedingten Kapitalquellen (sources of funds), über die eine Bank, im Hinblick auf die Planung ihrer Geschäftstätigkeit, verfügen kann".[3]

Dies geschieht durch

♦ die Entwicklung von Risiko-Strukturzielen für die Gesamtbilanz,
♦ die Formulierung von Rentabilitätsvorgaben nach Massgabe des strukturellen Gewinnbedarfs,
♦ die Durchsetzung der Risiko-Strukturziele und Rentabilitätsvorgaben im Rahmen der Zentraldisposition.

Die strategische Bedeutung des Asset & Liability Managements liegt damit in einer umfassenden risikopolitischen Steuerung der Bankbilanz. Die dabei zu erfüllenden Teilaufgaben sind in Abbildung 74 dargestellt.

Es liegt in der Natur der Sache, dass eine effiziente Risikosteuerung genaue Kenntnisse der relevanten Informationen voraussetzt. Hier kann ein entsprechend konzipiertes Führungsinformationssystem sowohl hinsichtlich der Qualität als auch der

---

1) Schierenbeck (Bilanzstrukturmanagement), S. 9.
2) Meyer (Bankbilanz), S. 7.
3) Hew (Entwicklungstendenzen), S. 224.

Aufbereitungs- und Auswertungsmöglichkeiten der verfügbaren Daten wertvolle Unterstützung bieten. Dabei sind insbesondere geeignete Kennzahlen bereitzustellen, "mit denen die banktypischen Risiken in hinreichendem Masse quantitativ und qualitativ charakterisiert werden können"[1].

Im Rahmen des Asset & Liability Managements kommen verschiedene Instrumente und Verfahren zum Einsatz, auf die hier nur kurz eingegangen werden kann.[2] Diese Verfahren können relativ problemlos in die dargestellte Konzeption eines bankbetrieblichen Führungsinformationssystems integriert werden.[3]

Die wichtigsten sind:

◆ die Fristeninkongruenzanalyse (Gap-Analyse)

Hierbei werden die Aktiva und Passiva nach der Verweildauer gruppiert und die Passivseite in die Aktivseite hineingespiegelt. Diese Methode ist zwar einfach, beinhaltet jedoch konzeptionelle Nachteile. U.a. ist sie nicht geeignet, Zusammenhänge zwischen Zinsänderungen und dem Ertrag einer Bank abzuleiten und daher zu Prognosezwecken nur bedingt brauchbar[4].

---

1) Altenhain/Hölscher (Bilanzstruktur-Management), S. 41.
2) Siehe hierzu u.a. Brammertz (Marktrisiken); Rolfes/Bergfried (Geschäftsstruktur); Friggemann/Neumann (Bilanzsimulation).
3) Machlis (Banking), S. 49.
4) Brammertz (Management), S. 90f.

- die Duration Analyse

  Mit Hilfe der Duration Analyse lässt sich zwar ein Zusammenhang zwischen Zinsänderungen und dem Ertrag einer Bank darstellen, jedoch ist dieses Verfahren in erster Linie nur für festverzinsliche Werte geeignet.

- umfassende Bilanz- und Zinssimulationen

  Erst dynamische Analysen, wie sie mit Hilfe von Simulationsverfahren möglich sind, erlauben eine zukunftsgerichtete Steuerung der Bilanz. Dabei stehen drei Parameter im Blickpunkt[1]:

    - solche, die von der Bank selber kontrolliert werden,
    - solche, die von der Bank mitgesteuert werden, jedoch zusätzlich externen Einflüssen unterliegen,
    - solche, die ausserhalb des Einflussbereiches der Bank liegen, die also rein marktbestimmt sind.

---

1) Brammertz (Management), S. 94.

Abbildung 74: Elemente des Risikomanagements

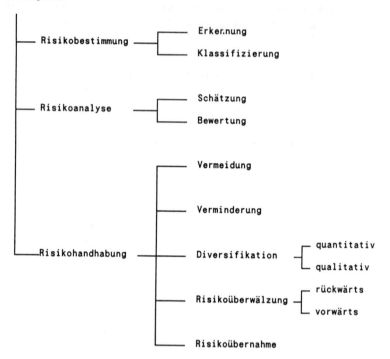

Quelle: Eigene Darstellung

6. Einbezug der Unternehmenskultur in die Führung[1]

"In an information society, human ressources are any organization's competitive edge."[2] Der unmittelbar sichtbare Wandel in der Bankenwelt ist daher nur eine Konsequenz aus den veränderten Rahmenbedingungen. Aus den - mit den externen Veränderungen einhergehenden - internen Veränderungen in den Banken "physisch fassbaren" Neuerungen (Bsp. Organisation) ergibt sich nämlich die Forderung, auch unsichtbare Elemente - neue Denkhaltungen, Wertvorstellungen und Verhaltensweisen - in die Führung einzubeziehen[3]. Dies beinhaltet die Forderung nach einem kulturorientierten Bankmanagement. Dabei ist sowohl der Gesamtkultur einer Bank, als auch den verschiedenen Subkulturen Rechnung zu tragen. Die kulturbewusste Führung einer Universalbank steht daher vor der grundlegenden Aufgabe, die Herausbildung heterogener, markt- und kundenorientierter Subkulturen zu fördern und gleichzeitig die Entwicklung des kulturellen Rahmens - der integrierend wirkt - zu unterstützen[4]. Ein so verstandenes kulturorientiertes Bankmanagement ist imstande, einen wichtigen Beitrag zur strategischen Profilierung einer Bank zu leisten, zudem in einem Bereich, der einen relativ grossen Imitationsschutz bietet[5].

Mit dem Einsatz von Führungsinformationssystemen einher gehen Aenderungen im Führungsstil und Führungsverhalten einer Bank. "Mit dem direkten Zugriff und der direkten Verfügbarkeit von zentralen Informationen werden Mitarbeiter selbständiger und unabhängiger von zentralen Dienstleistungsabteilungen und

---

1) Wüthrich/Ganz (Erfolgsfaktor), Rüttinger (Unternehmenskultur), Söhlemann (Unternehmenskultur)
2) Naisbitt/Aburdene (Corporation), S. 11.
3) Kobi/Wüthrich (Unternehmenskultur), S. 41.
4) Ganz (Subkulturen), S. 1f.
5) Wüthrich/Ganz (Erfolgsfaktor), S. 294.

Stäben"[1]). Bankbetrieblichen Führungsinformationssystemen kann somit auch eine Motivationsfunktion zuerkannt werden[2]).

Insbesondere eine stärkere dezentrale, an Zielvereinbarungen orientierte Führung wird hierdurch überhaupt erst möglich. Durch ihren Beitrag zur Entscheidungskoordination bewirken Führungsinformationssysteme einen Anstieg der Führungseffizienz. Sie schaffen durch die Entlastung von Routinearbeit zusätzliche Freiräume für den einzelnen Mitarbeiter und fördern damit auch deren Kreativitätsspielraum[3]).

Ausserdem lässt sich durch den Einsatz von Führungsinformationssystemen zur Unterstützung der übrigen genannten strategischen Verhaltensweisen auch deren Durchsetzung innerhalb der Bankmitarbeiter verbessern. Abbildung 75 zeigt hierbei gegebene Möglichkeiten der Verhaltenssteuerung auf. Gelingt es, Führungsinformationssysteme hinsichtlich der Benutzerakzeptanz optimal zu gestalten, können sie damit auch einen hohen Beitrag zur internen "Kulturpolitik" einer Bank liefern[4]).

---

1) Schütte (Auswirkungen), S. 616.
2) Eine Uebersicht über Motivationseffekte durch den Einsatz von Informationssystemen gibt: Wiedemann (Einsatz), S. 30.
3) Neumann (Herausforderung), S. 46.
4) Küppers (Information), S. 33.

Wettbewerbsvorteile durch Führungsinformation 327

Abbildung 75: Verhaltensmässige Möglichkeiten der Kulturorientierung und Profilierung einer Bank

Physische Möglichkeiten	Leistungserstellung	Leistungsvermarktung	Führung
Verhaltensmässige Möglichkeiten	Einsatz von bankbetrieblichen Führungsinformationssystemen		
	Erzeugen einer kundenorientierten Bankkultur		
	♦ Kostenbewusstsein ♦ Veränderungs- und Lernbereitschaft ♦ Risikobereitschaft	♦ Aktives Verkaufen ♦ Arbeitseinsatz ♦ Kunden- und Kundenproblemkenntnis	♦ Aufbau zentraler Grundorientierungen ♦ Vermitteln einer zentralen Vision
	Flexible, innovationsorientierte Bankkultur	Dienstleistungs- und Verkaufsmentalität auf allen Stufen	Kongruenz zwischen Kultur, Strategie und Struktur

Quelle: Eigene Abbildung, in Anlehnung an Wüthrich/Ganz (Erfolgsfaktor), S. 295.

C. **Führungsinformationssysteme als strategische Erfolgsposition**

Entscheidend für den Erfolg der ausgewählten Strategievariante ist ihre längerfristige Durchsetzbarkeit (Sustainability).[1] Grundlegend ist damit der Aufbau von Barrieren, die es der Konkurrenz verunmöglichen, eine gewählte Strategie zu kopieren.

PÜMPIN hat für diesen Bereich des strategischen Managements das Konzept der sogenannten strategischen Erfolgsposition (SEP-Konzept) entwickelt. Er definiert eine strategische Erfolgsposition wie folgt:

"Bei einer SEP handelt es sich um eine, in einer Unternehmung durch den Aufbau von wichtigen und dominierenden Fähigkeiten bewusst geschaffene Voraussetzung, die es dieser Unternehmung erlaubt, im Vergleich zur Konkurrenz langfristig überdurchschnittliche Erfolge zu erzielen"[2].

Strategische Erfolgspositionen können aus allen Bereichen einer Bank entstammen, also produktbezogen, marktbezogen, funktional oder führungsbezogen sein[3]. Allerdings ist die Anzahl aufbaubarer strategischer Erfolgspositionen begrenzt[4]. Es können jedoch neben sogenannten primären strategischen Erfolgspositionen[5] zusätzliche sekundäre SEPs festgelegt werden. Diese sollten vorhandene Stärken repräsentieren[6] und müssen gewährleisten, dass die primäre strategische Erfolgsposition realisiert wird[7]. Insbesondere ist darauf zu achten,

---

1) Porter (Advantage), S. 20ff.
2) Pümpin (SEP), S. 34.
3) Pümpin (SEP), S. 42ff.
4) Pümpin (SEP), S. 69ff.
5) Pümpin (SEP), S. 72f.
6) Pümpin (SEP), S. 130.
7) Pümpin (SEP), S. 157.

dass sich alle SEPs in einem harmonischen Verhältnis[1] zueinander befinden und darüberhinaus die Ausnutzung von Synergieeffekten mit der gewählten Grundstrategie erlauben[2].

Zur Erzielung einer strategischen Erfolgsposition in Banken müssen drei Bedingungen erfüllt sein:

- Sie sollten möglichst nicht kopierbar sein;
- sie sollten zukünftige Umweltänderungen mit einbeziehen;
- sie sollten auf langfristigen Erfolg ausgerichtet sein[3]

Eine wesentliche Schwierigkeit des erfolgreichen SEP-Managements im Bankbetrieb liegt in der erwähnten fehlenden Patentierfähigkeit von Bankprodukten. Produkte können somit von der Konkurrenz relativ leicht kopiert werden. Ein durch eine Produktinnovation erzielter Marktvorteil wird damit allenfalls von kurzfristiger Dauer sein, wie ein Blick in die Praxis belegt[4].

Das gleiche gilt wohl auch für Management-Innovationen, denn es scheint ein Schicksal erfolgreicher Management-Methoden zu sein, sich allgemein zu verbreiten und damit als potentielles Mittel zur Profilierung im Markt längerfristig an Wert einzubüssen[5].

Damit bleibt als echte Profilierungschance eigentlich nur der Bereich der Prozessinnovationen übrig.

---

1) Pümpin (SEP), S. 78ff.
2) Meier (Strategien), S. 108ff.
3) Carl (Planning), S. 55.
4) Hier sollen stellvertretend zwei Beispiele genannt werden: Erstens die Schlüsselhypothek des Schweizerischen Bankvereins, die in kürzester Zeit ähnliche Hypothekarkreditkonstruktionen anderer Banken zur Folge hatte und zweitens die sogenannten CATs, die den Euromarkt fast schon in einen "Zoo" verwandelten, nachdem in der Folge Tigers, Cougars, Lions und weitere "Raubtiere" auf den Markt kamen.
5) Seidel (Controlling), S. 664.

In diesem Zusammenhang sei auf das Phänomen der asymetrischen Information hingewiesen[1]. Managementinformation kann demnach insbesondere dann als strategische Erfolgsposition für Banken bezeichnet werden, wenn es durch sie gelingt, im Markt Ungleichgewichte aufzubauen, die der einzelnen Bank helfen, einen Vorteil vor der Konkurrenz aufzubauen.

"Die heutige Abhängigkeit (der Banken von) der Informationsquantität und -qualität ... führte dazu, dass es 'besser' und 'schlechter' informierte Institute gibt. Und weil dem so ist, haben die besser informierten Banken die Chance, strategische Erfolgspositionen aufzubauen"[2]. Damit bieten geeignete Führungsinformationssysteme eine gute Möglichkeit zur Planung und Realisierung, also zur Unterstützung gewählter Strategien.

"For outstanding performance, a company has to beat out the competition. The trouble is that the competition has heard the same message"[3]. Kennzeichnend für Führungsinformationssysteme ist ihre sogenannte Ambivalenz. Einerseits verschärft ihr Einsatz den Wettbewerb, indem sie eine grössere Markttransparenz ermöglicht, andererseits liefert sie Möglichkeiten, die eigenen Leistungen differenzierter und kostengünstiger am Markt anzubieten und damit einen Wettbewerbsvorteil zu erzielen.[4]

Natürlich würde es auch sonst nicht möglich sein, einen Kopierschutz auf Dauer zu errichten. Zumindest dessen vorübergehende Sicherung ist aber anzustreben. Als Konsequenz daraus liegt ein Schwerpunkt des SEP-Managements in Banken darin, einmal festgelegte strategische Erfolgspositionen durch grosszügigen Ressourceneinsatz zu fördern, um sie als solche erhalten zu können. Ebenfalls gilt in einem stärkeren Masse als für

---

1) Akerlof (Market) und Spremann, (Information)
2) Schuster (Informationsverarbeitung), S. 16.
3) Ghemawat (Advantage), S. 53.
4) Adler (Marktchancen), S. 19.

andere Branchen der Pümpinsche Leitsatz 9, der besagt, dass sich der Nutzen von strategischen Erfolgspositionen im Zeitablauf ändern kann und die festgelegten strategischen Erfolgspositionen demzufolge immer wieder hinsichtlich ihres Nutzens für die Bank kritisch überprüft werden müssen.

Insbesondere der zeitlichen Sicherung vorhandener Wettbewerbsvorteile kommt angesichts der zunehmenden Umweltdynamik eine entscheidende Bedeutung zu. Massstab für die strategische Fitness einer Bank ist die Geschwindigkeit ihres Agierens am Markt. "Bei der Jagd nach neuen Kunden und Marktanteilen wird ein Institut um so erfolgreicher sein, je schneller es am Markt agieren kann: Beantworten von Kundenfragen, Herbeischaffen von Entscheidungsgrundlagen, Durchziehen von Entscheidungen".[1]

In diesem Zusammenhang kann die Entwicklungsdauer einer Prozess-Innovation eine besondere Rolle spielen. Je komplexer diese Innovation nämlich ist, desto länger ist auch die Zeitspanne, bis zu der sie kopiert werden kann.

Da Informationstechnologien allgemein und Führungsinformationssysteme im besonderen eben solche längeren Entwicklungszeiten aufweisen, sind sie folglich nicht kurzfristig kopierbar. Mit ihrer Entwicklung und ihrem Einsatz kann somit ein längerfristiger Wettbewerbsvorsprung erzielt werden. Sie fallen demnach unter die Kategorie sekundärer SEP, mit deren Formulierung die Erreichung einer primären SEP unterstützt werden kann[2]. Mit ihrer Hilfe kann es gelingen, die Ausprägung einzelner Erfolgsfaktoren eines Bankinstituts zu verbessern.[3] Es findet also eine Stärkung der primären strategischen Erfolgspositionen statt.

---

1) Adler (Marktchancen), S. 19.
2) Pümpin (Management), S. 72.
3) Meyer zu Selhausen (Informationssysteme), S. 80.

D. Führungsinformationssysteme als strategische Waffe

Die strategische Bedeutung von Führungsinformationssystemen ist nicht für jede Branche oder jede Firma von gleicher Relevanz[1]. Zur Analyse der spezifischen Bedeutung des Einsatzes von Führungsinformationssystemen eignet sich das in Abbildung 76 dargestellte Raster.[2]

Abbildung 76: Strategische Bedeutung des Einsatzes von Führungsinformationssystemen

	Strategische Bedeutung zukünftiger Informationssysteme	
	Niedrig	Hoch
Strategische Bedeutung gegenwärtiger Informationssysteme — Niedrig	"Unterstützung" 1	"Durchbruch" 2
Hoch	"Fabrik" 3	"Waffe" 4

Quelle: Eigene Darstellung in Anlehnung an McFarlan (Technology), S. 101 und Sommerlatte (Herausforderung), S. 303.

---

1) McFarlan/McKenney (Information), S. 14 und Parsons (Information), S. 3.
2) Lucas (Systems), S. 90.

Durch die beiden Achsen

- strategische Bedeutung bestehender Informationssysteme und
- zukünftige, noch zu entwickelnde Informationssysteme

werden vier Felder differenziert, die unterschiedliche strategische Konsequenzen für die Planung und den Einsatz von Führungsinformationssystemen beinhalten. Es lassen sich insbesondere folgende Hinweise hinsichtlich der Bedeutung des Einsatzes von Führungsinformationssystemen ableiten[1]:

Feld Nr.   Hinweis

1   Der Einsatz von Führungsinformationssystemen ist strategisch nicht entscheidend. Es besteht somit auch kein Integrationsdruck für derartige Systeme.

2   Es ist ein starker Einfluss auf die Wettbewerbsbedingungen durch den Einsatz von Führungsinformationssystemen zu erwarten. Die Systeme sollten integrativ ausgebaut werden.

3   Der effiziente Einsatz von Führungsinformationssystemen ist wesentlich für die Leistungsfähigkeit des Unternehmens. Hier besteht aber kein unmittelbarer Integrationsdruck für die Systeme.

4   Dem Einsatz von Führungsinformationssystemen kommt eine entscheidende Rolle hinsichtlich der strategischen Position einer Unternehmung zu. Die Systeme müssen das gesamte Geschäftsspektrum integrativ erfassen, abbilden und unterstützen.

---

[1] Sommerlatte (Herausforderung), S. 303f.

Betrachtet man die Banken, so sehen sich diese heute insbesondere mit folgenden Problemen konfrontiert:

- einer Zunahme der zeitlichen Verfügbarkeit von Informationen
- einer Zunahme der Informationsverarbeitung und der Transaktionsmenge
- einer Abnahme des Margenspielraums infolge des Konkurrenzdrucks
- einer Abnahme des Entscheidungszeitraums (Quick reaction capability)[1].

Von besonderer Bedeutung ist weiterhin die vergleichsweise geringe Autonomie einer Bank. Banken sind stärker als andere Unternehmen von Aenderungen der relevanten Umgebung betroffen. Ihre enge Verflechtung mit einer sehr komplexen Umwelt engt den eigenen geschäftspolitischen Spielraum insofern ein, als Veränderungen relevanter Umweltfaktoren unmittelbare Konsequenzen auf betriebliche Entscheidungen haben können. Der "schwarze Freitag" am 19.Oktober 1987 hat die Verflochtenheit der einzelnen Finanzmärkte und die Abhängigkeit der Banken hiervon deutlich vor Augen geführt.

Bestand schon immer eine enge Verbindung der Banken zu der jeweiligen nationalen Industrie und damit eine gewisse Abhängigkeit von der volkswirtschaftlichen Entwicklung, so hat der Trend zum "global" und "multiple banking" zu einer zunehmenden weltwirtschaftlichen Interdependenz von international tätigen Grossbanken geführt.

Aufgrund von Kettenreaktionen können "finanzielle Unfälle" wie z.B. die Zahlungsunfähigkeit eines Schuldnerlandes selbst dann bedrohliche geschäftspolitische Konsequenzen für eine Bank haben, wenn diese kein direkter Gläubiger dieses Landes ist. Diese seit einigen Jahren erheblich verstärkte Vernetzung

---

[1] Romand (High Tech), S. 38.

des internationalen Bankwesens macht ebenfalls deutlich, wie wichtig es für das Bankmanagement ist, sich mit der Umwelt auseinanderzusetzen, die relevanten Umweltfaktoren zu erkennen und deren Entwicklungen zu verfolgen[1].

Die Anzahl der Märkte, mit denen eine international tätige Bank in direkter Verbindung steht, wird als Folge des Strukturwandels weiterhin ansteigen. Dabei wird die Integration und Interaktion zwischen diesen Märkten - geografisch wie sachlich - weiterhin zunehmen. "Eine neue Information in New York hat unmittelbaren Einfluss auf die Entscheidungen ... am deutschen Markt"[2]. Aus dem Einbezug neuer Märkte resultiert somit der Zwang, auf die Verarbeitung von immer mehr, immer neueren und immer aktuelleren Informationen angewiesen zu sein.

Die Vielzahl der in diesen Märkten zu berücksichtigenden staatlichen Massnahmen führt dabei ebenso zu einer Erhöhung der Anzahl verfügbarer Informationen, wie die beschriebene Innovationswelle. Durch sie wird aber nicht nur die Anzahl der verfügbaren Informationen erhöht, auch ihre Qualität ändert sich dramatisch.

Da Führung - wie gezeigt - generell auf Informationsverarbeitung beruht, erschwert der sich abzeichnende Wandel im Markt für Finanzdienstleistungen somit einerseits die Informationsbewältigung, bietet aber andererseits auch denjenigen Banken besondere Chancen, welche die damit im Zusammenhang stehenden Probleme lösen können. "Die Wettbewerbsfähigkeit eines Unternehmens wird weitgehend von der Verfügbarkeit von relevanten Informationen im richtigen Umfang zum richtigen Zeitpunkt bestimmt. Nur so können die Unternehmensressourcen effizient im Konkurrenzkampf eingesetzt werden."[3]

---

1) Kilgus (Bank-Management), S. 37.
2) Otto (Wertpapiergeschäft), S. 437.
3) Probst/Valicek (MSS), S. 161.

Erst über ein ausgebautes Informationssystem wird es möglich, wichtige Veränderungen in den Märkten zu antizipieren, um sich diesen Gegebenheiten besser anpassen zu können. Die Führung einer Bank kommt "nicht an dem Kardinalproblem vorbei, trotz der immer komplexer werdenden Entscheidungen und Kontrollen und den dazu notwendigen immer umfangreicheren Informationen den Grad der Unsicherheit und damit das Risiko von Fehlentscheidungen auf ein Minimum verringern zu müssen[1]. Um am Markt erfolgreich bestehen zu können, muss durch selektive Beobachtung signifikanter und latenter Veränderungen von Markt-, Bedarfs-, Kunden- und Risikostrukturen ein spezifischer Informationsvorsprung herausgearbeitet werden[2]. "The only way to adapt and survive (the banking competition Anm. d.V.) is to become ... information-oriented"[3].

Die Geschäftsleitungen von Banken benötigen aussagekräftige Daten nicht nur, um richtige operative, sondern auch um richtige strategische Entscheidungen fällen zu können. "Da jede Entscheidung nur so gut sein kann wie ihre informatorischen Grundlagen, ist die Qualität von Bank-Managemententscheidungen auch davon abhängig, inwieweit es gelingt, diese Entscheidungsgrundlagen zu optimieren. Um erfolgreich im internationalen Wettbewerb bestehen zu können, muss eine Bank unmittelbar über die notwendigen Informationen verfügen[4]. Informationen werden so zu einer strategischen Managementressource"[5].

---

1) Elm (MIS), S. 25.
2) Wiedmayer (Geldinstitute), S. 14.
3) Chambers (Banking), S. 55.
4) Guggenheim (Banking), S. 46.
5) Schierenbeck (Bankmanagement), S. 11.

Banken lassen sich damit im eingangs dargestellten Modell in
Feld 4 einordnen[1]. Für sie hat der Einsatz und die Entwicklung
von Führungsinformationssystemen besondere Priorität. Sie
sind in ihrer Existenz nicht nur von derartigen Systemen
abhängig, sie können und sollten Führungsinformationssysteme
demnach als "strategische Waffe" einsetzen[2].

Wichtig erscheint der Hinweis, dass es sich um integrierte
Systeme handeln muss. Ein solches System konnte ja im dritten
Teil der vorliegenden Arbeit entwickelt werden.

Derartige Systeme können dazu beitragen, die Effektivität bei
der Definition und Durchführung von Strategien zu erhöhen.
Der durch sie erreichbare strategische Vorteil rechtfertigt
auch die damit verbundenen Investitionen[3].

---

[1] McFarlan (Technology), S. 101.
[2] Diefenbach (Information), S. 37.
[3] Sommerlatte (Herausforderung), S. 303.

Zusammenfassung des vierten Teils

Im vierten Teil der vorliegenden Arbeit wurde auf die strategische Bedeutung des Einsatzes bankbetrieblicher Führungsinformationssysteme eingegangen.

In einer ersten Analyse wurden aktuelle empirische Untersuchungen im Bankenbereich auf ihren Beitrag zu dieser Thematik hin untersucht. Dabei konnte festgestellt werden, dass

- erstens eine prinzipielle Uebereinstimmung über die Bedeutung von Führungsinformationssystemen zur Unterstützung der bankbetrieblichen Führung besteht,
- zweitens diese Bedeutung durchweg als hoch bis sehr hoch eingeschätzt wird und
- drittens sich eine umso höhere Bedeutung bankbetrieblicher Führungsinformationssysteme aus den Erhebungen erkennen lässt, je aktueller und je repräsentativer diese sind und
- viertens, geeignete Systeme in der Praxis jedoch kaum vorhanden sind.

In einem zweiten Schritt wurde das Konzept der strategischen Führung in Banken näher betrachtet. Angesichts des im zweiten Teil der Arbeit beschriebenen Wandels an den internationalen Finanzmärkten und den allgemein ansteigenden Diskontinuitäten der bankbetrieblichen Umwelt haben auch die Banken den Sinn und die Notwendigkeit dieses Konzeptes erkannt. Strategische Führung und die in ihr im Mittelpunkt stehende strategische Planung sind eine Grundvoraussetzung für eine erfolgreiche eigene Positionierung am Markt. Erfolgreiche strategische Planung setzt jedoch insbesondere die Realisierung und Umsetzung der erarbeiteten Strategien voraus.

Uebergeordnetes Ziel der strategischen Aktivitäten einer Bank ist die Schaffung und Sicherung von Wettbewerbsvorteilen, d.h. die deutliche Abgrenzung von der Konkurrenz gegenüber den Kunden einer Bank.

Hierzu gibt es drei prinzipielle, sog. generische Strategievarianten:[1]

● die Strategie der Kostenführerschaft,
● die Strategie der Differenzierung und
● die Strategie der Fokussierung.

Bei der Realisierung dieser Grundstrategien können Führungsinformationssysteme einen direkten oder indirekten Beitrag leisten, indem sie helfen,

● die Effizienz der Bank zu steigern und/oder die Kosten der Bank zu senken,
● den Wert oder Nutzen des Dienstleistungsangebotes für den Kunden zu steigern,
● die Fokussierung auf die "richtigen" Kunden zu unterstützen[2].

Anhand von sechs typischen - als Reaktion auf den Wandel an den Finanzmärkten zu beobachtenden - strategischen Verhaltensweisen der Banken konnte gezeigt und verdeutlicht werden, dass Führungsinformationssysteme einen Beitrag zu allen drei Unterstützungsmöglichkeiten leisten. Abbildung 77 stellt diese Möglichkeiten im Ueberblick dar.

Dabei wird deutlich, dass Führungsinformationssysteme zu praktisch allen derzeit relevanten strategischen Verhaltensweisen der Banken einen Beitrag leisten können, der sich in strategische Wettbewerbsvorteile ummünzen lässt.

---

1) Porter (Strategy), S. 34ff.
2) Weiss (Technologie-Einsatz), S. 10.

Abbildung 77: Unterstützungsmöglichkeiten bankbetrieblicher strategischer Verhaltensweisen durch Führungsinformationssysteme

erzielbarer Wettbewerbsvorteil Strategische Verhaltensweise	Senkung der Kosten	Steigerung der Effizienz	Steigerung des Kundennutzens
Ertragsorientierung	+	+	-
Kundenorientierung	(+)	+	+
Allfinanzkonzept	(+)	+	+
Dezentrale Organisation	(+)	+	(+)
Kulturbewusstes Bankmanagement	(+)	(+)	(+)
Asset & Liability Management	+	-	-

Dabei bedeuten + --> Unmittelbarer positiver Einfluss, d.h. Führungsinformationssysteme können durch Unterstützung der strategischen Verhaltensweise direkt zur Erzielung des betreffenden Wettbewerbsvorteils beitragen.
(+) --> Mittelbarer positiver Einfluss, d.h. Führungsinformationssysteme können durch Unterstützung der strategischen Verhaltensweise indirekt zur Erzielung des betreffenden Wettbewerbsvorteils beitragen.
- --> Kein nachweisbarer Einfluss durch den Einsatz von Führungsinformationssystemen.

Quelle: Eigene Darstellung

Entscheidend für die Erzielung von Wettbewerbsvorteilen ist insbesondere die längerfristige Durchsetzbarkeit einer Strategie. Für Banken stellt dies vor allem aufgrund der mangelnden Patentierfähigkeit der Bankdienstleistung ein Problem dar.

Führungsinformationssysteme können aufgrund ihrer relativ langen Entwicklungsdauer nicht kurzfristig von der Konkurrenz kopiert werden. Damit sind sie imstande, das erwähnte Problem der längerfristigen Durchsetzbarkeit einer Strategie zu lösen. Sie fallen demnach unter die Kategorie der sekundären strategischen Erfolgspositionen, d.h. sie helfen einer Bank, durch den Aufbau von wichtigen und dominierenden Fähigkeiten im Vergleich zur Konkurrenz langfristig überdurchschnittliche Erfolge zu erzielen.[1]

Sie sind jedoch mehr als nur das. Bankbetriebliche Führungsinformationssysteme, die in ihrer Gestaltung an dem im dritten Teil der vorliegenden Arbeit entwickelten Konzept orientiert sind, können als strategische Waffe eingesetzt werden. Ihnen kommt damit eine entscheidende Rolle hinsichtlich der strategischen Position einer Bank zu.

---

1) Pümpin (SEP) S. 34.

Zusammenfassung der Arbeit
und Schlussbemerkungen

"To be informed is to be profitable"
Guggenheim (Banking), S. 43.

I. Zusammenfassung der Arbeit

In der vorliegenden Arbeit sollten Erkenntnisse hinsichtlich der Notwendigkeit bankbetrieblicher Führungsinformationssysteme, ihrer richtigen Gestaltung und ihres Einbezug in die bankbetriebliche Führung sowie ihrer strategischen Relevanz abgeleitet und belegt werden.

Führung und Informationsverarbeitung sind - wie im <u>ersten Teil</u> dargestellt - aufs Engste miteinander verbunden. "Angesichts der Tatsache, dass die "Information" neben den klassischen Produktionsfaktoren Arbeit, Kapital und Boden als vierter Faktor immer mehr an Bedeutung gewinnt, je stärker sich die Wertschöpfung von der Fertigung hin zur Dienstleistung entwickelt, muss sich jeder Unternehmer fragen, welche zeitgemässen Wege er gehen muss bzw. gehen kann, um einem potentiellen Informationsdefizit vorzubeugen"[1].

Im <u>zweiten Teil</u> wurde gezeigt, dass dies für Banken in besonderem Masse zutrifft. Aufgrund der spezifischen Eigenschaften der Bankdienstleistung sowie aufgrund der sich wandelnden Struktur der Märkte für diese Leistungen, kann der Bankbetrieb als in starkem Masse informationsorientiert bezeichnet werden. Damit sind die Banken auf die Unterstützung durch ein geeignetes Informationsmanagement angewiesen. Dieses umfasst

- das Management der Informationsressourcen, vor allem die Koordination interner und externer Informationen;
- das Management der Informationsprozesse, also der externen und internen Kommunikation;
- das Management der Informationsdimensionen, also der mit den anderen Aufgaben verbundenen technischen und konzeptionellen Aspekte.

---

1) Neuss (Informationen), S. 219.

Zusammenfassung und Schlussbemerkungen

Ein solches Informationsmanagement ist zu einem kritischen Erfolgsfaktor im Bankgeschäft geworden.

Man muss allerdings in das Kalkül miteinbeziehen, dass am Erfolg einer Bank die Technik lediglich zu zwanzig, die Tätigkeit der Mitarbeiter aber zu achtzig Prozent beteiligt sind[1]. Mitarbeiter, und dies gilt vor allem für Führungs- und qualifizierte Fachkräfte, auf die mehr als 50% der Personalkosten in Banken entfallen[2], können aber nur dann erfolgreich arbeiten, wenn sie informiert sind.

Informationsmanagement bedeutet daher nicht nur das Management der Informationen sondern auch die Information des Managements. Erst geeignete Führungsinformationssysteme ermöglichen durch die zweckmässige Aufbereitung interner und externer Daten die wirkungsvolle Gestaltung, Lenkung und Entwicklung einer Bank durch deren Management vor dem Hintergrund einer sich wandelnden Umwelt.

Anforderungen hinsichtlich der Gestaltung und Umsetzung bankbetrieblicher Führungsinformationssysteme waren daher Gegenstand des dritten Teils der vorliegenden Arbeit, in dem schrittweise eine vollständige Konzeption für ein bankbetriebliches Führungsinformationssystem entwickelt und vorgestellt wurde.

Eine solche Konzeption muss auf den allgemeinen Forschungserkenntnissen über Führungsinformationssysteme aufbauen. Sie muss weiterhin bestimmte formale Kriterien berücksichtigen, von denen die wichtigsten in der vorliegenden Arbeit behandelt wurden.

---

1) Weiss (Technologie-Einsatz), S. 6.
2) Priewasser (Megatrends), S. 16.

Es sind dies die Grundsätze

- der Benutzeradäquanz,
- der Kompatibilität,
- der konzeptionellen Vollständigkeit,
- der Konsistenz,
- der Sicherheit und
- der Wirtschaftlichkeit.

Ohne Berücksichtigung dieser Gestaltungsprinzipien lässt sich zwar ein möglicherweise technisch effizientes System erstellen, es ist aber weder garantiert, dass dieses von den Benutzern akzeptiert wird, noch, dass es die richtigen Informationen in richtiger Art und Weise generiert und bereitstellt.

Schliesslich wurde die Konzeption inhaltlich vervollständigt. Um am Markt erfolgreich bestehen zu können, muss durch selektive Beobachtung signifikanter und latenter Veränderungen von Markt-, Bedarfs-, Kunden- und Risikostrukturen ein spezifischer Informations-Vorsprung herausgearbeitet werden. Effiziente Führungsinformationssysteme müssen daher in der Lage sein, die gesamte Vielfalt der verfügbaren internen und externen Informationen zu sammeln und entsprechend den bankbetrieblichen Bedürfnissen aufzubereiten. Es wurde deutlich, dass sich das Bankmanagement bei seinen Informationsbedürfnissen an den Inhalten der bankbetrieblichen Führung orientieren muss und will. Im Mittelpunkt der inhaltlichen Konzeption stehen damit Informationen über die bankbetrieblichen Zielsetzungen (Ertrag, Sicherheit, Liquidität) und über die bankbetrieblichen Bezugsobjekte (Kunden, Produkte, Regionen), über die in allen Führungsphasen (Planen, Entscheiden, Kontrollieren, Informieren) entsprechende Informationen verfügbar sein müssen.

Für die Gesamtkonzeption eines bankbetrieblichen Führungsinformationssystems ergeben sich damit zwei zentrale, interdependente Bausteine:

◆ Erstens, ein geeignetes Rechnungswesen, das auf dem Opportunitätszinskonzept im Wertebereich und auf einer Standardkostenrechnung im Betriebsbereich aufbauen muss und

◆ zweitens, ein geschlossenes Planungs- und Analysesystem, das in Kombination mit dem Berichtswesen für eine geeignete Informationsbereitstellung sorgt.

Auch die Fragen der Entwicklung eines Führungsinformationssystems und seiner Eingliederung in die bankbetriebliche Führung wurden behandelt. Dabei wurde deutlich, dass die Planung und Realisierung eines solchen Systems eine Managementaufgabe höchster Priorität ist, die von allen massgeblichen Kräften in einer besonderen Art und Weise unterstützt und getragen werden muss. Institutionell fällt das System in den Aufgabenbereich des bankbetrieblichen Controllings, wobei hierzu eine ausgewogene Mischung aus zentralen und dezentralen Aufgabenelementen vorgestellt wurde.

Im **vierten Teil** der vorliegenden Arbeit konnte gezeigt werden, dass Führungsinformationssystemen von der Bankpraxis zwar ein ausgesprochen hoher Stellenwert eingeräumt wird, dass aber die bestehenden Systeme i.d.R. den Ansprüchen, die an sie gestellt werden, nicht zu entsprechen vermögen.

Angesichts der gezeigten vielfältigen Veränderungen innerhalb des Bankwesens besteht in Theorie und Praxis ebenfalls weitgehende Uebereinstimmung über die Notwendigkeit einer Einbeziehung strategischer Elemente in die bankbetriebliche Führung.[1] Vor dem Hintergrund der strategischen Führung und Planung in Banken

---

1) Betsch (Strukturveränderungen), S. 280ff; Schlenzka (Strategie), S. 311.

konnte deutlich gemacht werden, dass Führungsinformationssysteme zu einer effizienten Unterstützung ausgewählter Strategien herangezogen werden können. Mit ihrer Hilfe können solche, auf die Erzielung von Wettbewerbsvorteilen ausgelegte Strategien wirkungsvoll unterstützt werden, indem

◆ sich die Effizienz einer Bank steigern lässt und/oder die Kosten einer Bank senken lassen,
◆ der Wert oder Nutzen des Dienstleistungsangebotes für den Kunden gesteigert wird,
◆ die Fokussierung auf die "richtigen" Kunden unterstützt wird.

Anhand von sechs typischen - als Reaktion auf den Wandel an den Finanzmärkten zu beobachtenden - strategischen Verhaltensweisen der Banken konnte gezeigt und verdeutlicht werden, dass Führungsinformationssysteme einen Beitrag zu allen drei Unterstützungsmöglichkeiten zu leisten imstande sind.

Damit ist der derzeitige, vor allem aber der zukünftige Einsatz von Führungsinformationssystemen für Banken von immenser strategischer Bedeutung. Führungsinformationssysteme werden über ihre grundsätzliche Bedeutung hinaus zur strategischen Erfolgsposition eines Kreditinstitutes[1], d.h. sie können dazu beitragen, einen andauernden strategischen Vorteil vor der Konkurrenz zu verschaffen, der sich nachhaltig im Geschäftsergebnis niederschlägt[2]. Führungsinformationssysteme werden weiterhin zu einer strategischen "Waffe", deren Einsatz wesentlich zur Erreichung einer führenden Marktposition einer Bank beitragen kann.

---

1) Schuster (Informationsverarbeitung), S. 23.
2) Pümpin (Management), S. 34.

II. Schlussbemerkungen und Ausblick

"Information bewegt Kapitalströme, beeinflusst Kunden und Märkte"[1]. "Auswahl und Zugang zu den 'richtigen' Informationen zur richtigen Zeit und ihre optimale Aufarbeitung werden angesichts der Ueberflutung mit Informationen sowie der immer komplexeren Finanzwelt um so wesentlicher, je mehr Marktteilnehmer über gleiche Informationen zur gleichen Zeit verfügen"[2]. Ein zweckmässiges Informationsmanagement wird damit immer mehr zum kritischen Erfolgsfaktor im internationalen und im nationalen Finanzgeschäft.

Waren Führungsinformationssysteme schon seit längerem ein hilfreiches und notwendiges Instrument der Unternehmungsführung im Industriebetrieb, so ist deren Bedeutung für die bankbetriebliche Führung in den letzten Jahren stetig gewachsen. "Die Rückständigkeit und mangelnde Effektivität der existierenden Kommunikationsstrukturen innerhalb der Bank in bezug auf die an ein modernes Informationssystem zu stellenden Anforderungen ist (allerdings, Anm. d.V.) erstaunlich."[3] Im heutigen Informationszeitalter bei Berücksichtigung der zur Verfügung stehenden Informatikmöglichkeiten kann bankbetriebliche Führung wesentlich effizienter und zielgerichteter gestaltet werden. Unter Ausnutzen der Vorteile von geeigneten Führungsinformationssystemen fällt es wesentlich leichter, die Banken aus ihrer traditionellen Lethargie herauszuführen und produktiver, marktorientierter und profitabler werden zu lassen[4].

Die Fragen, welche Informationen das Management einer Bank zur Erfüllung seiner Aufgaben benötigt und wie diese Informationen gewonnen und verarbeitet werden sollen, werden von ständig zunehmender Bedeutung. Geeignete Systeme können zur "rich-

---

1) Sidler (Finanzmärkte), S. 13.
2) Herrhausen (Securitization), S. 332.
3) Ellermeier (Bankorganisation), S. 125.
4) Chambers (Banking), S. 58.

tigen" Information der Mitarbeiter einen wesentlichen Beitrag leisten. Man muss bei Führungsinformationssystemen zwischen einer technischen und einer konzeptionellen Dimension unterscheiden. Die Aktivitäten in der technischen Dimension bemühen sich dahingehend, erstens die Eingabe von Daten zu vereinfachen, zweitens die eingegebenen Daten immer schneller und immer komplexer miteinander zu verknüpfen und drittens die Ausgabe schneller und vielseitiger zu gestalten.

Dies allein ist jedoch nicht ausreichend, denn von entscheidender Bedeutung beim Aufbau eines Führungsinformationssystems ist, dass die richtigen Daten sinnvoll zu Führungsinformationen aufbereitet werden. Die Richtigkeit einer Information ergibt sich nicht aus der Technik, sondern primär aus der konzeptionellen Gestaltung entsprechender Systeme.[1]

Effiziente Führungsinformationssysteme müssen in der Lage sein, die gesamte Vielfalt der verfügbaren internen und externen Informationen zu sammeln und entsprechend den bankbetrieblichen Bedürfnissen aufzubereiten. Diese inhaltliche Seite entscheidet darüber, ob ein System erfolgreich und effizient ist.

Es bedarf somit mehr als nur der Anhäufung technischer Leistungen, um die damit verbundenen hohen Investitionen in einen echten strategischen Vorteil umzusetzen. Mit blossem Einsatz von Technologie kann nämlich kein Wettbewerbsvorteil erzielt werden[2]. Auf die Frage, ob sich die hohen Investitionen seiner Bank in die Automation gelohnt hätten, antwortete denn auch Walter Wriston, ehemaliger Citibank CEO, "What can I say ... We're still alive"[3].

---

1) Die Problematik der technischen Dimension – sie besteht im Problem der Computerunterstützung, also der Hard- und Software, die bei der Realisierung eines derartigen Systems zum Einsatz kommen – wurde daher in der vorliegenden Arbeit nicht, bzw. allenfalls am Rande behandelt.
2) Plenk (Informationstechnologien), S. 7; Touche Ross (Technology), S. 1ff.
3) Zitiert bei Fitch, Tom: Has Technology paid off?, in: Banking Technology 10/1987, S.25.

In den Mittelpunkt der Betrachtungen müssen damit Fragen der konzeptionellen Gestaltung eines bankbetrieblichen Führungsinformationssystems - zu denen die Problematik der Datenbeschaffung, deren Umwandlung in Informationen und deren Weitergabe an die Benutzer gehören - und vor allem ihrer geschäftspolitischen Bedeutung rücken.

Der Einsatz von Führungsinformationssystemen bedeutet keinen Ersatz des Bankmanagers. "Das originäre Denken wird im Zeitalter der sogenannten totalen Information und der perfektionierten Informationstechnologie keineswegs abgeschafft, sondern im Gegenteil mehr denn je gefordert"[1]. "Die Führungskraft, die durch entsprechende Informationspakete ... von der manuellen Aufbereitung und Verdichtung unzähliger Einzelinformationen entlastet ist und auf zusammengefasste und problemorientierte Managementinformationen ... zurückgreifen kann, muss in der Lage sein, systematisch und in Gesamtzusammenhängen denken zu können, um diese Informationen zur zielgerichteten Durchdringung ihres Verantwortungsbereiches auszuwerten und in konkrete Aktionen umzusetzen."[2] Zudem kann das Führungsinformationssystem nur die formale Kommunikation und Information in einer Bank unterstützen. Die informelle Komponente wird damit in ihrer Bedeutung keinesfalls eingeschränkt. Ein erfolgreicher Manager, der ohnehin stets beide Varianten pflegen muss, erhält durch die formale Unterstützung mehr Zeit für die informelle Kommunikation.

Effiziente, zielgerichtete Unternehmungsführung in Banken ist - das wird in Zukunft noch stärker als heute gelten - ohne die Unterstützung durch ein geeignetes Informationsmanagement unmöglich geworden. Es ist die geschäftspolitische Dimension dieses Informationsmanagements, die im Mittelpunkt der Betrachtungen stehen muss. Sie gewinnt zunehmend an Gewicht und

---

1) Herrhausen (Securitization), S. 332.
2) Schütte (Auswirkungen), S. 618.

ist letztendlich für den Geschäftserfolg einer Bank entscheidend.

Darunter fällt insbesondere die Entwicklung und der Einsatz zweckmässiger Führungsinformationssysteme. Sie werden immer mehr zu einem Wettbewerbsfaktor ersten Ranges im Finanzgeschäft. Die Fähigkeit zur unabhängigen Analyse und zur Synthese im Vorfeld des Augenblicks, in dem die Informationen über die Bildschirme flackern, wird den Banken helfen, in Zukunft besondere Geschäfts- und Ertragsspielräume zu erschliessen[1].

Führungsinformationssysteme bedürfen daher des kontinuierlichen Ausbaus, um dieser Bedeutung gerecht werden zu können. Sie müssen sinnvollerweise strategisch geplant werden und mit dem strategischen Gesamtplan einer Bank harmonieren. Eine allgemeine Geschäftsstrategie muss heute und besonders in Zukunft eine spezielle Informationsmanagement-Strategie beinhalten. Der Einsatz des Top Managements ist dabei unumgänglich[2].

Bei Entscheidungen im Bereich des Informationsmanagements allgemein und im Bereich der Führungsinformationssysteme im besonderen handelt es sich damit um Entscheidungen, die über das Ueberleben einer Bank im Markt entscheiden können. Die geschäftliche Zukunft einer Bank, die diese Konsequenz nicht erkennt, liegt im ungewissen[3].

---

1) Herrhausen (Securitization), S. 332.
2) McFarlan/McKenney (Information), S. 75.
3) Auerbach (Business), S. 80.

Verzeichnis der verwendeten Literatur

Du kannst kein Buch öffnen,
ohne daraus zu lernen.

    Chinesische Weisheit

Aasgard, D.O. et al. (Evaluation): An Evaluation of Data Processing 'Machine Room' Loss and Selected Recovery Strategies, University of Minnesota, Management Information Systems Research Center WP-79-04, zitiert in: Davis/Olson (MIS).

Abolins, Karlis (Datenverarbeitung): Organisationsmethodik bei benutzerorientierter Datenverarbeitung, in: Bank und Markt, Nr. 7/86, S. 24ff.

Abolins, Karlis (Banken): Büroverfahrenstechnik in Banken, in: Bank und Markt, Nr. 6/85, S. 29ff.

Ackoff, Russel L. (Misinformation): Management Misinformation Systems, in: Management Science No. 4, December 1967, S. 147ff.; hier in: Rappaport (Information), S. 30ff.

Adler, Gerhard (Marktchancen): Neue Marktchancen mit Informationstechnik, in: geldinstitute 2-1986, S. 15ff.

Ahituv, Niv; Neumann, Seev (Development): A Flexible Approach to Informations System Development, in: MIS Quarterly June 1984, S. 69ff.

Akerlof, George (Market): The Market for "Lemons": Quality Uncertainty und the Market Mechanism, in: Quarterly Journal of Economics, Bd. 84/1970, S. 488ff.

Akoka, Jacob (Framework): A Framework for Decision Support Systems Evaluation, in: Information & Management, Nr. 4/1981, S. 133ff.

Alavi, Maryam (DSS): An Assessment of the Concept of Decision Support Systems as Viewed by Senior-Level Executives, in: MIS Quarterly, December 1982, S. 1ff.

Albisetti, Emilio et al. (Handbuch): Handbuch des Geld-, Bank- und Börsenwesens in der Schweiz, Thun 1987.

Alloway, Robert; Quillard, Judith (User): User Managers' Systems Needs, in: MIS Quarterly June 1983, S. 27ff.

Altenhain, Thomas; Hölscher, Reinhold (Bilanzstruktur-Management): Bilanzstruktur-Management, in: Bankinformation 5/88, S. 41ff.

Altenpohl, Dieter (Ed.) (Informatization): Informatization: The Growth of Limits, Zürich 1985.

Altenpohl D.G.; Lohmar U. (Information): Information as a Ressource: 30 Theses, in: Altenpohl (Informatization), S. 121ff.

Antensteiner, Ernst; Feuerstein, Dieter (Stückkostenkalkulation): Aufbau einer Stückkostenkalkulation für die Zukunft der Bank, in: Die Bank 5/89, S. 259ff.

Literaturverzeichnis

Arthur Andersen (Finanzplatz Schweiz): Finanzplatz Schweiz, Perspektiven - Herausforderungen - Chancen, Zürich 1986.

Arthur Andersen (Markets): European Capital Markets - A Strategic Forecast, Berkshire 1989.

Arthur Andersen (Change): The Decade of Change - Banking in Europe - The next ten Years, London 1986.

Arthur Andersen (Issues): Strategic Issues in Banking, New York 1985.

Ashby, W. Ross (Cybernetics): An Introduction to Cybernetics, London 1971.

Assad, Michael (Management): Management Report Design Considerations, in: Information & Management 3 (1981), S. 95ff.

ATAG Allgemeine Treuhand AG (Hrsg.) (Informatik): Wettbewerbsvorteile durch Informatik, Referate anlässlich der Dolder-Tagung vom 11. Juni 1987.

Auerbach, Isaac (Business): The Business of Banks, in: The Bankers Magazine Sept-Oct 1984, S. 79ff.

Bader, Monika (Informationsgesellschaft): Auf dem Weg in die Informationsgesellschaft, in: Forum 11/86, S. 489ff.

Banken, Robert (Marktzinsmethode): Die Marktzinsmethode als Instrument der pretialen Lenkung in Kreditinstituten, Frankfurt 1987.

Baronas, Ann-Marie; Louis, Meryl (Restoring): Restoring a Sense of Control During Implementation: How User Involvement Leads to System Acceptance, in: MIS Quarterly, March 1988, S. 111ff.

Beck, Horst (Controlling): Controlling in Banken, unveröffentlichtes Vortragsmanuskript, Frankfurt 1988.

Bednar, L. (Grundlagen): Grundlagen eines Management-Informationssystems, in: Management-Informationssysteme für Sparkassen, Schriftenreihe des Oestereichischen Forschungsinstituts für Sparkassenwesen Nr. 3, Wien 1975, S. 5ff.

Beer, Stafford (Heart): The Heart of Enterprise - The Managerial Cybernetics of Organization, Chichester u.a. 1979.

Bell, Daniel (Society): The Coming of Post-Industrial Society, New York 1973.

Betsch, Oskar (Strukturveränderungen): Strukturveränderungen - Eine Herausforderung für die Kreditwirtschaft in den 90er Jahren, in: Beyer/Schuster/Zimmerer (Entwicklungen), S. 278ff.

Betsch, Oskar (Technikbank): Technikbank - die Bank der Zukunft?, in: Beiträge zur Bankbetriebslehre aus dem Institut für Bankwirtschaft an der Hochschule St. Gallen, Bd. 5, Februar 1985.

Beyer, Horst-Tilo; Schuster, Leo; Zimmerer, Carl (Entwicklungen): Neuere Entwicklungen in Betriebswirtschaft und Praxis, Frankfurt 1988.

Biehl, Werner; Schmidt, Peter (Controller): Der Controller als Planungs- und Informationsmanager in der Sparkasse, in: Betriebswirtschaftliche Blätter 3/1986, S. 122ff.

Bank für Internationalen Zahlungsausgleich (Innovations): Recent Innovations in International Banking, Basel 1986.

Bank für Internationalen Zahlungsausgleich (Entwicklungen): Entwicklungen des internationalen Bankgeschäftes und der Finanzmärkte, Basel Oktober 1985.

Blattmann, Jörg (Marktzinsmethode): Stand der Theorie-Diskussion zur "Marktzinsmethode", in: Die Bank 11/87, S. 621ff.

Bleicher, Knut (Unternehmungsentwicklung): Unternehmungsentwicklung und organisatorische Gestaltung, Stuttgart/New York 1979.

Blohm, Heinrich (Berichterstattung): Schwachstellen bei der betrieblichen Berichterstattung - Rationalisierung durch Ausschaltung von Störungen, Baden Baden/Homburg 1965.

Bodmer et al. (Kenntnisse): Allgemeine bank- und volkswirtschaftliche Kenntnisse, Zürich 1978.

Bofinger, Peter (Finanzinnovationen): Geldpolitik im Zeichen der sogenannten Finanzinnovationen, in: Sparkasse 4/1986, S. 139ff.

Bolck, Christian (Euronotes): Euronotes gewinnen im Wettbewerb der Finanzierungsinstrumente, in: Die Bank 10/86, S. 513ff.

Bootz, Wilfried (Banksteuerung): Die ergebnisorientierte Banksteuerung, in: Bankinformation 1/88, S. 20ff.

Boynton, Andrew; Zmud, Robert (Assessment): An Assessment of Critical Success Factors, in: Sloan Management Review, Sommer 1984, S. 17ff.

Brabander, Bert de; Edström, Anders (Development): Successfull Information System Development Projects, in: Mangement Science, Nr. 2/1977, S. 191ff.

Brammertz, Willi (Marktrisiken): Marktrisiken, Vortragsmanuskript Institut für Bankwirtschaft, St. Gallen/Zürich 1989.

Brammertz, Willi (Management): Assett & Liability Management, in: vbo-informationen 4/1988, S. 87ff.

Brancheau, James; Wetherbe, James; Key Issues in Informations Systems Management, in (Key Issues): MIS Quarterly, March 1987, S. 23ff.

Brauchlin, Emil (Entscheidungsmethodik): Problemlösungs- und Entscheidungsmethodik, Bern/Stuttgart 1978.

Brönimann, C (Aufbau): Aufbau und Beurteilung des Kommunikationssystems von Unternehmungen, Bern/Stuttgart 1970.

Brooks, Nigel (Marketing): Marketing Technology, in: Bank Administration, Mai 1989, S. 52ff.

Bruns, Georg; Häuser, Karl (Hrsg.) (Innovationen): Innovationen auf Finanzmärkten, Frankfurt 1986.

Brupbacher, Werner; Gier, Hans-Peter (Devisenhandel): Risikoüberwachung im Geld- und Devisenhandel, in: Schweizer Bank, Nr. 11/87, S. 47ff.

Bühler, Wilhelm (Mindestmargen): Zur Ermittlung von Mindestmargen im Zinsgeschäft der Kreditinstitute, in: Oesterreichisches Bank-Archiv, 1/1983, S. 37ff.

Bühler, Wilhelm (Schichtenbilanz): Die Schichtenbilanz als Instrument der Leistungsanalyse für die Kreditbank, in: Kredit und Kapital 3/1970, S. 408ff.

Bühler, Wilhelm; Hrncir, Michael (Informationsbedarf): Informationsbedarf dezentralisierter Bankfilialen - Ergebnisse einer empirischen Untersuchung, in: Oesterreichisches Bank-Archiv 2/89, S. 107ff.

Büschgen, Hans (Szenario): Szenario 2000, in: Schweizer Bank 5/1987, S. 25ff.

Büschgen, Hans (Banken): Strategisches Marketing bei Banken als Unternehmungsführungskonzeption, in: Gaugler/Meissner/Thom (Zukunftsaspekte), S. 403ff.

Büschgen, Hans (Markt): Zum Verhältnis von Markt und Technik, in: Bank und Markt, 3/1986, S. 19ff.

Büschgen, Hans (Planung): Strategische Planung im marktorientierten Bankbetrieb, in: Die Bank 6/83, S. 260ff.

Büschgen, Hans (Bankbetriebslehre): Bankbetriebslehre, Wiesbaden 1979.

Burgess, Roger (Competition): The Competition Intensifies As The Euromarket Expands, in: Euromoney February 1985, S. 117ff.

Burkhart, Roland (Kommunikationswissenschaft): Kommunikationswissenschaft, Wien/Köln 1983.

Camillus, John; Lederer, Albert (Design): Corporate Strategy and the Design of Computerized Information Systems, in: Sloan Managment Review, Spring 1985, S. 35ff.

Capra, Fritjof (Wendezeit): Wendezeit - Bausteine für ein neues Weltbild, Bern/München/Wien 1983.

Carl, Notger (Planning): Strategic Planning of U.S. Commercial Banks in a Changing Legal Environment, Dissertation St. Gallen 1984.

Cerullo, Michael (Information): Information Systems Success Factors, in: Journal of Systems Management, Dezember 1980, S. 10ff.

Chambers, Robert (Banking): Corporate Banking in the Information Age, in: The Bankers Magazine, July-August 1986, S. 55ff.

Chervany, Norman; Dickson, Gary; Kozar, K. (Framework): An Experimental Gaming Framework for Investigating the Influence of Management Information Systems on Decision Effectiveness, Working Paper 71-12, University of Minnesota, Minneapolis, Minnesota 1972.

Chorafas, Dimitris (Systeme): Management-Informations-Systeme, München 1972.

Chorafas, Dimitris; Steinmann, Heinrich (Technology): High Technology at UBS - for Excellence in Client Service, Zürich 1988.

Christ, Gerhard-Peter (Informationen): Ermittlung der Kosten und des Nutzens betrieblicher Informationen - Ein Versuch zur kosten- und nutzenmässigen Bewertung von Informationen, Dissertation Köln 1979.

Coenenberg, Adolf Gerhard (Kommunikation): Die Kommunikation in der Unternehmung, Wiesbaden 1966.

Cole, Robert (Information): Target information for competitive performance, in: Harvard Business Review, May-June 1985, S. 100ff.

Cordero-Tomanek, Susana (Geschäftspolitik): Auswirkungen staatlicher Bankreformen auf die Geschäftspolitik der Banken - dargestellt am Beispiel Spaniens, Dissertation St. Gallen 1986.

Cramer, Jörg-E. (Bankbetrieb): Neue Dienstleistungen im Bankbetrieb, Frankfurt 1970.

Shank, Michael; Boynton, Andrew; Zmud, Robert (MIS): Critical Success Factors as a Methodology for MIS Planning, in: MIS Quarterly, June 1985, S. 121ff.

Sidler, Eric (Finanzmärkte): Finanzmärkte im Umbruch - neue Formen der Kommunikation, in: Bank und Markt 6/1987, S. 5ff.

Sieber, Hanspeter (Information): Zusammenhang zwischen Information und Erfolg, in: Büro + Verkauf 3/87, S. 26ff.

Siegert, Theo (Eigenarten): Eigenarten bankbetrieblicher Leistungen, Dissertation München 1974.

Siegwart, Hans (Konzepte): Controlling-Konzepte und Controller-Funktionen in der Schweiz, in: Controlling-Konzepte im internationalen Vergleich, Freiburg 1987, S. 105ff.

Siegwart, Hans (Führungsaufgabe): Controlling als Führungsaufgabe und Fachfunktion, in: Kresse/Pernack (Jahrbuch), S. 174ff.

Siegwart, Hans (Controlling): Worin unterscheiden sich amerikanisches und deutsches Controlling?, in: Management Zeitschrift io, Nr. 2/1982, S. 97ff.

Silber, William (Innovations): Financial Innovations, Lexington u.a. 1975.

Sittig, Carl (Führungshilfen): EDV-Informationssysteme müssen Führungshilfen sein, in: Management-Zeitschrift io 50(1981) Nr. 2, S. 105ff.

Slevogt, Horst (Bankpreispolitik): Bankpreispolitik, in: Oesterreichisches Bank-Archiv, Nr. 9/1981, S. 319ff.

Slevogt, Horst (Bankpreise): Bankpreise zwischen Kalkulation und Marketing, in: Bank und Markt 6/74, S. 10ff.

Slevogt, Horst (Bankkalkulation): Lenkpreisrechnung als Bankkalkulation für Planung und Marketing, in: Oesterreichisches Bank-Archiv, Nr. 3/72, S. 84ff.

Söhlemann, Gerald (Unternehmenskultur): Unternehmenskultur, in: vbo-informationen 1/1988, S. 3ff.

Sommerlatte, Tom (Herausforderung): Die Planung künftiger Büroautomation - eine strategische Herausforderung, in: zfo 5-6/1984, S. 302ff.

Sorg, Stefan; Weber, Franz (Geldinstitute): Bürokommunikation in Geldinstituten erneuern, in: geldinstitute 2-1988, S. 46ff.

Spahni-Klass, Almut (Management): Cash Management im multinationalen Konzern, Bern, Stuttgart 1988.

Sprague, Ralph H. (Framework): A Framework for the Development of Decision Support Systems, in: MIS Quarterly December 1980, S.1ff.

Sprague, Ralph; McNurlin, Barbara (Information): Information Systems Management in Practice, New York u.a. 1986.

Sprague, Ralph; Carlson, Eric (Effective): Building Effective Decision Support Systems, Englewood Cliffs 1982.

Spremann, Klaus (Information): Reputation, Garantie, Information, in: Zeitschrift für Betriebswirtschaft, Nr. 5/6 1988, S. 613ff.

Sprenger, Hans Rudolf (EUS): Planungs- und Entscheidungsunterstützende Systeme (EUS), Dissertation St. Gallen 1986.

Steinbrink, Klaus (Bankbetrieb): Information und Entscheidung im Bankbetrieb, Frankfurt 1976.

Steiner, Albert (Sicherheit): EDV-Sicherheit bei der Bank, in: Schweizer Bank 88/4, S. 38ff.

Steiner, Thomas; Teixeira, Diogo (Technology): Technology is more than just a strategy, in McKinsey Quarterly, Winter 1988, S. 39ff.

Steinmann, Andreas (Eingliederung): Die Eingliederung des Strategischen Managements in das Unternehmen, in: Management Forum, Band 5, Wien 1985, S. 177ff.

Steinmann, Heinrich (Sicherheit): Sicherheit - Schlüsselfaktor der Informatik-Anwendung, in: Vortragsreihe im Rahmen des Cap Gemini Symposiums "Sicherheit: Rückgrat der Informatikstrategien" vom 21.1.1987 in Bern, S. 10ff.

Storck, Ekkehard (Finanzmarkt): Auf dem Weg zum globalen Finanzmarkt, in: die Bank 1/87, S. 9ff.

Storck, Ekkeharf (Instrumente): Neue Instrumente im Euromarkt, in: Bruns/Häuser (Innovationen), S. 19ff.

Strassmann, Paul (Information): Information Payoff, London/New York 1985.

Strothmann, Helmuth (Attraktivität): Mehr zur Attraktivität eines Allfinanzangebotes, in: Bank und Markt 8/1988, S. 5ff.

Strothmann, Helmuth (Preispolitik): Anmerkungen zur Preispolitik im Bankgeschäft, in: Bank und Markt 6/1986, S. 31ff.

Stützel, Wolfgang (Bankpolitik): Bankpolitik - heute und morgen. Ein Gutachten, Frankfurt 1964.

Süchting, Joachim (Chancen): Chancen des Allfinanzangebots in der Bundesrepublik, in: geldinstitute 1/2 1989, S. 4ff.

Süchting, Joachim (Ueberlegungen): Ueberlegungen zur Attraktivität eines Allfinanzangebotes, in: Bank und Markt 12/1987, S. 7ff.

Süchting, Joachim (Verrechnungspreise): Verrechnungspreise im Bankbetrieb, in: Krumnow/Metz (Rechnungswesen), S. 199ff.

Süchting Joachim (Bankmanagement): Bankmanagement, Stuttgart 1982.

Süchting, Joachim; van Hooven, Eckart (Hrsg.) (Bankmarketing): Handbuch des Bankmarketing, Wiesbaden 1987.

Tait, Peter; Vessey, Iris (User): The Effect of User Involvement on System Success: A Contingency Approach, in: MIS Quarterly, March 1988, S. 91ff.

Terrahe, Jürgen (Interview): Wir müssen das Rad zurückdrehen - Interview, in: Computerwoche 31.1.86, S. 12ff.

Terrahe, Jürgen (Entwicklung): Entwicklung und Einsatz von Management-Informationssystemen in Kreditinstituten, in: Mühlhaupt/Schierenbeck/Wielens (Controlling), S. 85ff.

Terrahe, Jürgen (Informationssysteme): Marktorientierte Informationssysteme einer Geschäftsbank, in: Die Bank 5/79, S. 214ff.

Terrahe, Jürgen (Kundenkalkulation): Kundenkalkulation und Geschäftsplanung, in: Deppe (Lesebuch), S. 679ff.

Tobergte, Jürgen (Risiken): Risiken einer vernetzten Geschäftswelt, in: Die Bank 3/89, S. 134ff.

Toffler, Alvin (Zukunftschance): Die Zukunftschance, München 1980.

Touche Ross International (Performance): Competitive Performance, USA 1987.

Touche Ross International (Technology): The Impact of Technology on Banking, USA 1985.

Turner, W.D. (Challenges): The coming challenges in European retail banking, in: McKinsey Quarterly, Autumn 1983, S. 68ff.

Ulrich, Hans (Management): Management als Gestalten und Lenken zweckorientierter sozialer Systeme, in: Dyllick/Probst (Management), S. 92ff.

Ulrich, Hans (Skizze): Skizze eines allgemeinen Bezugsrahmens für die Managementlehre, in: Ulrich et al. (Grundlegung), S. 1ff.

Ulrich, Hans (Unternehmungspolitik): Unternehmungspolitik, Bern-Stuttgart 1978.

Ulrich, Hans (Unternehmung): Die Unternehmung als produktives soziales System, Bern-Stuttgart 1968.

Ulrich et al. (Grundlegung): Grundlegung einer allgemeinen Theorie der Gestaltung, Lenkung und Entwicklung zweckorientierter sozialer Systeme, Diskussionsbeitrag Nr. 4/1984 des Instituts für Betriebswirtschaft an der Hochschule St. Gallen, St. Gallen 1984.

Ulrich, Hans; Krieg, Walter (Modell): Das St. Galler Management-Modell, Bern/Stuttgart 1974.

Urmes, Nicolas (Technologie): Informationstechnologie: Last oder Chance?, in: IBM Nachrichten 31 (1981), S. 21ff.

Vak, Managementinformationssystem in Kreditinstituten, in (MIS): Schneider/Fuchs (Management), S.

Vancil, Richard (Strategy): Strategy Formulation in Complex Organisations, in: Lorange/Vancil (Strategic Planning Systems), S. 5ff.

Vester, Frederic (Krise): Ballungsgebiete in der Krise, München 1983.

Vitale, Michael (Risks): The Growing Risks of Information Systems Success, in: MIS Quarterly, December 1986, S. 327ff.

Vittas, Dimitri (Menagerie): The New Market Menagerie, in: The Banker June 1986, S. 16ff.

Volk, Rüdiger (Services): Bedeutung der Wettbewerbsvorteilsheuristik für die strategische Planung internationaler Banken am Beispiel der Financial Services, Diplomarbeit im Fach Bankbetriebslehre an der Universität zu Köln, Juli 1987.

Wagner, Helmut (Informationsmanagement): Betriebliches Informationsmanagement - auch für Genossenschaften, in: Zeitschrift für das gesamte Genossenschaftswesen, Band 38(1988) Heft 2, S. 90ff.

Warnecke, H.-J. et al. (Entwicklungstendenzen): Stand und Entwicklungstendenzen technisch-organisatorischer Informationssysteme, in: Hansen (Informationssysteme), S. 9ff.

Weber, Thomas (Wettbewerbsvorteil): Wettbewerbsvorteil durch Personalcomputer - Ein Konzept für den strategischen PC-Einsatz in Kleinbetrieben, Frankfurt 1989.

Weidemann, Klaus (Informationsmanagement): Informationsmanagement - Herausforderung für die Banken, in: Die Bank 8/87, S. 459ff.

Weigele, Otmar (Unternehmensplanung): Strategische Unternehmensplanung in Universalbanken, Wien 1983.

Weiss, Ulrich (Banktechnologien): Die neuen Banktechnologien unter Marketingaspekten, in: Kolbeck (Bankinnovationen), S.45ff.

Weiss, Ulrich (Technologie-Einsatz): Technologie-Einsatz in neuer Dimension, in, geldinstitute 4-1987, S. 6ff.

Weiss, Ulrich (Einflüsse): Einflüsse der Technologie auf das Bankgeschäft, in: geldinstitute 3-1984, S. 191ff.

Weiss, Ulrich (Bankmarketing): Bankmarketing - Der heutige Standort, in: Betriebswirtschaftliche Blätter 1973, S. 374ff.

Wendt, K.-G. (Informationsbedarf): Informationsbedarf für industrielles Management, Berlin/New York 1974.

Widmer, Alex (Innovationsmanagement): Innovationsmanagement in Banken, Dissertation St. Gallen 1986.

Wiedemann, Herbert (Einsatz): Der Einsatz eines Informationssystems und wie Mitarbeiter zu führen sind, in: geldinstitute 1-1986, S. 24ff.

Wiedmayer, Gerhard (Geldinstitute): Schrumpfende Spielräume zwingen Geldinstitute zur Ueberprüfung der Produktpalette, in: Kompetenz Nr.3/1988, S. 12ff.

Wielens, Hans (Bankorganisation): Marktorientierte Bankorganisation, in: Süchting/van Hooven (Bankmarketing), S. 61ff.

Wielens, Hans (Aufgabe): Aufgabe und organisatorische Einordnung des Controlling in Banken, in: Die Bank 2/80, S. 57ff.

Wielens, Hans (Controlling): Controlling in Kreditinstituten, in: Göppl/Henn (Banken), S. 1147ff.

Winter, J.B. (Bankorganisation): Bankorganisation der achtziger Jahre - Synthese von Marktorientierung und Informations-Management, in: Zeitschrift für das gesamte Kreditwesen, Technik-Beilage zu Nr. 24, 15. Dezember 1979, S. 3ff.

Wittgen, Robert; Eilenberger, Guido (Geldpolitik): Die Geldpolitik der Kreditinstitute, Frankfurt 1984.

Wittmann, W. (Information): Unternehmung und unvollkommenen Information - Unternehmerische Voraussicht - Ungewissheit und Planung, Köln/Opladen 1959.

Wolfarth, John; Chisamore, Dale (Systems): Business Modeling: The Key to Better Bank Systems, in: The Bankers Magazine, Sept.-Oct. 1988, S. 53ff.

Wüthrich, Hans-Alber; Ganz, Matthias (Erfolgsfaktor): Kulturbewusstes Management - Erfolgsfaktor der Zukunft, in: Die Bank 6/89, S. 292ff.

Wunderer, Rolf; Grunwald, Wolfgang (Führung I): Führungslehre, Bd. I, Berlin/New York 1980.

Wurr, Peter (Grafik): Management Grafik von A - Z, in: Office Management, 1/1984, S. 16ff; 2/1984, S. 102ff; 3/1984, S. 200ff; 4/1984, S. 308ff.

Zahedi, Fatemeh (Reliability): Reliability of Information Systems Based on the Critical Success Factors-Formulation, in: MIS Quarterly June 1987, S. 187ff.

Zani, William (Blueprint): Blueprint for MIS, in: Harvard Business Review, Vol. 48 (1970) Nov.-Dec., S. 95ff.

Zenoff, D.B. (Perspectives): Perspectives on the management of international banks, in: Zenoff (Banking), S. 3ff.

Zenoff, D.B. (Hrsg) (Banking): International Banking Management and Strategies, Euromoney Publications, London 1985.

Zimmermann, Theo (Banken): Erfolgreichen Banken auf der Spur, Bern, Stuttgart 1988.

Zmud, Robert (Success): Individual Differences and MIS Success: A Review of the Empirical Literature, in: Management Science No. 10/ 1979, S. 965ff.

Zschaage, Klaus-J. (DSS): Decision Support Systems: Managementnahe Datenverarbeitung, in: Office Management, Nr. 2/1984, S. 106ff.

Zuber, Christoph (Liquidität): Steuerung der Liquidität im Bankbetrieb, Bern/Stuttgart 1987.

O.V. (Innovationen): Innovationen im internationalen Bankgeschäft, in: Monatsberichte der Deutschen Bundesbank, April 1986, S. 25ff.

Kirsch, Werner (Probleme): Probleme der Unternehmensführung bei der Entwicklung von Management-Informationssystemen, in: Die Unternehmung Nr. 3, 1976, S. 173ff.

Kirsch, Werner; Klein, Heinz (MIS I,II): Management-Informationssysteme I und II, Stuttgart/Berlin/Köln/Mainz 1977.

Kirsch, Werner; Kieser, Heinz-Peter (Benutzeradäquanz I): Perspektiven der Benutzeradäquanz von Management-Informations-Systemen, Erster Teil, in: Zeitschrift für Betriebswirtschaft, Nr. 6/1974, S. 383ff.

Klaus, M. (Banken): Auch Banken müssen rechnen - Zusammenhänge und Teilgebiete der Bankkostenrechnung, in: Management Zeitschrift io, Nr. 3/1980, S. 171ff.

Klingler, Adolf (Information): Information, in: geldinstitute 1/1980, S. 91ff.

Klingler, Adolf (Informationsmanagement): Informationsmanagement, in: geldinstitute 3/86, S. 7ff.

Kloss, Ursula (Frühwarnsystem): Ein Frühwarnsystem als Instrument zur Ueberwachung der strategischen und operativen Umsetzung und Realisierung der Unternehmungspolitik, Dissertation St. Gallen 1984.

Koch, Peter (Kooperation): Kooperation und Konkurrenz zwischen Banken und Versicherungsunternehmen - Analyse unter praktischen und theoretischen Aspekten, in: Beyer/Schuster/Zimmerer (Entwicklungen), S. 313ff.

Köhler, Claus (Bankgeschäft): Innovationen im Bankgeschäft als geld- und währungspolitisches Problem, in: Deutsche Bundesbank: Auszüge aus Presseartikeln, Nr.9, 3. Februar 1986, S. 1ff.

Kohn, Stephen; Rau, Susan (Strategy): Practical Approaches to Strategy Development, in: The Bankers Magazine, Sept.-Okt. 1984, S. 56ff.

Kolbeck, Rosemarie (Bankinnovationen): Bankinnovationen, Frankfurt 1986.

Kolbeck, Rosemarie (Planung): Bankbetriebliche Planung, Wiesbaden 1971.

Kollar, Axel (Kapitalmärkte): Kapitalmärkte im Zeichen von Innovation und Liberalisierung - Konsequenzen für das nationale und internationale Bankgeschäft, in: Bruns/Häuser (Innovationen), S. 65ff.

Kommission für Kostenrechnung des Bundesverbandes deutscher Banken (Fragen): Fragen der Bankkostenrechnung - Arbeitspapiere, Köln 1977.

Koreimann, Dieter (Informationsbedarfsanalyse): Methoden der Informationsbedarfsanalyse, Berlin/New York 1976.

Koreimann, Dieter (Planung): Architektur und Planung betrieblicher Informationssysteme, in: Hansen/Wahl (Probleme), S. 49ff.

Koreimann, Dieter (Informationssysteme): Informationssysteme auf die Bedürfnisse der Benutzer abstimmen!, in: Industrielle Organisation 43/1974, Nr. 3, S. 148ff

Koreimann, Dieter (Thesen): Management-Informationssysteme-9 Thesen, in: Industrielle Organisation 41(1972) Nr. 5, S. 236ff.

Koreimann, Dieter (MIS): Methoden und Organisation von Management-Informations-Systemen, Berlin/New York 1971.

Kosaka, Takeshi; Hirouchi, Tetsuo (DSS): An Effective Architecture for Decision Support Systems, in: Information & Management, Nr. 5/1982, S. 7ff.

lynveld Peat Marwick Goerdeler (Hrsg.) (Global Capital Markets I): Global Capital Markets, Amsterdam 1988.

lynveld Peat Marwick Goerdeler (Hrsg.) (Global Capital Markets II): Global Capital Markets Volume II, Detailed Servey Analysis, Amsterdam 1988.

Krallmann, Hermann (Hrsg.) (Informationsmanagement): Informationsmanagement auf der Basis integrierter Bürosysteme, Berlin 1986.

Kramer, R. (Information): Information und Kommunikation, Berlin 1965.

Krasensky, Hans (Liquidität): Ueberlegungen zur bankbetrieblichen Liquidität, in: Bankbetriebliche und volkswirtschaftliche Liquidität, Schriftenreihe des Oesterreichischen Forschungsinstitutes für Sparkassenwesen, Heft 4/1971, S. 5ff.

Kresse, W.; Pernack, H.J. (Jahrbuch): Jahrbuch für Betriebswirte, Stuttgart 1984.

Kroeber D.W. et al. (Evolution): An Empirical Investigation and Analyses of the Current State of Information Systems Evolution, in: Information & Management 3(1980), S. 35ff.

Krümmel, Hans-Jacob (Bankzinsen): Bankzinsen, Köln u.a. 1964.

Krümmel, Hans-Jacob; Rudolph, Bernd (Bankmanagement): Bankmanagement für neue Märkte, Frankfurt 1987.

Krümmel, Hans-Jacob; Rudolph, Bernd (Bankplanung): Strategische Bankplanung, Frankfurt 1983.

Krümmer, Stephan (Management): Strategisches Management im Bankbetrieb, Dissertation St. Gallen 1983.

Krümmer, Stephan (Gedanken): Gedanken zum strategisches Management im Bankbetrieb, in : Schuster (Führungsperspektiven), S. 23ff.

Krumnow, J.; Metz, M. (Hrsg.) (Rechnungswesen): Rechnungswesen im Dienste der Bankpolitik, Stuttgart 1987.

Küppers, Bernd (Information): Ueberlegungen zur internen Information und Kommunikation bei Kreditinstituten, in: Bank und Markt 9/1986, S. 31ff.

Kuhlen, Rainer (Informationsmanagement): Koordination von internen und externen Wissensressourcen als zentrale Aufgabe des Informationsmanagements, Vortrag an der Hochschule St. Gallen, 11.2.1987.

Kuhn, A. (Society): The Study of Society, Homewood 1963.

Kugler, Albert (Risiken): Konzeptionelle Ansätze zur Analyse und Gestaltung von Zinsänderungsrisiken, Frankfurt 1985.

Lattwein, Hans-Dieter (MIS): Analyse des Entwicklungsstandes von Management-Informations-Systemen für den Bereich Produktion, Diplomarbeit an der Rheinisch-Westfälischen Technischen Hochschule Aachen 1985.

Lauer, Peter (Leistungskopplung): Leistungskopplung im Bankbetrieb, Dissertation Hamburg 1965.

Leeb, Wolfgang (FIS): Führungs-Informationssystem in Kreditinstituten, in: Krumnow/Metz (Rechnungswesen), S. 223ff.

Lehmann, Gerd (Telekurs): Die Telekurs AG - das gemeinschaftliche Dienstleistungeunternehmen der Schweizer Banken, in: Bank und Markt 9/1986, S. 5ff.

Lehner, H (Modell): Management-Modell für Banken, Dissertation St. Gallen 1976.

Leichsenring, Hansjörg (Bankplanung): Strategische Bankplanung: Hintergründe, Wesen und Inhalt, Münsingen/St. Gallen 1988.

Leichsenring, Hansjörg (Kostenrechnung): Kostenrechnung als Instrument der Filialsteuerung in Banken, in: Die Bank 3/88, S. 152ff.

Leidecker, Joel; Bruno, Albert (Using): Identifying and Using Critical Success Factors, in: Long Range Planning, Nr. 1/1984, S. 23ff.

Lerbinger, Paul (Swap-Transaktionen): Swap-Transaktionen als Finanzinstrumente, in: Die Bank 5/85, S. 245ff.

Lewis, Vivian (Rich enough): Rich enough for you?, in: The Banker, August 1989, S. 30.

Lewis, M.K.; Davis, K.T. (Banking): Domestic and International Banking, Oxford 1987.

Lippold, D. (Individualisierung): Individualisierung der Organisation von Banken, Spardorf 1982.

Loos, N. (Marktpolitik): Die Marktpolitik der Kreditinstitute, Stuttgart 1969.

Lorange, Peter; Richard Vancil (Strategic Planning Systems): Strategic Planning Systems, London u.a. 1977.

Lucas, Henry (Systems): Information Systems Concepts for Management, New York 1986.

Lucas, Henry (Analysis): The Analysis, Design and Implementation of Information Systems, New York 1976.

Lucas, Henry C. jr. (Information): Why Information Systems fail, New York/London 1975.

Lucas, Henry (Model): A Descriptive Model of Information Systems in teh Context of the Organization, in: Database 2/1973, S. 27ff.

Lusser, Markus (Innovationen): Innovationen an den Finanzmärkten - Plage oder Segen, in: Schuster (Wandel), S.37ff.

Lutz, Theo (CIS): Das computerorientierte Informationssystem (CIS), Berlin/New York 1973.

Machlis, Stephen (Banking): MIS in Banking - The State of the Art, in: The Bankers Magazine 6/82, S. 48ff.

Machlup, Fritz; Mansfield, Una (Ed.) (Information): The Study of Information, New York u.a. 1983.

Malik, Fredmund (Elemente): Elemente einer Theorie des Managements sozialer Systeme, in: Ulrich et al. (Grundlegung), S. 31ff.

Malik, Fredmund (Management-Systeme): Management-Systeme, in: Die Orientierung Nr. 78/1981.

Martin, E.W. (Needs): Information Needs of Top MIS Managers, in: MIS-Quarterly, September 1983, S. 1ff.

Mason, Richard (Concepts): Basic Concepts for Designing Management Information Systems, in: AIS, Research Paper No. 8, October 1969, hier in: Rappaport (Information), S. 2ff.

Mason, Richard; Mitroff, Ian (Research): A Programm for Research on Management Information Systems, in: Management Science 5/1973, S. 475ff.

Masuda, Y. (Information): The Information Society as Post-Industrial Society, Tokyo 1980.

McFarlan, F. Warren (Ed.) (Information): The Information Systems Research Challenge, Boston 1984.

McFarlan, F. Warren (Technology): Information technology changes the way you compete, in Harvard Business Review, May-June 1984, S. 98ff.

McFarlan, Warren (Portfolio): Portfolio approach to informations systems, in: Harvard Business Review, Sept-Oct 1981, S. 142ff.

McFarlan, F. Warren; McKenney, James L. (Information) : Corporate Information Systems Management, Illinois 1983.

McLean, Ephraim; Soden, John (Planning): Strategic Planning for MIS, New York u.a. 1977.

McNaught-Davis, Ian (Possibilities): Possibilities of Executive Information Systems, in ATAG (Informatik), S. 41ff.

McNabb, Larry; Trefler, Alan (Service): Service Excellence through Automation, in: Bank Administration, July 1988, S. 46ff.

Mertin, Klaus (Erfolgsmessung): Erfolgsmessung in einer Universalgrossbank, in: Göppl/Henn (Banken), S. 1084ff.

Metzger, Robert et al. (Banking): Challenging the Strategic Assumptions of the Banking Industry, in: The Bankers Magazin Vol. 167, No.4/1984, S. 29ff.

Meyer, Conrad (Bankbilanz): Die Bankbilanz als finanzielles Führungsinstrument, Bern/Stuttgart 1986.

Meyer zu Selhausen, Hermann (Informationssysteme): Informationssysteme zur Stärkung der strategischen Erfolgsposition, in: Die Bank 2/89, S. 80ff.

Miesel, Karl (Finanzmarkt): Elemente, Entwicklung und Gefahren des globalen Finanzmarktes, in: Schuster (Wandel), S. 71ff.

Mischak, Richard (Zukunft): Die Zukunft der Bank - die Bank der Zukunft, in: Gedlinstitute 3/1986, S. 175ff.

Mock, T. (Information): A Longitudinal Study of some Information Structure Alternatives, in: Database 2,3,4/1973, S. 40ff.

Moormann, Jürgen (Geschäftsbanken): Strategische Planung in Geschäftsbanken: Ergebnisse einer Umfrage, in: Die Bank 6/88, S. 309ff.

Mresse, M. (Neue Technologien): Neue Technologien - Informatikausbildung für das obere Führungskader bei der Handelbank N.W., Vortrag, gehalten i.R. des bankwirtschaftlichen Doktorandenseminars am 11. Juli 1986 in Feusisberg.

Mühlhaupt, Ludwig; Schierenbeck, Henner; Wielens, Hans (Controlling): Controlling in Banken und Sparkassen, Frankfurt 1981.

Müller, Horst (Wechselbeziehungen): Wechselbeziehungen zwischen internen und externen Datensammlungen, in: Die Bank 6/83, S. 252ff.

Müller, Horst (Information): Erfolgsfaktor Information - Computerunterstützte Bankleistungen und ihre Bedeutung als strategische Wettbewerbsinstrumente, in: Kompetenz 1/1989, S. 29ff.

Müller, M. (Kalkulation): Arbeits- und Zeitstudien als Mittel der Rationalisierung und Kalkulation im Bankbetrieb, Bern/Frankfurt/München 1976.

Munro, Malcolm; Wheeler, Basil (Planning): Planning, Critical Success Factors and Mangement's Information Requirements, in: MIS Quarterly, December 1980, S. 27ff.

Muthesius, Peter (Informations-Fluss): Informations-Fluss, in: Bank und Markt, Nr. 2, S. 6

Naisbitt, John (Megatrends): Megatrends, Bayreuth 1986.

Naisbitt, John; Aburdene, Patricia (Corporation): Re-inventing the Corporation, New York 1985.

Nater, Peter (Rechnungswesen): Das Rechnungswesen als Informationssystem, Dissertation St. Gallen 1977.

Neumann, Norbert (Herausforderung): Herausforderung für alle ..., in: geldinstitute 2-1985, S. 43ff.

Neuss, Knut (Informationen): Erfolg braucht Informationen, in: Die Bank 4/89, S. 219ff.

Niedereichholz, Chistel (Intelligenz), S. 163.: Künstliche Intelligenz und ihre Einsatzbereiche in der Bank der Zukunft, in: geldinstitute 1/1984, S. 163ff.

Nolan, Richard L.; Wetherbe, James C. (Framework): Towords,a comprehensive Framework for MIS Reasearch, in: MIS-Quarterly, June 1980, S. 1ff.

Obst/Hintner (Geld): Geld-, Bank- und Börsenwesen, Stuttgart 1982.

Österle, Hubert (Entwurf): Entwurf betrieblicher Informationssysteme, München/Wien 1981.

Ohmae, Kenichi (Triangle): The "strategic triangle" and business unit strategy, in: The McKinsey Quarterly, Winter 1983, S. 9ff.

Orman, L. (Information): Information Independent Evaluation of Information Systems, in: Information & Management 6(1983), S. 309ff.

Otto, Wolfgang (Wertpapiergeschäft): Das internationale Wertpapiergeschäft - Herausforderung für die Banken, in: Die Bank 9/85, S. 436ff.

Overlack, Jochen (Informationstechnologie): Wettbewerbsvorteile durch Informationstechnologie, Dissertation St. Gallen 1987.

Parsons, G. L. (Information): Information Technology: A new competitive weapon, in: Sloan Management Review, Autom 1983, S. 3ff.

Passardi, Adriano (Möglichkeiten): Möglichkeiten und Grenzen eines modernen Führungsinstrumentariums in Banken, in: Passardi (Führung), S. 141ff.

Passardi, Adriano (Führung): Führung von Banken, Bern 1973.

Paul, Stephan (Lenkungssysteme): Lenkungssysteme in Filialbanken: Steuerung durch Komponenten oder Verrechnungszinsen?, Wiesbaden 1987.

Pauluhn, Burkhardt (Marketing): Marketing und EDV: Eine Synergiebeziehung, in: Bank und Markt, 4/1986, S. 43ff.

Peters, Tom; Waterman, Robert (Excellence): Auf der Suche nach Spitzenleistungen, Landsberg 1983.

Picot, Arnold (Information): Der Produktionsfaktor Information in der Unternehmensführung, in: Thexis 4/89, S. 3ff.

Plenk, Helfried (Informationstechnologien): Informationstechnologien nutzen - eine strategische Managementaufgabe, in: geldinstitute 4-1986, S. 7ff.

Porter, Michael (Advantage): Competitive Advantage, New York 1985.

Porter, Michael (Strategy): Competitive Strategy, New York 1980.

Porter, Michael; Millar, Victor (Information): How information gives you competitive advantage, in: Harvard Business Review, July-August, 1985, S.149ff.

Priewasser, Erich (Information): Von der Industrie- zur Informationsgesellschaft, in: Bankinformation 1/88, S. 13ff.

Priewasser, Erich (Megatrends): Megatrends im Kreditwesen, in: geldinstitute 1/1987, S. 11ff.

Priewasser, Erich (Banken): Banken im Jahre 2000, Frankfurt 1987.

Priewasser, Erich (Bankbetriebslehre): Bankbetriebslehre, München 1982.

Probst, André; Valicek, Anna (MSS): Management-Support-Systeme, In: io Management Zeitschrift 55(1986) Nr. 4, S. 161ff.

Probst, André; Valicek, Anna (Systems): Management Support Systems, in: die Unternehmung, Nr. 3/1986, S. 180ff.

Probst, Gilbert; Schmitz-Dräger, Ralph (Controlling): Controlling und Unternehmungsführung, Festschrift zum 60. Geburtstag von Prof. Dr. Hans Siegwart, Bern/Stuttgart 1985.

Pümpin, Cuno (Management): Management strategischer Erfolgspositionen, Bern/Stuttgart 1982.

Pümpin, Cuno (Grundlagen): Grundlagen der strategischen Führung, in: Pümpin et al (Strategien), S. 7ff.

Pümpin, Cuno (Führung): Strategische Führung in der Unternehmungspraxis, in: Die Orientierung, Nr. 76, 1980.

Pümpin, Cuno et al. (Strategien): Produkt-Markt-Strategien, Bern 1980.

Putnam, Arnold (MIS): Management Information Systems, London 1977.

Rackoff, Nick et al. (Advantage): Informations Systems For Competitive Advantage: Implementation of a Planning Process, in: MIS Quarterly, December 1985, S. 285ff.

Rapaport, Patricia; Robert Schultz (Corporation): The State Street Boston Financial Corporation, in: Lorange/Vancil (Strategic Planning Systems), S. 209ff.

Rappaport, Alfred (Hrsg) (Information): Information for Decision Making, Englewood Cliffs, N.J. 1975.

Rau, Susan (Diversity): Managing Diversity: Banking's Next Strategic Challenge, in: Bankers Magazine, May/Juni 1988, S. 66ff.

Reinhardt, Peter (Euronotemarkt): Der Euronotemarkt als internationale Finanzierungsquelle, in: Zeitschrift für das gesamte Kreditwesen 9/85, S. 380ff.

Richter, Alfred (Grenzen): Grenzen der Automatisierbarkeit im Bankgeschäft, in: Bank und Markt 3/86, S. 11ff.

Riske, Bernd; Gregersen, Jürgen (FIS): Weg zur Definition der Zielsetzung eines FIS, in: geldinstitute 5-1980, S. 159ff.

Robey, Daniel; Farrow, Dana (User): User Involvement in Information System Development: A Conflict Model and Empirical Test, in: Management Science, Nr. 1/1982, S. 73ff.

Rockart, John (Datenbedarf): Topmanager sollten ihren Datenbedarf selbst definieren, in: Harvard Manager 1980/II, S. 45ff.

Rockart, John; Crescenzi, Adam (Information): Engaging Top Management in Information Technology, in: Sloan Management Review, Summer 1984, S. 3ff.

Rockart, John; Treacy, Michael (Chef): Der Chef arbeitet online, in: Harvard Manager 1983/II, S. 14ff.

Rogowski, Robert; Simonson, Donald (Prospects): Prospects - and Problems - of Banking and Technology, in: The Bankers Magazine, Vol. 167, No. 3/84, S. 22ff.

Rolfes, Bernd; Bergfried, Hermann (Geschäftsstruktur): Die zinsänderungsoptimale Geschäftsstruktur einer Bank, in: Oestereichisches Bank Archiv 4/88, S. 329ff.

Romand, Felice (High Tech): "High tech" und "High touch", in: Schweizer Bank 87/12, S. 38ff.

Rosenstiehl, Lutz von (Wertewandel): Führungskräfte nach dem Wertewandel, in: ZfO Nr. 2/1986, S. 89ff.

Rosenstock, H.A. (Entscheidung): Die Entscheidung im Unternehmensgeschehen, Bern 1963.

Rowe, Alan; Mason, Richard; Dickel, Karl (Management): Strategic Management and Business Policy, Reading 1982.

Rüttinger, Rolf (Unternehmenskultur): Unternehmenskultur und Personalentwicklung, in: Sparkasse 6/86, S. 254ff.

Sammon, William et al. (Business): Business Competitor Intelligence-New York u.a. 1984.

Sadek, K.E.; Tomeski, E.A. (Approaches): Different Approaches to Information Systems, in: Journal of Systems Management 32(1981), S. 17ff.

Salomon Brothers (Technology): Technology and Banking: The Implications of Strategic Expenditures, New York 1987.

Sawy, Omar (CEO): Personal Information Systems for Strategic Scanning in Turbulent Environments: Can the CEO Go On-Line?, in: MIS Quarterly, March 1985, S. 53ff.

Schaufelbühl, Karl (Informationssysteme): Entwicklungsstrategie für Informationssysteme, Dissertation St. Gallen 1987.

Schierenbeck, Henner (Bankmanagement): Ertragsorientiertes Bankmanagement, Wiesbaden 1987.

Schierenbeck, Henner (Bilanzstrukturmanagement): Bilanzstrukturmanagement in Kreditinstituten, in: Schierenbeck/Wielens (Bilanzstrukturmanagement), S. 9ff.

Schierenbeck, Henner; Rolfes, Bernd (Effektivzinskonzept): Zur Diskussion um das opportunitätsgerechte Effektivzinskonzept, in: Die Bank 6/87, S. 328ff.

Schierenbeck, Henner; Rolfes, Bernd (Marktzinsmethode): Effektivzinsrechnung und Marktzinsmethode, in: Die Bank 1/87, S. 25ff.

Schierenbeck, Henner; Rolfes, Bernd (Effektivzinsrechnung): Effektivzinsrechnung in der Praxis, in: Schmalenbachsche Zeitung für betriebswirtschaftliche Forschung 1986, S. 766ff.

Schierenbeck, Henner; Wielens, Hans (Hrsg.) (Bilanzstrukturmangement): Bilanzstrukturmangement in Kreditinstituten, Frankfurt 1984.

Schimmelmann, Wulf von (Steuerung): Erfolgsorientierte Steuerung, der Firmenkundenberater, in: Süchting/van Hooven (Bankmarketing), S. 289ff.

Schimmelmann, Wulf von (Geschäftsfeldkonzeptionen): Strategische Geschäftsfeldkonzeptionen in Banken, in: Krümmel/Rudolph (Bankplanung), S. 165ff.

Schimmelmann, Wulf von; Hille, Werner (Banksteuerung): Banksteuerung über ein System von Verechnungszinsen, in: Schierenbeck/Wielens (Bilanzstrukturmangement), S. 47ff.

Schlenzka, Peter (Strategie): Nur eine implementierte Strategie ist eine gute Strategie, in: Krümmel/Rudolph: (Bankplanung), S. 303.

Schlenzka, Peter (Ertragspotentiale): Marktentwicklung und Ertragspotentiale der Anbieter von Finanzdienstleistungen, in: Engels (Wettbewerb), S. 35ff.

Schmalenbach, Ernst (Lenkung): Pretiale Wirtschaftslenkung, Bd. 2, Pretiale Lenkung des Betriebs, Bremen-Horn 1948.

Schmidt, A. (Controlling): Das Controlling als Instrument zur Koordination der Unternehmensführung, Frankfurt 1986.

Schmidt, Götz (Bankbetrieb): Organisation im Bankbetrieb, Giessen 1987.

Schneider, W.; Fuchs, K. (Management): Management im Kreditwesen, Wien 1973.

Schneider-Gädicke, Karl-Herbert (Informationstechnologien): Neue Informationstechnologien und ihre Auswirkungen auf die Finanzmärkte und die Geschäftspolitik der Kreditinstitute, DG-Bank Frankfurt, (ohne Datum).

Schoch, Guido (Unternehmungskultur): Unternehmungskultur in Banken, Dissertation St. Gallen 1987.

Schöbitz, Eberhard (Rekrutierung): Die Rekrutierung von Führungsnachwuchs bei Banken, Disseration St. Gallen 1987

Schüller, Stephan (Kundenkalkulation): Kundenkalkulation als Instrument des strategischen Marketing, in: Bank und Markt 11/1988, S. 13ff.

Schüller, Stephan (Aufgaben): Aufgaben und organisatorische Gestaltung des Bankcontrollings, in: Die Bank 11/85, S. 558ff.

Schütte, Martin (Auswirkungen): Moderne Banktechniken und ihre Auswirkungen auf die Qualität der Mitarbeiter, in: Die Bank 12/86, S. 614ff.

Schuster, Leo (Bank): Bankpolitik im Spiegel aktueller Entwicklungen, Bern/Stuttgart 1990.

Schuster, Leo (Liquidität): Bedeutung der Liquidität für die Banken im allgemeinen, in: Schuster (Liquiditätsvorschriften), S. 7ff.

Schuster, Leo (Hrsg.) (Liquiditätsvorschriften): Neue Liquiditätsvorschriften und Cash Management im schweizerischen Bankwesen, in: Beiträge aus dem Institut für Bankwirtschaft an der Hochschule St. Gallen, Bd. 15, Mai 1988, Münsingen, St. Gallen 1988.

Schuster, Leo (Hrsg.) (Wandel): Internationaler Wandel im Wertschriftengeschäft der Banken, Bd.1 Rahmenbedingungen des Wertschriftengeschäftes, St. Gallen 1987.

Schuster, Leo (Informationsverarbeitung): Informationsverarbeitung als strategische Erfolgsposition der Banken, in: geldinstitute 5/1986, S. 16ff.

Schuster, Leo (Innovationspolitik): Innovationspolitik der Banken - Notwendigkeit oder Modeerscheinung?, in: Zeitschrift für das gesamte Genossenschaftswesen, Heft 2/1986, S. 140ff.

Schuster, Leo (Hrsg.) (Herausforderung): Innovationsmanagement in Banken - Herausforderung der 90er Jahre, in: Beiträge zur Bankbetriebslehre aus dem Institut für Bankwirtschaft an der Hochschule St. Gallen, Bd. 8, November 1985.

Schuster, Leo (Beziehungsdiagramm): Das Beziehungsdiagramm als neuer Ansatz in der Bankorganisation, unveröffentlichtes Manuskript, St. Gallen 1985.

Schuster, Leo (Planung): Strategische Planung und Organisation im Bankbetrieb, in: geldinstitute 6/83, S. 139ff.

Schuster, Leo (Umwelt): Die bankbetriebliche Umwelt von morgen - ein Szenario, in: geldinstitute 6/1982, S. 117ff.

Schuster, Leo (Hrsg.) (Entwicklungen): Zukunftsweisende Entwicklungen im EDV-Bereich der Banken, in: Beiträge zur Bankbetriebslehre aus dem Institut für Bankwirtschaft an der Hochschule St. Gallen, Bd. 2, Juni 1982.

Schuster, Leo (Hrsg.) (Führungsperspektiven): Führungsperspektiven der Banken für die achtziger Jahre, in: Beiträge zur Bankbetriebslehre aus dem Institut für Bankwirtschaft an der Hochschule St. Gallen, Bd. 1, 1980.

Schuster, Leo (Grundsätze): Geschäftspolitische Grundsätze der Banken, in: Bodmer et al. (Kenntnisse), S. 109ff.

Schuster, Leo (Macht): Macht und Moral der Banken, Bern, Stuttgart 1977.

Schuster, Leo; Widmer, Alex (Innovationsmanagement): Innovationsmanagement in Banken, in: Schuster (Herausforderung), S. 1ff.

Scott, G.M. (MIS): Principles of Management Information Systems, New York u.a. 1986.

Scott Morton, Michael S. (Research): The State of the Art of Research, in: McFarlan (Information), S. 13ff.

Scott Morton, Michael S. (Management): Management Decision Systems, Boston 1971.

Seidel, Eberhard (Controlling): Controlling im Betriebsbereich immer wichtiger, doch konzeptionell blockiert, in: Die Bank 12/88, S. 662ff.

Seidel, Eberhard; Wirtz, Urban (Banken-Controlling): Akzeptanz des Banken-Controlling, in: Die Bank 7/89, S. 383ff.

Seiffert, Werner (Services): Versicherungen und Banken als Anbieter von Financial Services, in: Krümmel/Rudolph (Bankmanagement), S. 63ff.

Sendelbach, Jürgen (Analyse): Die Informations-Bedarfs-Analyse (IBA) zur Text- und Informationsverarbeitung, in: Office Management 6/1983, S. 524ff.

Senn, James A. (Principles): Essential Principles of Information Systems Development, in: MIS Quarterly, June 1978, S. 17ff.

Shank, Michael; Boynton, Andrew (CSF): Critical Success Factor Analysis as a Methodology for MIS Planning, in: MIS Quarterly, Juni 1985, S. 121ff.

Gomez, Peter (Frühwarnung): Frühwarnung in der Unternehmung, Bern/Stuttgart 1983.

Gorry, G. Anthony; Scott Morton, Michael S. (Framework): A Framework for Management Information Systems, in: Sloan Management Review, Fall 1971, S. 55ff., hier in: Rappaport (Information), S. 16ff.

Gorz, A. (Paradis): Les chemins du Paradis, Paris 1983.

Grochla, Erwin, Management-Informationssysteme als eine Herausforderung an die betriebswirtschaftlich-organisatorische Forschung, in (MIS): Grochla/Szyperski (MIS), S. 19ff.

Grochla, Erwin; Szyperski, Norbert (MIS): Management-Informationssysteme, Wiesbaden 1971.

Gross-Blotekamp, Dirk (Informations-Systeme): Wir brauchen Informations-Systeme, die zum Führen taugen!, in: Management-Zeitschrift io 50(1981) Nr. 1, S. 43ff.

Güde, Udo (Kalkulation): Die Bank- und Sparkassenkalkulation, Meisenheim am Glan 1967.

Guggenheim, Allen (Banking): An Information System for International Banking, In: Bankers Magazine Vol. 164, No. 1/81, S. 46.

Gundel, Manfred (Bankgeschäft): Direkt-Marketing im Bankgeschäft - nach aussen und innen, in: Bank und Markt 2/1986, S. 17ff.

Gut, Rainer (Entwicklungstendenzen): Entwicklungstendenzen im Euroemissionsgeschäft, in: Halbheer/Kilgus (Finanzplatz), S. 23ff.

Hagenmüller, Karl-Friedrich (Bankbetrieb): Der Bankbetrieb I, Wiesbaden 1976

Hagenmüller, Karl-Friedrich (Bankpolitik): Bankbetrieb und Bankpolitik, Wiesbaden 1959.

Hahn, Oswald (Bankbetrieb): Die Führung des Bankbetriebes, Stuttgart u.a. 1977.

Halbheer, Hans; Kilgus, Ernst (Finanzplatz): Der Finanzplatz Schweiz, Bern/Stuttgart 1985.

Halvax, Günter (Veränderungen): Das Jahrzehnt der Veränderungen, in: Oesterreichisches Bank-Archiv 10/86, S. 448ff.

Hamilton, Scott; Ives, Blake (Research): MIS Research Strategies, in: Informations & Management 5 (1982), S. 339ff.

Hamilton, Scott; Ives, Blake (Knowledge): Knowledge Utilization among MIS Researchers, in: MIS-Quarterly 4/1982, S. 61ff.

Hamilton, S. et al. (MIS), S. 61ff.: MIS-Doctoral Dissertations: 1973-1980, in: MIS-Quarterly 5(1981), S. 61ff.

Hansen, H.-R. (Hrsg.) (Informationssysteme): Informationssysteme im Produktionsbereich, Beiträge zum 3. Wirtschaftsinformatik-Symposium der IBM Deutschland, München/Wien 1975.

Hansen, H.R.; Wahl, M.P. (Probleme): Probleme beim Aufbau betrieblicher Informationssysteme, München 1973.

Hansen, James; McKell, Lynn; Heitger, Lester (Frameworks): Decision-Oriented Frameworks for Management Information Systems Design, in: Informations Processing & Management. Vol 13, 1977, S. 215ff.

Harper, M. (Profession): A New Profession to Aid Management, in: Journal of Marketing Vol 25, Januar 1961, S. 1ff.

Hartog, Curt; Herbert, Martin (Survey): 1985 Opinion Survey of MIS Managers: Key Issues, in: MIS Quarterly, December 1986, S. 351ff.

Hauschildt, Jürgen (Controller): Der Controller in der Bank, Frankfurt 1982.

Hauschildt, Jürgen (Unterschiede): Unterschiede in der Zielkonzeption privatwirtschaftlicher, genossenschaftlicher und öffentlicher Banken?, in: Zeitschrift für öffentliche und gemeinwirtschaftliche Unternehmen, Bd. 1, Nr. 4/1978, S. 26ff.

Heckman, Robert (Information): Strategic Planning for Information Technology, in: The Bankers Magazine Sept-Oct. 1988, S. 68ff.

Hein, Manfred (Bankbetriebslehre): Einführung in die Bankbetriebslehre, München 1981.

Henderson, John; West, John (Planning): Planning for MIS: A Decision-Oriented Approach, in: MIS Quarterly, Juni 1979, S. 45ff.

Herrhausen, Alfred (Securitization): Securitization, in: Zeitschrift für das gesamte Kreditwesen 8/87, S. 330ff.

Hew, Florian (Entwicklungstendenzen): Entwicklungstendenzen im amerikanischen Bankensystem, Bern/Stuttgart 1976.

Hillebrand, Walter (Druck): Druck von unten, in: Manager Magazin 6/1989, S. 252ff.

Himberger, Andreas; Selim, Omar (Risiken): Risiken und Risikomanagement im technischen Bereich der Banken, unveröffentlichtes Manuskript, St. Gallen 1989.

Hinterhuber, Hans (Unternehmensführung): Strategische Unternehmensführung, Berlin - New York 1983.

Hirschheim, Rudolf (User): User Experience with and Assessment of Participative Systems Design, in: MIS Quarterly, December 1985, S. 295ff.

Hirschheim, Rudolf (Participative): Assessing Participative Systems Design: some Conclusions from an Exploratory Study, in: Information & Management, Nr. 6/1983, S. 317ff.

Hoffmann, F. (Organisationsforschung): Entwicklung der Organisationsforschung, in: Hoffmann (Organisationssystem).

Hoffmann, F. (Hrsg.) (Organisationssystem): Organisationssystem der Unternehmung, Bd. 1, Wiesbaden 1976.

Hölscher, Reinhold (Risikokosten): Risikokosten-Management in Kreditinstituten, Frankfurt 1987.

van Hooven, Eckhart (Standort): Standortbestimmung und künftige Entwicklungslinien im Bankmarketing, in: Süchting/van Hooven (Bankmarketing), S. 477ff.

Horne, James van (Innovation): Of Financial Innovations and Excesses, in: Journal of Finance, Vol. XI, No. 3 July 1985, S. 621ff.

Horvath, Peter (Controlling): Controlling, München 1979

Hosmer, LaRue (Management): Strategic Management, London u.a. 1982.

Hoyer, Rudolf; Kölzer, Georg (Ansätze): Ansätze zur Planung eines innerbetrieblichen Informations- und kommunikationssystems, in: Krallmann (Informationsmanagement), S. 25ff.

Hürlimann, W. (MIS): Ist ein Management-Informations-System heute realisierbar?, in: IO 52(1983), S.220ff.

Hussey, David (Planning): Corporate Planning, London u.a., 1982.

IHA Institut für Marktanalysen AG, Ressort Investdata (Informatik-Strategie): Marktuntersuchung Informatik-Strategie Banken, Hegismil 1989.

Ives, Blake; Hamilton, Scott; Davis, Gordon B. A Framework for Research in Computer-Based Management Information Systems, in (Framework): Management Science, Nr. 9/1980, S. 910ff.

Jacob, Adolf-Friedrich (Rechnungswesen): Das Rechnungswesen als Steuerungsinstrument bei Banken, in: Die Bank, Nr. 9/1978, S. 416ff.

Jaggi, B.L. (Informationssysteme): Informationssysteme für das Management, in: Jaggi/Görlitz (Handbuch), S. 166ff.

Jaggi, B.L.; Görlitz, R. (Handbuch): Handbuch der betrieblichen Informationssysteme, München 1975.

Jenkins, Milton; Naumann, Justus; Wetherbe, James (Investigation): Empirical Investigation of Systems Development Practices and Results, in: Information & Management, Nr. 7/1984, S. 73ff.

Judd, Phillip; Paddock, Charles (Decision): Decision Impelling Differences: An Investigation of Management by Exception Reporting, in: Information & Management 4 (1981), S. 259ff.

Juncker, Klaus (Marketing): Von der Marktsegmentierung zum strategischen Marketing, in: Süchting/van Hooven (Bankmarketing), S. 225ff.

Juncker, Klaus (Firmenkundengeschäft): Marketing im Firmenkundengeschäft, Frankfurt 1979.

Kaeser, Walter (Controlling): Controlling im Bankbetrieb, Bern/Stuttgart 1981.

Kalley, Jürg (Versuch): Versuch einer neuen Strukturierung von Leitungsbeziehungen in Banken, unveröffentlichtes Manuskript, St. Gallen, Januar 1985.

Kaminsky, Stefan (Kosten): Kosten- und Erfolgsrechnung der Kreditinstitute, Meisenheim/Glan 1955.

Kanter, Jerome (MIS): Management Information Systems, Englewoord Cliffs 1984.

Kauss, James (Banks): A Guide to Strategic Planning for Banks, in: Bank Administration, August 1987, S. 18f.

Kaven, Jürgen-Peter (Trends): Aktuelle Entwicklungstrends im deutschen Bankgeschäft, in: Beyer/Schuster/Zimmerer (Entwicklungen), S. 253ff.

Kerr, Ian (Eurobond): The History of the Eurobond Market, London 1984.

Kessner, Richard (Planning): Strategic Planning for MIS, in: The Bankers Magazine, July-August 1989, S. 40ff.

Kilgus, Ernst (Bank-Management): Bank-Management in Theorie und Praxis, Bern/Stuttgart 1985.

Kilhey, Ulrike (Erfolg): Die Beurteilung des Erfolgs von Bankprodukten als Grundlage produktpolitischer Entscheidungen, Frankfurt 1987.

Kirsch, Werner (Entscheidungsprozesse I-III): Einführung in die Theorie der Entscheidungsprozesse, Bd. I-III, Wiesbaden 1977.

Damm, Ulrich (Umbruch): Eurokapitalmärkte im Umbruch, in: Die Bank 5/86, S. 225ff.

Daniel, Ronald (Information Crisis): Management Information Crisis, in: Harvard Business Review, September-October 1961, S. 111ff.

Davis, Susan (Pioneers): Pioneers and Missionaries, in: Financial Technology, Dec. 1986, S. 13ff. (Special Advertising Supplement).

Davis, Steven (Excellence): Excellence in Banking, Houndmills u.a. 1985.

Davis, Gordon; Olson, Margrethe (MIS): Management Information Systems, New York u.a. 1985.

Dearden, John; McFarlan, Warren (Systems): Management Information Systems, Homewood 1966.

Dehio, Peter; Kieser, Alfred (Gestaltung): Die Gestaltung von Entscheidungsunterstützungssystemen, in: Angewandte Informatik, Nr. 9/1983, S. 371ff.

Dempfle, Eugen (Risiken): Risiken ausgewählter Finanzinnovationen, in: Oesterreichisches Bank-Archiv, Nr. 2/88, S. 135ff.

Deppe, Hans-Dieter (Konzeption): Eine Konzeption wissenschaftlicher Bankbetriebslehre in drei Doppelstunden, in: Deppe (Lesebuch), S. 3ff.

Deppe, Hans-Dieter (Hrsg.) (Lesebuch): Bankbetriebliches Lesebuch, Stuttgart 1978.

Deppe, Hans-Dieter (Wachstum): Bankbetriebliches Wachstum: Funktionalzusammenhänge in Kreditinstituten, Stuttgart 1969.

Dickson, Gary; Wetherbe, James (Information): The Management of Information Systems, New York u.a. 1985.

Dickson, Gary; Senn, James; Chervany, Norman (Information): Research in Management Information Systems: The Minnesota Experiments, in: Management Science Vol. 23, No. 9, Mai 1977, S. 913ff.

Diefenbach, Heiner (Information): Information und Informationssysteme - strategische Waffe im Bankenwettbewerb, in: Bank und Markt 10 (1988), S. 35ff.

Diller, H. (Produkt-Management): Produkt-Management und Marketing-Informationssysteme, Berlin 1975.

Doerig, Hans-Ulrich (Internationalisierung): Internationalisierung und Innovation im Bankgeschäft, in: Schuster (Herausforderung), S. 16ff.

Dombret, Andreas (Securitization): Securitization, in: Zeitschrift für das gesamte Kreditwesen 8/87, S. 326ff.

Dopler, Roman (Frühwarnsysteme): Frühwarnsysteme in Kreditinstituten, Wien 1987.

Dostal, Werner (Informationsberufe): Die Gratwanderung der Informationsberufe, in: Bank Information 1/88, S. 16ff.

Droste, Klaus et al. (Ergebnisinformationen): Falsche Ergebnisinformationen - Häufige Ursache für Fehlentwicklungen in Banken, in: Die Bank 7/1983, S. 313ff.

Dube, Jürgen (Informationszeitalter): Wege in das Informationszeitalter, in: geldinstitute 5/1983, S. 9ff.

Dyllick, Thomas; Probst, Gilbert (Hrsg.) (Management): Management, Bern/Stuttgart 1984.

Earle, Dennis (Investment): Technological Investment: Why more is not necessarily better, in: The Bankers Magazine, July-August 1988, S. 16ff.

Edinger, Friedrich; Wichert, Wolfgang (Informationsmanager): Informationsmanager: Machtergreifung der Supermänner, in: Computer Magazin 5/82, S. 27ff.

Eilenberger, Guido (Bankbetriebslehre): Bankbetriebswirtschaftslehre, München/Wien 1987.

Eilenberger, Guido (Wettbewerb): Banken im Wettbewerb, Berlin 1975.

Ellermeier, Christian, Marktorientierte Bankorganisation, Darmstadt 1975.

Elm, Winfried (Bankorganisation) (MIS): Das Management-Informationssystem als Mittel der Unternehmungsführung, Berlin, New York 1972.

Emch, Urs; Renz, Hugo (Bankgeschäft): Das Schweizerische Bankgeschäft, Thun 1984.

Engels, Wolfram (Wettbewerb): Wettbewerb am Markt für Finanzdienstleistungen, Frankfurt 1987.

Evans, John (Globalization): The Globalization of Operations, in: The Bankers Magazine, May-June 1986, S. 7ff.

Evans, Richard (Eurobond): Would Eurobond Traders Pass The Screen Test, in: Euromoney, March 1987, S. 4ff.

Faulhaber, Franz (Informationsarchitektur): Informationsarchitektur im Betrieb, in: Bankinformation 1/88, S. 24ff.

Faust, Hermann (Informationsverarbeitung): Auf dem Weg zur Informationsverarbeitung, in: geldinstitute 2-1986, S. 6f.

Feyl, Wolfgang (Bankbetrieb): Unternehmensplanung im Bankbetrieb - Möglichkeiten und Grenzen, in: Oesterreichisches Bank-Archiv, 12/78, S, 398ff.

Filzek, Immo (Büroautomation): Büroautomation und Bürokommunikation in Kreditinstituten, Frankfurt 1987.

Fischer, Rudolf (Bankbudgetierung): Bankbudgetierung, Bern/Stuttgart 1980.

Flechsig, Rolf (Schichtenbilanz): Die Schichtenbilanz - Ihr Glanz und Elend, in: Die Bank, 1985, S. 298ff.

Flechsig, Rolf (Kalkulation): Kundenkalkulation in Kreditinstituten, Frankfurt 1982.

Flechsig, Rolf; Flesch Hans-Rudolf (Wertsteuerung): Die Wertsteuerung - Ein Ansatz des operativen Controllings im Wertbereich, in: Die Bank 10/1982, S. 454ff.

Flechtner, Hans-Joachim (Kybernetik): Grundbegriffe der Kybernetik, Stuttgart 1970.

Flesch, Hans-Rudolf; Piaskowski, Friedrich; Sievi, Christian (Erfolgssteuerung): Erfolgssteuerung durch Effektivzinsen im Konzept der Wertsteuerung, in: Die Bank 8/84, S. 357ff.

Franck, Helmut (Ermittlung): Zur Ermittlung und Verwendung kleinräumiger Marktausschöpfungs-Kennziffern, in: Betriebswirtschaftliche Blätter, 7/1986, S. 319ff.

Franzen, Christopher (Finanzinnovation): Finanzinnovation-was ist das?, in: Die Bank 1/88, S. 18ff.

Friedman, Joel (Information): Information Technology: The Path to Competitve Advantage, in: Bank Administration, January 1986, S. 39ff.

Friggemann, Peter; Neumann, Manfred (Bilanzsimulation): STRABIS - Strategische Bilanzsimulation, in: Betriebswirtschaftliche Blätter 11/1988, S. 526ff.

Füllenkemper, Horst; Rehm, Hannes (Finanzmärkte): Internationale Finanzmärkte unter Innovations- und Liberalisierungsdruck, in: Kredit und Kapital 4/1985, S. 553ff.

Gabathuler, Walter (Büroautomation): Zukünftige Trends in der Büroautomation, in: Schuster (Entwicklungen), S. 9ff.

Gablers (Lexikon) Wirtschaftslexikon, Wiesbaden 1977.

Gälweiler, Aloys (SGE): Strategische Geschäftseinheiten (SGE) und Aufbau-Organisation der Unternehmung, in: Zeitschrift für Organisation 5/79, S. 252ff.

Gälweiler, Aloys (Marketingplanung): Marketingplanung im Sinne der integrierten Unternehmensführung, Sonderdruck aus "Marketing", Neuwied 1979.

Ganzhorn, Karl (Innovation), S. 21.: Industrielle Innovation und Informationstechnik, IBM Nachrichten 32 (1982), S. 21ff.

Gardner, James (Planning): Competitor Intelligence: The Sine Qua Non of Corporate Strategic Planning, in: Sammon et al. (Business), S. 3ff.

Gast, Ottmar (Analyse): Analyse und Grobprojektierung von Logistik-Informationssystemen, Berlin/Heidelberg/New York/Tokyo 1985.

Gaugler, E.; Meissner, H.-G., Thom, N. (Zukunftsaspekte): Zukunftsaspekte der anwendungsorientierten Betriebswirtschaftslehre, Stuttgart 1986.

Gernet, Erich (Unternehmung): Das Informationswesen in der Unternehmung, München/Wien 1987.

Ghemawat, Pankaj (Advantage): Sustainable advantage, in: Harvard Business Review, Sept-Oct. 1986, S. 53ff.

Ghoshal, Sumantra; Kim, Seok Ki (Systems): Building Effective Intelligence Systems for Competitive Advantage, in: Sloan Management Review, Fall 1986, S. 49ff.

Gibson, Cyrus; Nolan, Richard (Managing): Managing the four stages of EDP growth, in: Harvard Business Review, January-February 1974, S. 76ff.

Ginzberg, Michael (Implementation): Key Recurrent Issues in the MIS Implementation Process, in: MIS Quarterly Jnui/1981, S. 47ff.

Gnoth, Karl (Kalkulation): Kalkulation von Zinsgeschäften - Teil I: Marktzins als Messlatte, in: Die Bank 4/87, S. 184ff.

Gnoth, Karl (Kalkulation II): Kalkulation von Zinsgeschäften - Teil II: Ermittlung der kalkulatorischen Zinssätze, in: Die Bank 5/87, S. 256ff.

Göppl, Hermann; Henn Rudolf (Hrsg.) (Banken): Geld, Banken und Versicherungen, Königstein 1981.

Goldhaber, Gerald et al. (Information): Information Strategie, Norwood 1984.